**시카고 플랜
위대한 고전**

# 시카고 플랜
# 위대한 고전

## 삼류를 일류로 만든
## 인문학 프로젝트

디오니소스 지음

**일러두기**

* 외국 인명, 도서명, 지명 등은 국립국어원의 외래어 표기법을 따랐으나, 예외성을 두어 대중적으로 사용되는 용어로 표기한 경우도 있다.
* 쿠키페이지의 '〈시카고 플랜〉 전체 목록'의 도서명 중 번역서가 국내에 출간되지 않고, 제목으로 알려진 것들이 부정확한 경우에는 원서 제목 그대로를 실었다.
* 이 책은 저작권법에 의하여 보호를 받는 저작물이므로 무단 전재와 복제를 금한다.

프롤로그

# 시카고 플랜, 인문학 그리고 디오니소스

아주 오래전, 머리에 쥐가 나도록 외웠던 전공지식으로부터 착안한 기획이었다. 교육철학에서 '항존주의' 개념이 등장할 때 아울러 다루어지는 사건이 소련의 스푸트니크 1호 발사이다. 냉전의 시대에 우주 산업을 소련이 먼저 선점한 충격으로 인해, 미국의 교육 풍토에는 변화의 바람이 일기 시작한다. 진보주의라 불리던, 여전히 미국의 인문을 대변하기도 하는 실용주의 풍토에 순수 학문의 필요성이 대두되었고, 대표적인 사례가 시카고 대학에서 실시한 'The Great Books Program'이다.

법학도 출신인 로버트 허친스는 시카고 대학의 총장으로 부임한 이후, 교육이론가의 길을 걷게 된다. 그는 '교양교육을 받은 전문가 양성'이라는 슬로건 아래, 시카고 대학 학생들 모두에게 고전을 읽히기 시작한다. 허친스는 교양교육이 선택의 영역이 아닌 민주시민으로서의 의무라고 생각했다. 당시 미국 교육계의 풍토 상, 대학 내에서도 극심한 반발을 불러일으켰지만, 끝까지 그 신념을 관철시킨 결과, 당시만 해도 삼류의 브랜드였던 시카고 대학을 일류의 반열에 올려놓았다는 미담을 지니게 된 인문학 프로젝트.

이 교육은 생계를 유지하는 방법이나 그들의 흥미나 적성이 무엇인 가에 대해서는 문제 삼지 않는다. 교양교육을 통하여 자유롭고 책임 있는 인간이 된 이후에 생계의 방법을 배울 수 있으며 그들의 특수한 흥미와 적성을 계발할 수 있다.

— 로버트 허친스

물론 허친스의 취지가 일류로 도약하기 위한 효율성으로서의 고전은 아니었다. 그 결과가 일류로 올라선 시카고 대학이었을 뿐이다. 구글이나 애플이나 페이스북, 미국을 대표하는 글로벌 기업의 경영 이념과도 닿는 맥락 아닌가? 그들도 최초의 취지가 돈을 벌기 위함은 아니었다고 회고하지 않던가. 그 일을 좋아하다 보니 많은 돈을 벌게 된 결과일뿐이지. 철학자 바슐라르의 어록을 빌리자면, 유용성 너머에 내밀한 꿈이 있다. 그 꿈이 목적지향의 효율론 바깥에 잠재하는 숱한 유용성이기도 하고….

인문학을 꼭 읽어야 하는 것일까? 안 읽어도 된다. 원효대사의 해골물이 차라리 진정성 있는 체험적 인문일 것이다. 그런 인문적 체험의 기회가 많지 않은 보통의 존재들이다 보니, 원효대사의 해골물 스토리를 '읽기'라도 하는 것이 아닐까? 그 '읽기'에 관한 잠재적 유용성이 증명된 사례를 고민해 본 기획이었다. 나 혼자서는 몇 년이 걸려도 모자랄 작업이라, 여러 인문학도들에게 협업을 제안했고, 선뜻 응해 준 이들과 함께한 1여 년 동안의 여정. 실상 이 원고를 정리하는 작업이 그 자체로 하나의 시험이기도 했다. 시카고 대학의 신화가 과연 오늘날의 우리에게도 유효한 조건일까? 참여자들은 이 프로젝트의 주체이기도 했지만 대상이기도 했으며, 유의미한 차이를 확인한 여정이기도 했다.

내 경우를 예로 들자면, 한번 읽어야지 하면서도 읽지 못했던 문학들도 의무적으로나마 읽어 보게 된 계기가 되어 주었고, 다소 심도 있게 파고 들어가 본 경제학 덕분에 한 출판사로부터 원고를 의뢰받은 상태이기도 하다. 꼭 이 프로젝트의 결과라고 할 수만은 없겠지만, 다른 분들도 각자의 영역에서 출간 작업을 이어 가고 있으며, 몇몇 분들은 나와 함께 또 다른 프로젝트를 준비하고 있는 중이다. 그렇듯 유용성이란 것도 미리 발견되는 것이 아니라 나중에 발생하는 것이다. 그런 발생의 조건으로서 읽는 고전과 인문학은 아닐까? 그 자체가 목적인 것이 아니다. 그 조건 안에서 진화를 거듭하는 각자의 스토리텔링, 그것이 목적이라면 목적이지 않을까?

마지막 페이지에 시카고 플랜의 목록들을 첨부해 놓기는 했지만, 이 책에서 그 모든 텍스트들을 언급하는 것도 아니기에, 이 책 하나만으로 시카고 플랜을 소화하는 데에는 한계가 있을 것이다. 그러나 적어도 고전으로의 접근성을 고양한다는 취지에 부합하기 위한, 그들 각자의, 우리 모두의 노력이었다. 각자의 개성대로 써내려 간 글들을 최종적으로 내가 수합을 해서 편집을 하긴 했지만, 최대한 그 개성들의 흔적은 남겨 두고자 했다.

시카고 플랜 자체가 주제별로 묶기에는 다소 애매한 구성이라, 목

차는 시카고 대학의 기준에 의거해서 단계별로 나누었다. 수록의 계획
은 있었으나, 어떤 방식으로 정리를 해야 좋을지 몰라서 끝내 싣지 못
한 텍스트들도 많이 있고, 여러 텍스트들을 하나의 소챕터로 조합한 경
우도 있다. 솔직하니 수합과 편집의 과정이 혼자서 하는 작업보단 갑절
로 힘이 들기도 했다. 내가 맡지 않은 파트의 내용도 대강은 알고 있어
야 편집도 가능했기에…. 그러나 그 덕에 다른 누구보다도 내게 더 많은
공부가 되었던 시간이기도 하다. 때문에 힘이 드는 한이 있어도 다시 한
번, 여건이 닿는 한에서, 인문학도들과의 협업을 계속 진행해 볼 예정이
며 현재는 세계문학사와 관련한 후속작을 작업 중에 있다.

　　'디오니소스'는 문학, 예술, 철학 등 인문학 전반을 아우르는 니체
의 키워드로, 개인적으로 니체를 좋아하는 내 성향이 반영된 네이밍이
다. 아직까지는 구체적인 계획을 말로 내뱉을 단계는 아니지만, 서로가
서로에게 행운일 수 있고, 그 행운이 다른 기회로 이어지고 다른 이에게
이어질 수 있는 플랫폼 하나를 만들어 보고 싶었던 취지이다. 보다 넓고
다양한 기회로 이어질 수 있는 시작이길 바라며….

디오니소스의 민이언

# 목차

# STEP 2

# STEP 3

## STEP 4

## STEP 5

# STEP 1

# 미합중국독립선언서

## 미국의 태동

18세기의 유럽은 열강들의 각축장이었다. 세력 다툼은 유럽을 넘어 열강들이 지배하고 있던 식민지에서도 가열되었다. 미국 동부 지역에는 영국, 프랑스, 스페인의 식민지가 있었는데, 라틴아메리카 지역에 많은 식민지를 두고 있던 스페인은 북아메리카까지 진출할 여력이 없어, 지금의 플로리다 지역을 차지하는 정도였다. 반면 프랑스와 영국은 마찰이 잦을 수밖에 없는 입장이었고, 국지적인 충돌은 점차 전면전의 양상으로 변모하기 시작했다. 전쟁은 영국의 승리로 끝났지만, 이미 막대한 전쟁 비용을 쏟아부은 상황에, 상비군을 주둔시키면서 더욱 많은 지출이 요구되는 실정이었다.

　문제는 당대의 영국이 아메리카에서만 갈등을 빚고 있는 게 아니었다는 점. 영국은 국내외에서 치른 전쟁으로 소진된 재정을 다시 마련하기 위해 아메리카에 각종 명목의 세금을 징수하기에 이른다. 그중에서도 가장 격한 반발을 불러일으킨 사건은, 식민지에서 발행되는 모든 출간물에 세금을 매긴 '인지세법'이었다. 이는 관세가 아닌 내부세라는 점에서 아메리카의 저항은 더욱 거셌다. 자신들은 이런 비상식적인 법의 제정을 위해 영국 의회에 대표를 보낸 적이 없으니, 그 법을 인정할 수 없다는 것. 이때 아메리카가 내건 슬로건이, 그 유명한 '대표가 없다면 과세도 없다(No taxation without representation)'이다. 결국 인지세법은 이듬해에 폐기되지만, 식민지의 여론 수렴을 거치지 않는 영국 정부의 일방적인 태도는 아메리카로 하여금 영국에 대한 강한 저항의식을 불러일으키게 된다. 그리고 식민지의 영국인들에게는 영국인으로서보다 아메리카인으로서의 정체성이 확고해져 간다.


## 두 토마스

《독립선언서》는 버지니아 주의 대표인 토마스 제퍼슨이 초안을 작성했으며, 젊은 시절부터 고전에 조예가 깊었던 제퍼슨이 써내려 간 격조 있는 문안은 훗날 그의 이력에도 많은 긍정적인 영향을 미친다. 제퍼슨의 초안이 아메리카인들에게 받아들여질 수 있는 공론의 장을 마련하는 데 결정적 기여를 한 사람은 토마스 페인이다. 《독립선언서》가 낭독되기 6개월 전에 출간된 그의 저작 《상식(Common Sense)》은, 식민지 사회에 커다란 충격을 안겨 주었다.

페인의 저작물이 등장하기 전까지는, 가장 급진적인 사고를 지녔다고 하는 이들도 영국으로부터의 독립을 염두에 두진 않았다. 군주제와 공화제를 조합한 영국의 정체(政體)를 가장 이상적인 정부의 형태로 생각하고 있었기 때문이다. 아메리카가 원했던 것은 완화된 세제(稅制)와 좀 더 넓은 권한의 자치(自治) 정도였다. 페인은 이런 관습적 사고에 근본적인 전환을 요구한 것이다.

스스로를 보호할 능력이 없는 작은 섬들은 왕국들이 손에 넣기에 적합한 목표물이다. 그러나 대륙이 섬의 지배를 받는다는 것은 터무니없다. 자연은 어떤 경우에도 행성보다 위성을 크게 만드는 법이 없다. 영국과 아메리카는 자연의 평범한 질서를 역행하고 있으므로 서로 다른 제도를 가지는 게 합당하다. 영국은 유럽에 속하고 아메리카는 자체에 속한다.


## 로크의 사상

근대 시민사회의 형성에 이론적 근거를 제시한 존 로크, 그의 《시민 정부론》 19장 〈정부의 해체에 대하여〉에서는, 국민과 정부 사이에서 충돌을 빚어 사회적 신뢰가 와해될 때, 그 정부가 해체되어야 하는지를 누가 판단하는가에 대해 묻고 있다. 로크의 대답은 바로 국민이다. 그것은 국민이 행사해야 할 혁명적 권리이다. 미국 독립의 뇌관으로 작용한 철학적 명분은 이 지점이었다. 《독립선언서》는 '민주주의의 정치철학의 원리'를 제시하고 있으며, 이를 뒷받침하는 이론적 근거 역시 로크의 주장에서 빌려 왔다.

우리는 다음과 같은 것을 자명한 진리라고 생각한다. 즉 모든 사람은 평등하게 태어났고, 조물주는 양도할 수 없는 일정한 권리를 부여하였으며, 그 권리 중에는 생명과 자유와 행복을 추구할 권리가 포함되어 있다.

이 단락에서 존 로크의 영향을 직접적으로 확인할 수 있는 표현은 바로 '생명', '자유', '행복'이다. 존 로크가 제창한 3대 자연권인 생명, 자유, 재산에서,《독립선언서》의 작성자는 '재산'을 '행복'으로 바꾼 것이다. '모든 사람은 평등하게 태어났다'라는 대목에서 알 수 있듯,《독립선언서》에서만큼은 적어도 백인과 흑인, 주인과 노예, 지배와 피지배의 차별과 위계를 규정하지 않는 미국이었다. 시카고 플랜의 인문적 취지를 단 하나의 문서로 압축한다면, 그것은 아마도《미합중국독립선언서》가 될 것이다. 그만큼 미국의 역사에만 국한된 것이 아니라 인류의 인문적 진보를 보여 주는 선언서이다.

《독립선언서》는 영국으로부터의 독립을 천명하고 새로운 정부의 공식 명칭을 공표하는 것으로 끝을 맺는다. 이전까지는 '연합 식민지(United Colonies)'라는 명칭을 사용했다.

이제 우리는 우리가 영국으로부터 독립해야 할 당위성을 받아들이면서 세계의 다른 국민에게 대하듯이 영국인에 대해서도 전시에는 적으로, 그리고 평화시에는 친구로 대할 것을 주장하는 바이다. 이에 '미합중국(United States)' 여러 주의 대표들은 총회를 개최하여 우리의 진정한 의도를 전 세계의 지엄한 판단에 호소하는 바이며, 식민지의 선량한 인민의 이름과 권능으로 엄숙히 공개 천명하는 바이다. 우리는 스스로의 권리로 자유롭고도 독립된 국가이며, 영국 국왕에 대한 모든 충성의 의무를 벗으며, 영국과의 모든 정치적 관계는 전면적으로 단절되고, 또 당연히 단절되어야만 한다. 자유롭고도 독립된 국가로서 전쟁을 수행하고 평화협정을 체결하고, 외국과 동맹관계를 설정하며, 통상관계를 수립하여 독립국가로서 당연히 행할 수 있는 일체의 행위와 조치를 취할 수 있는 완전한 권리를 보유하고 있는 바이다.

# 플라톤의 대화편

## 소크라테스의 변론

'검토 없는 삶은 살 만한 가치가 없다'는 자신의 말처럼 살다 간 철학자. 그러나 저작을 남기지 않았기에 소크라테스의 삶을 복원하는 것은 쉽지 않은 문제이다. 플라톤과 크세노폰, 그리고 아리스토파네스가 전하는 기록을 통해 간접적으로 열람할 수 있지만, 세 사람이 전하는 소크라테스의 모습은 전혀 다르다. 누구의 주장이 실제에 가까웠는지는 알 수 없으나, 플라톤은 스스로 점하고 있는 인문사적 지위로 스승의 모습까지 독점하고 말았다.

플라톤의 대화편(對話篇)은 《노모이(Nomoi, 법률)》를 제외하고는 모두 소크라테스가 주인공으로 등장한다. 《변론》은 《크리톤》, 《파이돈》과 더불어 이른바 '소크라테스의 최후 삼부작'이라 일컬어지는데, 《변론》에서는 고발당한 소크라테스가 법정에서 아테네 민중들에게 행한 연설을, 《크리톤》과 《파이돈》에서는 사형을 언도받고 형이 집행되기 전까지 소크라테스가 감옥에서 지인들과 나눈 대화를 다루고 있다.

《변론》에는 소크라테스가 아테네 기득권층으로부터 고발된 죄목을 다음과 같이 적고 있다. 첫째, 사람들에게 약한 논변을 강하게 만드는 방법을 가르침으로써 불의를 행하고 있다. 둘째, 아테네의 젊은이들을 망치고, 국가가 믿는 신들을 믿지 않고 다른 새로운 신령스러운 것들을 믿음으로써 불의를 행하고 있다. 전체적인 줄거리는 두 가지 고발 내용에 대한 소크라테스의 논박에 관한 것이며, 그 논박을 통해 소크라테스는 적극적으로 자신의 신념과 사상을 피력한다. 일관된 주제는 '인간은 어째서 반성적인 삶을 살아야 하는가?'에 대한 것이다. 소크라테스는 이것을 신이 자신에게 부여한 소명이라 생각했으며, 개인적인 반성에서 그친 것이 아니라 적극적인 대화를 통해 아테네 시민들을 반성하게 하는 역할을 자임했다.

그럼 추방을 제안할까요? 어쩌면 여러분이 나에게 이 형벌을 부과하게 될지도 모르겠기에 하는 말입니다. … 아테네인 여러분! 그럼 이 나이 먹은 인간이 밖으로 쫓겨나 이 나라 저 나라로 계속 추방되어 전전하는 삶을 산다면, 그런 내 삶이 퍽이나 멋있겠네요.

다소 과격한 화법에 실린 소크라테스의 논리는 아테네 시민들의 미움을 가중시키는 원인이 되기도 했다. 결국 기소를 당하고 법정에서 자신을 변호해야 하는 입장에 서게 되었지만, 실상 아테네 법에 따라 스스로의 형량을 결정할 수 있었기에, 추방 정도의 선에서 살 길을 모색하는 일도 가능했다. 그러나 소크라테스는 도리어 아주 적은 벌금을 내는 형을 배심원들에게 제안한다.

은화 1므나 정도는 아마 여러분에게 물 능력이 될 거 같네요. 그러니 그 액수의 벌금을 제안하겠습니다.

소크라테스의 언사에 모욕감을 느낀 배심원들은 결국 원고 측의 구형에 많은 표를 던졌다. 소크라테스는 이미 죽음에 대한 준비가 되어 있다는 듯 형이 확정되기 전보다 더 강경한 어조로 변론을 이어 간다.

앞에서도 위험 때문에 자유인답지 않은 일을 해서는 절대 안 된다고 생각했듯, 지금도 이런 식으로 항변한 것에 대해 후회하지 않습니다. 오히려 저런 식으로 사느니보다 차라리 이런 식으로 항변하고 죽는 쪽을 택하겠습니다.

《크리톤》과 《파이돈》에서는 죽음에 임하는 소크라테스의 자세를 초연하게 그리고 있으나, 《변론》에서의 소크라테스는 잘못된 판결을 내린 아테네 시민들에게 자못 격양된 감정을 쏟아 내고 있다.

나를 죽인 여러분, 나는 여러분이 나를 죽일 때의 앙갚음보다, 제우스에 맹세코 훨씬 더 혹독한 앙갚음이, 내 죽음 이후에 곧바로 여러분에게 닥칠 거라고 단언하는 바입니다.

자신에게 사형을 선고한 아테네 시민들에게 작별을 고하는 장면은, 그 기백이 너무도 당당하여 도리어 더 슬픈 삶과의 이별처럼 느껴지기도 한다.

> 아니, 벌써 떠날 시간이 되었군요. 나는 죽으러 여러분은 살러 갈 시간이…. 우리 중 어느 쪽이 더 좋은 일을 향해 가고 있는지는 신 말고는 그 누구에게도 분명치 않습니다.

## 메논

> 영혼이 배우지 않은 것은 없다네. 그래서 탁월함에 관해서든 다른 것들에 관해서든, 영혼이 어쨌든 전에 인식한 것들을 상기할 수 있다는 것은 결코 놀랄 일이 아니네. … 탐구와 배움은 결국 모두 상기니까 말일세.

플라톤 철학의 일관된 주제는, 지식은 경험을 통한 습득이 아닌 선험으로부터의 '상기'라는 사실이다. 이는 '영혼은 소멸되지 않는다'라는 전제에 기댄 결론이다. 플라톤에 따르면, 우리가 딛고 있는 현상계는 감각에 왜곡된 인식이 이루어지는 허상에 불과하다. 진실은 오로지 이데아로 지어진 시공간이다. 그 이데아적 진리에 가까이 다가가기 위해 필요한 도구가 바로 '이성'과 '철학'이다. 그러나 결국 감각의 방해를 받지 않는 순수 인식은 육체의 굴레에서 벗어난 이후에야 가능하다. 소크라테스가 철학을 '죽음을 위한 준비'라고 표현한 것도 이런 연유에서이다.

플라톤은 죽음을 육신의 굴레에서 벗어나는 자유의 순간으로 간주했고, 인간은 죽어서 이데아의 세계를 경험하고 난 뒤, 다시 현세로 건너온다고 믿었다. 엄밀히 말해 인도철학은 서양으로 분류가 되는 사유 방식이며, 윤회의 담론도 인도의 전유물만은 아니다. 진리란 이미 내세를 통해 내재화된 '기억'이다. 그러나 영혼이 다시 현세로 건너오는 과정에서 망각의 강을 지나기 때문에, 내세에서 경험한 이데아를 모두 잊게 된다. 결국 진리를 추구하는 삶이란 그 잃어버린 이데아를 '상기'해 내는 과정이다.

소크라테스(실제로는 플라톤의 페르소나)는 메논이 거느리고 있는 노예 아이에게 기하학에 대한 질문을 던지고, 아이가 누구에게도 수학에 관한 교육을 받지 않았음에도 불구하고 그 문제를 풀 수 있다는 사례를 통해, '지식은 상기'라는 전제를 입증하려 한다.

그래서 언제나 가지고 있었다면, 그는 또한 언제나 알았을 걸세. 하지만 언젠가 획득했다면, 그는 적어도 이승에서 획득하지는 않았을 걸세. 아니면 이 아이에게 누가 기하학 하는 걸 가르친 적이 있나? … 그런데 이승에서 획득하여 가지고 있는 게 아니라면, 다른 어떤 때에 가지고 있었고 배웠었다는 것이 이제 분명하지 않은가?

플라톤이 생각하기에, 기하학은 경험보단 합리적 직관에 가까운 지식이다. 기하학은 그 원리나 증명 방식이 객관적이므로, 오류가 있을 수 없다. 또한 추론의 힘을 길러 주는 유용한 학문이며, 이를 통해 현실의 삶에서 이데아를 보는 혜안을 기를 수 있다는 것이 플라톤의 입장이다.

바로 이 모든 이유로 이 교과를 소홀히 해서는 아니 되거니와, 성향에 있어서 가장 훌륭한 사람들은 이 교과에 있어서 교육을 받아야만 하네. … 기하학의 많은 부분이 그리고 그 고급 단계가 '좋음의 이데아'를 쉽게 보도록 만드는 데 어떤 점에서 기여하는 면이 있는가 하는 것일세.

–《국가》중

플라톤이 기하학의 '탁월함'을 언급한 일화는 영혼과 '앎'의 상관을 피력하기 위함이다.

탁월함이 도대체 무엇인지를 우리가 함께 탐구해 보길 자넨 원하겠지? … 탁월함은 확실히 유익한 것이지? … 건강과 힘과 아름다움, 그리고 물론 부(富)도 말이야. 이것들과 이런 유의 것들을 우리는 유익한 것들로 말하네. 그렇지 않은가? … 탁월함이 영혼 속에 있는 것들 가운데 하나이고 필연적으로 유익하다면, 그것은 앎이어야만 하네. 왜냐하면 영혼에 관련된 모든 것들은 그 자체로 유익하지도 유해하지도 않지만, 앎이 더해지느냐 무지가 더해지느냐에 따라 유익하게도 유해하게도 되기 때문이지. 그러니까 이 논의에 따르면, 어쨌든 탁월함은 유익한 것이기 때문에 앎의 일종이어야만 하는 것이네.

탁월함은 앎이고, 앎은 영혼에 속하므로 우리는 이것을 탐구하는데 정성을 기울여야 하지만, 이런 형이상(形而上)을 탐구하는 과정에서 항상 신체의 감각에 방해를 받는다는 것이 플라톤의 주장이다.

현명함의 획득 자체에 대해서는 어떤가? … 그것이 몸과 함께 무언가를 탐구하려 할 때는 분명 그것에 의해 완전히 속게 되거든. … 철학자의 영혼은 몸을 최대한 하찮게 여기고 그것으로부터 달아나 그 자체로 있게 되기를 추구하는 것이 아닌가. … 영혼은 아마도 이럴 때 가장 훌륭하게 추론하게 될 걸세. … 영혼이 몸과 작별한 채 최대한 그 자체로 된 채, 가능한 몸과 함께 지내지도 접촉하지도 않은 상태로 있는 것을 갈망할 때 말일세. … 몸과 함께하면 그것이 영혼을 혼란스럽게 하고, 영혼이 진리와 현명함을 획득하지 못하게 된다는 생각에서 말이지.

─《파이돈》중

오늘날의 상식으로 다소 납득할 수 없는 논리일 수도 있지만, 신체와 정신에 관한 이런 이원론은 근대의 데카르트까지 이어진 주류의 담론이었다. 물론 데카르트의 경우엔 플라톤처럼 육체의 무용론으로까지는 나가지 않고, 정신이 체질 및 신체의 기관들에 의존하므로 어느 정도 쓸모 있음을 변호하기도 하지만, 절대적으로 필요한 것은 아니라는 인식은 플라톤과 별반 다르지 않다.

신체의 해방은 다음 제네레이션인 스피노자에 의해 이루어지며, 서양철학사는 쇼펜하우어와 니체로 이어지는 감성철학을 준비하고 있었다. 니체주의와 플라톤주의로 구분될 정도로, 니체는 플라톤의 가장 강력한 비판자였다. (한편으론 일말의 존경을 표하기도 했다.) 신체를 평가절하하고 오로지 정신의 이데아만을 떠받들며 죽음까지 긍정하는 철학이, 결국엔 현세에서의 삶은 가치가 없다는 경멸로 귀결된다는, 니체의 지적이다.

## 향연

《향연》에서 다루는 주제는 사랑이다. 비극 경연 대회에서 우승한 아가톤이 이를 기념하기 위해 자신의 집에서 연회를 벌였는데, 이 자리에서 사랑에 관한 열띤 토론이 이어졌다. 아가톤을 축하하기 위해 그의 집을 방문한 손님들 중 파우사니아스는 전날의 과음을 이유로 오늘의 연회는 다른 방식으로 즐겼으면 한다고 말한다. 그러자 파우사니아스처럼 전날의 숙취가 채 가시지 않았던 다른 손님들도, 술은 각자가 원하는 만큼만 마시면서 한 가지 주제를 정해 놓고 그것에 관해 이야기를 하는 것이 좋겠다는 쪽으로 의견의 일치를 본다.

이때 에뤽시마코스가 그토록 오래되고 그토록 위대한 신 에로스에게 어느 한 사람도 그를 기리는 노래 하나 지어 놓은 게 없다고 탄식하면서, 참석자들이 돌아가면서 사랑의 신을 찬미해 보자는 제안을 한다. 첫 주자는 파이드로스였다. 파이드로스는 헤시오도스의 〈신통기(神統記)〉를 인용하며, 하늘의 신과 대지의 신 다음으로 오래된 에로스가 '우리에게 있는 최대로 좋은 것들의 원인'이라며 추앙한다.

파우사니아스는 에로스에 대한 전폭적인 찬사로만 일관한 파이드로스를 반박하는 말로 운을 뗀다. 에로스는 천상의 에로스와 범속의 에로스로 둘로 나뉘며, 천상의 에로스만이 찬미의 대상이라고 말한다. 천상의 에로스만 찬미해야 한다는 주장은, 인간의 감정을 법의 차원에서 관리해야 한다는 주장으로까지 이어진다. 그의 에로스관의 기저에는 육체와 영혼의 가치를 나누는, 육체의 에로스는 저속한 것이니 감정을 억눌러야 하고 천상의 에로스는 고귀한 것이니 고양할 필요가 있다는, 전형적인 플라톤의 이분법적 인식이 투영되어 있다.

에뤽시마코스는 앞서 두 사람의 논의를 보다 큰 범주로 확대하는데, 그에게 에로스는 사람에게만 한정된 것이 아닌 만물에 걸친 우주적 질서이다. 또한 훗날 스토아학파의 토대가 되는 절제의 에로스에 관한 신념으로 본인의 발언을 마무리 짓는다.

좋은 것들과 관련하여 절제와 정의를 갖고 일을 이루어 내는 에로스, 바로 이 에로스야말로 가장 큰 능력을 갖고 있고 우리에게 일체의 행복을 마련해 주며 우리가 서로서로와 그리고 우리보다 더 뛰어난 이들인 신들과 사귀고 친구가 될 능력을 갖게 해주네.

가장 많이 회자되는 발언은 아리스토파네스의 것이다. 그에 따르면 옛날에는 인간에게 3종의 성별이 있었다. 남자와 남자가 붙어 있는 성, 여자와 여자가 붙어 있는 성, 남자와 여자가 붙어 있는 성. 제우스는 신의 제사에 점점 게을러지는 인간을 벌하기 위해서, 둘씩 붙어 있던 것을 절반으로 잘라서 현재와 같은 형태로 만들었다. 그래서 인간은 각각 자기의 반쪽을 항상 그리워하는 것이란다.

그렇듯 그리스 문화는 이성 간의 사랑은 물론 동성애의 기원도 밝히고 있으며, 동성애를 어떤 도착의 증세로 보지 않았다. 결국 아리스토파네스가 말하는 사랑이란 자신의 잃어버린 반쪽을 찾아 자신의 본성을 회복하는 것이다. 고대 그리스의 지식인들은 여성보다 더 아름다운 미소년과의 동성애 코드를 향유했다고 전해지는데, 아름다움에 관한 의미를 탐구하는 정신의 작용에 포커스를 맞추고 있다. 육체적인 교접이라기보단 멘토와 멘티로서의 지성적 교감이었다는 철학자들의 변호, 즉 '플라토닉 러브'에 대한 해명이 되어 주는 대화편이 이 《향연》이기도 하다.

연회의 주인공이었던 아가톤은 앞서 말한 사람들이 에로스를 찬양하기보다는 '그 신이 인간에게 가져다준 좋을 것들'에만 초점을 맞추고 있다고 지적한다. 아가톤은 신들 가운데에서도 에로스가 가장 아름답고 가장 훌륭하기 때문에 그가 가장 행복한 존재라고 말한다. 또한 인간에게 불의를 행하지 않고, 쾌락과 욕망을 지배하는 절제도 지니고 있으며 거기에다 용기까지 겸비하고 있으니, 에로스야말로 진정 위대한 신이라는 아가톤의 결론이다.

온갖 수사적 기교를 동원해 에로스를 찬미한 아가톤의 연설에 참석자들 모두가 환호했지만, 단 한 사람만은 우려스러운 기색을 드러내고 있었으니, 그가 바로 소크라테스다. 앞서 언급한 에로스에 대한 저마다의 생각은 소크라테스에 의해 비판이 제기된다. 소크라테스에 의하면 에로스는 아름다움을 추구하는 지향성이며, 영구적인 소유욕이다. 이 욕망의 충족 방법으로 아름다운 것 속에서의 잉태와 출산을 제시한다. 더 나아가 출산의 동기가 불멸을 얻는 데 있음을, 그리고 불멸을 얻는 보다 효과적인 방법으로서의 정신적인 출산을 말한다. 즉 플라톤주의가 추구했던 지성주의 관점에서 정의한 사랑이다. 그렇듯 플라토닉 러브란, 지혜를 잉태하고 출산하는 에로스적 지향성을 의미한다.

# 소포클레스 ─ 《오이디푸스 왕》, 《안티고네》

## 오이디푸스 콤플렉스

이 아이는 아버지를 죽이고, 자신의 어머니와 결혼을 하여 자식을 낳게 될 것이다.

테베의 왕 라이오스와 왕비 이오카스테 사이에서는 오랫동안 자식이 태어나지 않았다. 라이오스는 신탁소를 찾아가 그 이유를 물었고, 저 비극적인 신탁을 듣게 된다. 이는 젊은 시절의 라이오스가 범한 치기 어린 악행에 대한 저주라는 설도 있다. 어찌 됐건 기구한 운명으로 태어난 아이는 태어나자마자 부모에게서 버림을 받는다. 인적 없는 산속에 내다 버려진 아이는 마침 그곳을 지나가던 이웃 나라 코린토스의 양치기에게 발견되고, 자식이 없어 고심하던 코린토스의 왕에게 아이를 데려

간다.

　태생의 비밀을 모른 채 양자로 자라나던 오이디푸스는, 우연히 저 잣거리에서 자신이 친자식이 아니라는 소문을 듣게 된다. 부모에게 소문의 진상에 대해 물었지만, 속 시원한 대답을 들을 수 없었다. 때문에 신탁소를 찾아가 진실을 물었고 되돌아온 대답은, 아주 오래전에 라이오스가 들었던 신탁과 같은 내용이었다. 그러나 자신이 양자라는 사실을 전혀 모르고 있었기에, 신탁의 대상이 자신을 길러 준 양부모(코린토스의 왕과 왕비)라 여겼던 오이디푸스는 신탁의 실현을 피하기 위해 그길로 코린토스를 떠난다.

　한편 테베에는 괴이한 사건들이 발생하고 있었는데, 스핑크스가 그 범인이었다. 스핑크스는 길을 지나는 이에게 요상한 수수께끼를 내고 맞히지 못할 시엔 그를 잡아먹었다. 라이오스는 불안에 시달리는 민심을 신의 뜻으로 달래기 위해 델포이 신전으로 향해 가던 중 우연히 오이디푸스를 마주치게 된다. 그리고 길을 비키네 마네 하는 사소한 시비 끝에 오이디푸스는 라이오스를 죽이고 만다. 물론 그가 자신의 친아버지라는 사실을 모르는 상태에서 저지른 실수, 이때부터 신탁은 실현이 되고 있었던 것이다.

　테베에 라이오스의 비보가 날아들었고, 가뜩이나 흉흉한 민심은 더욱 공포에 휩싸인다. 이오카스테 왕비는 민심을 안정시키기 위해 스핑크스의 수수께끼를 푼 이를 왕으로 삼고, 자신은 그 사람의 부인이 되겠노라고 공표한다. 마침 오이디푸스의 방랑 앞에 스핑크스가 나타났고, 오이디푸스는 스핑크스가 낸 수수께끼를 모두 맞혔다. 스핑크스는 분을 참지 못하고 바위에 몸을 던져 스스로 목숨을 끊었고, 오이디푸스는 이오카스테를 아내로 맞는다.

　평화로운 나날이 이어지던 테베에 갑자기 찾아온 흉년. 오이디푸스의 처남 크레온은 선왕 라이오스를 죽인 범인을 찾아내 국외로 추방하면 흉년이 해결될 것이라는 신탁을 가져오고, 그에 따라 오이디푸스는 진실을 추적해 나가기 시작한다. 그러던 중 코린토스 사신으로부터 코린토스 왕의 부고(訃告)를 들은 오이디푸스는 자신에게 내려진 신탁이 빗겨 갔음에 안도의 한숨을 내쉬지만, 코린토스의 왕이 자신의 친부가 아니란 사실까지도 전해 듣게 된다. 그 사신은 그 옛날 산속에 버려진 오이디푸스를 주워 온 목동이었다.

　무언가 불길한 징조를 예감한 이오카스테는 진실을 규명하는 일은 이쯤에서 그만두라고 조언하지만 오이디푸스는 멈추지 않았고, 결국에는 모든 진실을 알아 버리게 된다. 제 자식과 결혼해 손자를 낳아 버렸다는 사실을 깨달은 이오카스테는 스스로 목숨을 끊었고, 오이디푸스는 자신의 눈을 찌른 후 장님이 되어 테베를 떠난다.

## 안티고네

신탁에 따르면 오이디푸스가 최후를 맞이할 운명의 땅은 아티카의 콜로노스였다. 오이디푸스의 딸 안티고네는 장님이 된 아버지를 보필하며 그 방랑의 여정을 함께한다. 오이디푸스가 테베를 떠난 이후, 그의 아들 에테오클레스와 폴리네이케스가 왕권을 놓고서 반목을 일삼았다. 운명에 의해 싸질러진 오이디푸스의 절망은, 오이디푸스 저 자신이 싸질러

놓은 운명들의 욕심에 한층 더 깊어진다. 아들들은 그저 저 자신들의 목적을 위해 오이디푸스의 후원을 바랄 뿐이다. 오이디푸스의 죽음 앞에서도 사자(死者)에 대한 예의는 뒷전이다.

오이디푸스 사망 이후 그의 두 아들의 반목은 더욱 깊어졌다. 치열한 싸움의 끝에 폴리네이케스는 아르고스로 도망쳤고, 폴리테이케스는 아르고스의 동맹국들을 이끌고 테베를 공격한다. 결국 오이디푸스의 두 아들은 서로가 서로를 죽이게 된다. 섭정에 오른 오이디푸스의 처남, 그러니까 오이디푸스의 외삼촌이기도 했던 크레온은 테베를 지키다 전사한 에테오클레스를 위해 성대히 장사를 지내 주고, 외세의 힘을 빌려 테베를 위험에 빠뜨린 폴리네이케스의 시체는 들판에 방치한다. 그리고 누구도 그를 매장하거나 애도하는 자는 사형에 처하겠다며 엄포를 놓는다.

오이디푸스의 임종을 지킨 후, 다시 테베로 돌아온 안티고네는 전사한 오빠 폴리네이케스의 시신을 매장하다가 파수병에게 붙잡힌다. 그녀는 인륜의 정당성을 주장했으나, 크레온은 그녀를 동굴에 가두어 버린다. 크레온의 아들이자 안티고네의 약혼자였던 하이몬은 아버지의 냉정한 처사를 비난하지만, 크레온의 신념은 요지부동이다. 안티고네는 결국 자살하고, 이에 하이몬이 그녀의 뒤를 따른다. 아들의 죽음을 전해 들은 크레온의 아내 에우리디케마저 자살하는 비극이 잇대어지자, 크레온은 그제서야 그 과잉의 신념을 자책으로 돌아본다.

한 국가의 지도자로서 실정법을 지키고자 했던 크레온은 자신의 신념을 조금도 의심하지 않았다. 그러나 안티고네는 인간이 만든 법이 신이 만든 법보다 위에 있지 않다고 생각했기에 크레온에게 불복했다. 이 장면을 두고, 안티고네를 주체적인 결단으로 나아간 운명으로 해석하며 운명에 발이 걸리고 만 오이디푸스와 비교하는 경우가 있지만, 아이러니는 안티고네의 명분 역시 '신'이었다는 점이다.

소포클레스의 작품들은 서양사에서 고대 그리스가 지니는 철학사적 의의와 함께 살필 주제이다. 당대 그리스인들은 합리의 담론에 취해 있었다. 삶을 대하는 인간의 태도가 제아무리 합리적이라고 한들, 인간의 삶 자체가 그렇게 합리적으로만 흘러가는 서사도 아니지 않던가. 소포클레스는 《오이디푸스 왕》을 이어 《안티고네》에서도 인간의 지나친 합리성을 비판한다. 인간의 이성으로 모든 문제를 해결할 수 있을 것이라는 지성 집단의 오만, 그 합리의 신념으로 추락하는 인간의 비극을 이야기하고 있다. 이 또한 신탁적 성격일 수 있을지 모르겠으나, 먼 훗날 철학사에서 이성의 지위를 끌어내린 프로이트의 가장 중요한 키워드가 '오이디푸스'이기도 하다.

# 《플루타르코스 영웅전》

## 전기의 역사

장예모 감독의 영화 〈영웅〉은 협객 형가(荊軻)의 이야기를 모티브로 하는 작품이다. 통일이라는 명분 아래 조국과 가족을 잃어버린 무사들은 진시황을 암살하기 위한 계획을 세우지만, 궁에 진입하는 것부터가 쉽지 않은 문제였다. 대업을 위해, 현상금이 걸려 있던 자신의 목을 기꺼이 내놓은 동지의 희생을 등에 업고, 형가는 포상의 빌미로 진시황에게 접근할 수 있었다. 사마천의 《사기(史記)》〈열전(列傳)〉편을 읽어 보면, 형가의 실체를 마주한 진시황의 면모는 영화에서처럼 침착하지도 비장하지도 않다. 황제는 허둥지둥 대다가 제대로 칼을 뽑지도 못한다. 법가의 나라인 터라, 무기를 소지하고 어전에 오를 수 없다는 법을 지키느냐 황제를 돕지 못하는 신하들의 충정은 우스꽝스럽기도 하다.

극동 문화권의 전기(傳記) 장르는 사마천의 《사기》의 〈열전〉 편에서 유래한다. 역사가들의 평에 따르면, 《사기》가 지니는 역사서로서의 가치는 《한서(漢書)》에 미치지 못한다. 특히나 이 〈열전〉 편은 문학으로서의 가치가 더 인정되는 경우이다. 역사는 어쩔 수 없이 역사가의 관점이 투영되는 기록이라는 것이 나중에 보게 될 투키디데스의 입장이기도 하지만, 사마천이 글의 말미에 자신의 견해를 덧붙이는 방식은 한문학의 한 필법으로 굳어지기까지 했다. 사마천은 〈열전〉 속 주인공들의 삶이 건네는 인생의 교훈으로 한 챕터를 마무리했다.

서양에서 비교의 대상을 찾는다면 아마 《플루타르코스 영웅전》이지 않을까 싶다. 플루타르코스는 역사적 사건에 대한 기술보다는 사건의 중심에 있는 인물의 묘사에 치중했다.

내가 쓰고자 하는 바는 역사가 아니라 인생이라는 점을 기억해야 한다. 가장 영예로운 위업이 언제나 인간의 선과 악에 대한 분명한 통찰을 제시해 주지는 않는다. 때로는 보잘 것 없는 순간이나 표정, 농담이 치열한 전투와 뛰어난 무기보다 인물의 성격을 더 잘 드러내기도 한다. 초상화를 그리는 화가도 인물의 성격을 잘 표현하기 위해 신체의 다른 어떤 부분보다도 얼굴을 세밀하게 그리는 데 집중한다. 그러니 내가 인물의 영혼을 드러내는 특징에 집중하는 것을 이해해 주기 바란다. 중요한 사건이나 전투는 다른 사람이 논하도록 하고 나는 인물의 영혼을 드러내는 특징에 집중해 그들의 인생을 묘사하고자 한다.

원제는 '고귀한 그리스와 로마인들의 전기(Lives of the Noble Greeks and Romans)'였으나, 언제부턴가 작가 본인의 이름이 붙여진《플루타르코스 영웅전》으로 부른다. 이 책은 삶의 궤적이 유사한 그리스와 로마의 영웅들을 쌍으로 묶어서 비교하는 서술 방식을 주로 취하고 있다. 총 22쌍의 전기와 4개의 단독 열전으로 구성돼 총 50여 명의 그리스 로마의 영웅들을 다룬다.

로마보다는 그리스인의 생애가 더 자세하게 다루어지는데, 그 이유는 그가 그리스에서 집필을 하면서 로마의 정세에 관한 정보를 얻는 데에는 한계가 있었기 때문이기도 하고, 스스로 고백하듯 라틴어 실력이 미숙해서이기도 하다. 그러나 막대한 노력을 기울여 전설의 시대로부터 자신의 시대에 이르기까지 방대한 사료를 취합한 결과이며, 어떤 시기의 역사는《플루타르코스 영웅전》이 유일한 사료를 제공하는 경우이기도 하다.

## 영웅 대 영웅

한때 인터넷에서 화제가 된, 서로를 향해 돈을 집어 던지며 싸우는 배트맨과 아이언맨의 대결. 그만큼 다른 히어로들에 비해 몸에 지니고 있는 역량은 미미하고, 고가의 장비에 대한 의존도가 높은 경우이다. 브루스 웨인의 육체에 동양의 '쿵푸'적 시간이 흐르고 있는 것과 달리, 토니 스타크는 무기사업으로 벌어들인 돈으로 직접 장비를 제작하는 천재 공학도이다. 둘 다 어릴 적에 부모를 잃은 트라우마를 지니고 있지만, 브루스 웨인의 극복이 어두운 심연으로 침잠하는 방식이라면, 토니 스타크는 특유의 너스레와 유쾌함으로 상처를 드러내지 않는 방식이다.

이젠 전 지구적 화법이 되어 버린 어벤져스와 저스티스, 마니아층에선 각 진영에서 비슷한 포지션을 맡고 있는 히어로 캐릭터들을 비교하는 것으로 마블과 DC의 세계관을 설명해 내기도 한다. 이를테면 플루타르코스의 비교가 이런 식이다. 스피드라는 공통 키워드로 마블의 '퀵 실버'와 DC의 '플래시'를 선정해 그들의 인생을 서술하고, 부록으로 그들이 지닌 쾌속 능력의 차이를 비교하는 방식. 플루타르코스는 그리스와 로마의 역사적 인물을 선정해 그 생애를 에피소드 중심으로 서술한 후, 두 인물을 비교하는 짧은 비평을 덧붙인다. 일례로 플루타르코스가 소개하는 첫 번째 비교 대상인 테세우스와 로물루스의 공통 키워드는 '건국'이다.

로마 제국이 추구해야 할 탁월함은 무적이며 영광스러운 것에만 있는 것이 아니라 아름답고 이름 높은 가치의 추구에도 있다는 것을 보여 주고 있습니다. '무적이며 영광스러운' 모습을 로마의 건국 영웅 로물루스가 보여 줬다면, '아름답고 이름 높은 덕목은 아테네의 테세우스가 모범을 보여 줬다는 것입니다.

앞서 언급한 《사기》〈열전〉편과 비교할 수 있는 사례는, 그리스와 로마를 대표하는 웅변가였던 데모스테네스와 키케로의 경우이다.

이 두 사람의 차이점은 연설에서도 드러난다. 데모스테네스의 연설에는 꾸밈말이나 우스갯소리가 전혀 없고, 주제에 대해서만 집중되어 있는 무서울 정도의 진지함이 살아 있다. … 반면에 키케로의 연설은 농담이 너무 심해서, 자신의 품위까지 깎아 내리는 일도 있었다. 그래서 그는 법정에서 아주 심각한 문제를 변론할 때도 우스갯소리를 곧잘 했으며, 변론을 부탁한 사람을 위해서는 자신의 체면이 깎여도 신경 쓰지 않았다.

이는 《사기》의 〈열전〉 중에서도 장의(張儀)와 소진(蘇秦) 편을 떠올리게 한다. 장의와 소진 역시 중국의 전국시대를 대표하는 '말빨'이었다. 이런 비교평가는 플루타르코스의 윤리관을 효과적으로 전달하는 장치이기도 하다. 다시 한 번 《사기》와 비교하자면, 사마천이 글의 말미에 '태사공 왈'로 시작하여 자신의 의견을 개진하듯, 플루타르코스는 이 비교의 페이지에서 영웅들의 면모로부터 취사선택해야 할 교훈적 가치들을 적어 내린다.

플루타르코스는 몽테뉴가 가장 좋아하는 작가였다. 몽테뉴는 《수상록》에서 아이들의 판단력을 향상시키기 위한 필독서로 《플루타르코스 영웅전》을 꼽고 있다. 그만큼 플루타르코스의 인생을 이끌어 간 힘은 윤리였으며, 오늘날 많은 평론가들도 《플루타르코스 영웅전》을 윤리학의 장르로 분류한다.

플루타르코스는 그 자신이 플라톤의 계보로 분류되는 철학자이면서도, 철학자들은 전혀 언급하지 않고 있다. 철학자들은 영웅으로서의 자격이 없다고 생각했던 것일까? 그의 삶을 지배했던 키워드가 '윤리'였듯, 그에게 철학은 이론과 담론에 머물러 있는 생각이 아닌 적극적 행위의 동사였다. 그 연장선에서 그가 역사의 서술 방식을 '전기'로 택한 것은, 로마 문화의 실용적 성격이 엿보이는 부분이기도 하다.

# 마키아벨리 ─《군주론》

## 정치와 도덕

르네상스 시대의 이탈리아를 풍요의 시절로 생각하기 쉬우나 정치적으로는 갈등과 혼란의 연속이었다. 당시 프랑스와 독일은 통일국가 시대를 향해 나아가고 있었지만, 내분을 겪고 있었던 이탈리아는 프랑스와 독일의 침략까지 받는 처지였다. 마키아벨리가 살던 당시 피렌체는 덕망을 겸비한 로렌초가 메디치 가문의 독재 전통을 잇고 있었다. 그러나 로렌초가 죽고 프랑스의 침략까지 받은 혼란의 상황에서, 메디치 가문은 피렌체에서 쫓겨난다.

　피렌체의 정체가 공화제로 바뀌는 과정에서 마키아벨리는 제2서기장에 오른다. 이때 혜성처럼 나타난 정치인이 체사레 보르자이다. 마키아벨리는 그의 단호함과 대담함 그리고 세심함을 모티브로《군주론》을 집필한다. 스페인군이 피렌체를 점령하고, 스페인에 망명해 있던 메디치 가문이 다시 집권하면서 전 정권에서 녹을 먹었던 마키아벨리는 투옥되었다가 작은 농장에 칩거한다. 마키아벨리는 이 칩거 기간 동안 집필에 몰두했고, 관직을 얻고 싶어 《군주론》을 헌정했으나, 메디치 가문은 눈길 한 번 주지 않았다.

인자함도 서투르게 발휘하면 못쓴다. 예컨대 체사레 보르자는 잔인한 인간으로 통했었다. 그러나 그의 이 잔인함은 로마냐의 질서를 회복하고 이 지방을 통일하여 평화를 지키고 충성을 다하도록 하였다. 군주는 자기의 백성을 결속시키고 이들이 충성을 다하도록 하기 위해서는 잔인하다는 악평쯤은 개의치 말아야 한다.

마키아벨리에 따르면, 군주에게는 절대 권력이 필요하며, 국가의 안정을 위해서라면 모든 수단과 방법을 동원해도 무방하다. 정치에는 도덕적 요소가 개입해서는 안 된다. 정치는 도덕과는 별개의 문제이다. 하루빨리 분열된 이탈리아를 통일하고 안정을 도모하기 위해서는 이만한 정치술도 없었다. 그러나 군주의 자격 또한 아무에게나 주어지는 것이 아니다. 군주에겐 국민의 절대적 지지가 필요하다. 때문에 국민의 마음을 헤아릴 수 있는 총명함과 조국의 이상을 구현할 수 있는 냉철한 판단력이 필요하다.

이처럼 군주란 야수의 성질을 배울 필요가 있는 것이지만, 이런 경우 특히 여우와 사자의 성질을 동시에 갖추어야 한다. 그것은 사자는 책

략의 함정에 빠지기 쉽고, 힘에 있어서 여우는 늑대를 당하지 못하기 때문이다. 함정을 알아차리는 데는 여우라야 하고, 늑대의 혼을 빼려면 사자여야 한다. 그저 사자의 용맹만을 내세우는 자들은 졸렬하기 이를 데 없다.

이는 군주 이전에 인간에 대한 통찰이기도 하다. 마키아벨리는 인간이란 본디 선하지 않은 존재임을 전제한다. 다스리는 군주나, 다스려지는 군중이나…. 그는 대중을 자신에게 이익이 되는 것에는 쉽게 현혹되지만, 조금이라도 손해가 될 것 같으면 쉽게 등을 돌리는 변덕스러운 존재로 규정한다. 그 변덕스러운 대중을 지배하기 위해 군주는 당근과 채찍을 적절하게 사용할 줄 아는 반인반수가 되어야 한다. 필요에 따라 선정(善政)을 베풀기도 하고, 폭정을 가하기도 하는, 선과 악을 모두 시행하는 강력한 존재로서의 군주만이 대중을 복종시키고 다스릴 수 있다.

## 마키아벨리즘

프랑스의 법학자 이노센트 젠틸레는 《군주론》에 담긴 정치사상을 조목조목 반박하며 '마키아벨리즘'이라는 신조어를 만들어 냈고, 이후 목적을 위해서는 수단과 방법을 가리지 않는 정치술의 대명사가 되었다. 또한 역사의 여러 독재자들에게는 복음서와 같은 역할을 했던 게 사실이기도 하다.

그런데 정작 마키아벨리는 공화주의자였다. 그 자신도 공화정 체제에서 벼슬을 했던 마키아벨리는, 단지 조국의 어려운 실정을 극복할 수 있는 효율성에 대해 논했던 것이다. 《군주론》은 군주제에 대해서만 논하고 있는 경우이다. 즉 이왕 군주제가 되었다면, 군주가 어떻게 정치를 해야 하는지에 대한 이야기를 써놓은 것이지, 모든 정체(政體)에 해당하는 지침은 아니다.

마키아벨리는 대중이 공화제를 운영할 수 있을 만큼 깨어 있지 못한 국가라면 차라리 군주제가 현실적인 대안이라고 생각했다. 다시 말해 군주제의 필요성이 대두되는 상황은 국민들 스스로가 자초한다는 것. 따라서 《군주론》은, 군주제를 받아들일 생각이 없다면 국민 개개인의 정치의식을 고양시켜야 한다는, 민중을 향한 경고의 메시지이기도 했다.

거짓말쟁이가 되십시오. 혼란을 일으키십시오. 두려움에 떨게 하십시오. 권력은 오랫동안 당신의 것이 될 것입니다. 인간들이란 다정히 대해 주거나 아니면 아주 짓밟아 뭉개 버려야 합니다. 왜냐하면 인간은 사소한 피해에는 보복하려 들지만, 엄청난 피해에는 복수할 엄두조차 내지 못하기 때문입니다. 사랑받기보다는 두려움을 느끼게 하는 것이 안전합니다. 인간은 두려움을 불러일으키는 자보다 사랑을 베푸는 자를 해칠 때 덜 망설이기 때문입니다. 약속을 지키는 것이 불리할 땐, 약속을 지키지 않아야 합니다. 군주는 능숙한 거짓말쟁이여야 합니다. 자유에 익숙한 자들을 지배하기 위해선 내분을 조장하거나 주민을 분산시키십시오. 그러면 그들은 자유의 기억을 망각할 것입니다.

마키아벨리《군주론》에 적혀 있는 군주의 자격이다. 그러나 마키 아벨리에 대한 루소의 평가는 왕을 가르치는 척만 했다는 것이다. 군주 란 원래 이런 존재라는 사실을 환기시키면서, 그가 진정으로 일깨우고 자 했던 이들은 바로 민중이었다.

# 애덤 스미스 — 《국부론》

## 보이지 않는 손

조르주 바타유에 따르면, 전통적으로 내려오는 각국의 축제문화는 공동체의 구성원 모두가 나눔을 누리게 하는 소비의 한 형태였다. 공동체가 지니고 있는 잉여분의 생산물을 축제의 형식으로 소비함으로써, 잉여량으로 인한 가치절하를 예방하고, 짧은 기간이나마 빈민층에게도 분배가 이루어질 수 있었다. 잉여분의 생산물은 당연히 부자들의 소유였다. 마르셀 모스의 《증여론》에 따르면, 부자들은 잉여분을 무상으로 공동체에 제공함으로써 그 경제력에 합당하는 사회적 지위를 공동체로부터 인정받았다. 기부의 능력이 곧 권력으로 이어졌던 셈. 경제와 권력 간의 고리일지언정 축제는 그렇듯 복지의 논리로 계승된 전통이다.

애덤 스미스가 견지하고 있던 원칙은, 축제문화의 경우처럼, 경제가 저 스스로 자연과도 같은 질서를 형성한다는 점이다. 당대는 홉스의 사회계약설이 정치철학의 전제로 인식되던 풍토를 비집고 루소가 새로운 시대정신으로 부상한 시기이다. 오랫동안 도덕철학 교수를 역임했던 스미스가 분석한 인간의 본성은 홉스와 루소의 절충이다. 인간은 자신의 이익을 극대화할 수 있는 방향성으로 끌려가는 이기적 존재이긴 하지만, 공감의 질서를 도덕으로 끌어안는 존재이기도 하다. 때문에 사적 이익을 추구하더라도 결과적으로 사회 전체의 이익과 안전은 증진된다. 이것이《국부론》에 단 한 번밖에 언급되지 않았다는, '보이지 않는 손'의 원리이다.

'보이지 않는 손'이 등장하는 지점은, 천문학에 관한 스미스의 논문에서 우주의 섭리를 주피터의 보이지 않는 손에 비유한 부분이라고 한다. 스미스가 견지했던 신앙관은 다분히 스피노자적이다. 자연 그 자체가 신의 표현이다. 스미스는 경제가 이런 자연의 이치를 따르기 때문에, 정부가 개입하지 않은 상태에서의 자유야말로 무위자연이라는 식이다. 물론 국가가 나서서 부도덕한 욕망들을 제재할 필요도 있지만 그 효과는 미미하고, 차라리 모든 국민의 부가 증진된 상황에서 범죄율이 더 낮을 것이라는 스미스의 입장이다.

우리가 매일같이 신선한 식재료를 공급받을 수 있고, 친절한 배달 서비스를 편히 누릴 수 있는 이유는, 그들의 자비심 덕분이 아니라 보다 많은 이익을 챙기려는 그들의 이기심 덕분이다. 스미스에 따르면, 그 천성에 따라 행동하도록 내버려 두면 개인적 이익을 추구하는 과정에서 사회의 이익이 증가한다. 부조리에 대한 국민적 성토가 끊이질 않는 기업일지언정, 청년 실업을 위한 정책에 협력하고, 복지의 사각에 놓인 이들을 후원하는 이유는, 결국 자신들의 상품을 더 팔기 위함이다. 이익의 극대화를 위해서라도 도덕은 필수불가결의 요소이다.

## 케인스와 박제가

정치경제학은 정치가나 입법자의 과학이 한 분야로 간주되는 경우, 두 가지 목적을 가지고 있다. 첫째는 국민들에게 풍부한 소득이나 생활 자료를 제공하는 것. 좀 더 정확히 말해서, 국민들로 하여금 스스로 충분한 소득 또는 생활 자료를 얻을 수 있게 하는 것이고, 둘째는 공공서비스를 공급하는 데 충분한 세입을 국가에 제공하는 것, 즉 정치경제학은 국민과 국가 모두를 부유하게 하려는 것이다.

오늘날의 경제학 관점에서 《국부론》을 지적한다면, 국민 전체의 부를 증진시킨다는 취지의 초점이 생산에 맞춰져 있다는 사실이다. 스미스에 따르면 자본가의 미덕은 근검절약이다. 저축을 통한 자본의 증대는 생산과 고용의 규모를 확장시킴으로써 사회 전체의 부를 증진시킨다. 이렇듯 '생산'에 초점을 맞춘 경제학에서 상품의 가격을 결정하는 관건은 그 상품을 만드는 데 들인 노동 시간이다. 설비비와 재료비, 지불된 임금과 자본가의 생활비를 뺀 순이익, 즉 '잉여가치'를 극대화할 수 있는 방법은, 임금에 준하는 적정 노동보다 더 많은 생산성을 착취하는 것이다. 이렇듯 절약을 착취로 실현해 내는 자본가 계급의 부조리에 대한 성토가 마르크스에게로 이어진 것이다. 참고로 《자본론》에서 가장 많이 인용되는 책이 《국부론》이기도 하며, 관련한 경제 이론은 《자본론》 챕터에서 조금 더 자세하게 다루겠다.

덧대어지는 문제는 시장으로 쏟아져 나온 상품이 모두 팔릴 수 있는가에 대한 것이었다. 자본가는 부의 규모를 늘려 가지만, 노동을 착취당하는 다수의 노동자들에게 소비의 여력이 있을 리 없다. 노동자들은 곧 소비자이기도 하다. 노동자들이 소비를 할 수 없는 여건이다 보니, 시장에 나온 상품들이 팔리지 않는다. 재고가 쌓여 가도록 생산만 하고 있을 자본가가 있을까? 생산 규모는 축소되고 고용은 감소한다.

관점을 생산에서 소비로 돌린 경제학자가 바로 케인스이다. 소비를 진작시키면 당연히 생산이 늘어야 하고, 그 여파로 고용이 창출된다. 그런 선순환을 위해서라도 노동자에게 적절한 임금과 여가가 보장되어야 한다. 이는 조선 후기의 중상주의 실학자 박제가가 언급한 '우물의 비유'와도 일치하는 논리이다. 우물은 퍼낼수록 채워지지만, 오랜 시간 쓰지 않고 방치하면 말라 버리고 만다. 국민들의 근검과 절약만으로 나라가 부강해지기를 바라는 것은, 우물을 아껴 쓰다가는 우물이 마르는 것과 같다는 논리이다. 활발한 소비가 이루어져야 경제도 발전을 꾀할 수 있는 법, 백성들의 소비를 유도하기 위해서는 먼저 착취가 근절되어야 한다. 이것이 케인스보다도 100년을 앞섰던, 애민정신을 기반으로 한 '조선의 마음'이었다.

## 시카고학파와 신자유주의

수요가 공급을 앞지르게 될 시 물가가 오른다. 물가가 올라도 소비가 줄어들지 않기 때문에, 기업은 설비에 대한 투자를 늘린다. 따라서 고용도 늘어난다. 물가가 계속 오르기만 하면, 어느 시점부터 대중들의 소비심리는 위축되기 마련이다. 서서히 수요는 줄어들고, 재고가 쌓이면서 물가는 다시 낮아진다. 공급이 줄어들고, 고용도 늘지 않는다. 이는 우리가 학창시절의 정치, 경제 시간에 배운 지식 안에서 자연스러운 호황과 불황의 사이클이다.

케인스 이론은 호황과 불황 사이의 낙차를 줄이자는 취지이다. 중앙은행이 금리를 올려 버리면 기업은 대출을 꺼리게 되고, 가계는 소비보다는 저축을 늘린다. 시중의 통화량이 줄어드는 것이다. 통화량이 줄면 통화의 가치가 오르게 된다. 상대적으로 물가는 내려간다. 소비도 줄고 물가도 내려가니, 기업이 더 이상 설비에 투자를 할 이유가 없다. 한창 호황일 때 금리를 올리는 이유는, 불황의 충격량을 미리 낮추는 것으로써 불황을 대비하고자 함이다. 서브프라임 사태는 호황일 때 금리를 도리어 내림으로써 호황을 더 연장하고자 한 욕망에서 비롯된 재앙이었다. 비유하자면 살수대첩의 물막이 공사를 하고 있었던 셈이다.

신자유주의의 기점인 시카고학파인들 제 조국을 작정하고 재앙으로 몰아넣으려 했던 의도였겠는가? 그들이 케인스를 반대하게 된 계기는 스태그플레이션이라는 현상이다. 수요가 늘어서 물가가 오르는 게 아니라, 생산비용이 올라서 물가가 오르는 경우이다. 가령 제품의 원자재 가격이나 공장을 가동시키는 석유의 가격이 오르면, 경기와 상관없이 물가가 오른다. 베트남전에 과도한 예산을 쏟아부은 미국은 경기침체로 인해 달러의 가치가 하락한 상황에서, 설상가상으로 석유파동까지 겪는다. 불황이라 수요가 없는데도 불구하고 물가가 계속 올랐던 것이다. 케인스 이론으로는 불황의 시기엔 세금을 줄여서 자본가들의 투자를 유도해야 한다. 그 결과 고용이 창출되고 차츰 소비가 늘어나면서 경제는 안정을 되찾을 수 있다는 가정이다. 그러나 스태그플레이션의 경우엔 통화량을 늘리자니 물가는 더 올라가고, 그렇다고 통화량을 줄이자니 불황이다. 케인스가 통하지 않았던 것이다.

정부의 통화량 정책이 별 의미가 없다는 시카고학파의 지적은 애덤 스미스의 '작은 정부'가 부활하는 신호탄이었다. 《국부론》이 개개인의 경제활동에 자유경쟁을 보장해 주어야 할 중재자로서의 정부를 요청하고 있다면, 신자유주의는 정부를 하나의 이익집단으로 간주한다. 정경유착의 커넥션들을 예로 들더라도 정부가 이익집단의 성격을 갖는다는 사실이 입증되지 않던가. 정부에게 공정성을 기대할 수 없기에, 경제활동에서 정부의 역할을 최소화해야 한다는, 원 취지는 참 좋았던 이론이다.

신자유주의를 특징짓는 키워드는 '감세'로, 세금을 줄여 주면 개인의 근로의욕과 자본가들의 사업의욕이 높아지고, 정부는 도리어 더 많은 조세수익을 올릴 수 있을 거란 의도였다. 물론 이 예상에서는 빗겨간 미국의 경제사이다. 세율을 낮추어서 세금이 많이 걷혔느냐? 결코 그렇지 않았다. 또한 '의욕'이 될 수 있을 만큼의 감세효과가 과연 누구에게 해당하는 사안이겠는가를 따져 물어야 한다. 10만원의 세금을 덜내는 사람과 1000만원의 세금을 덜 내는 사람, 의욕의 차이가 빈부의 차이로 이어지는 것도 당연하지 않겠는가?

애덤 스미스는 국가의 개입을 최소화하는 것이 모든 국민의 부를 증가시키는 최선의 방법이라고 생각했다. 그러나 그가 지적하고 있는 국가란, 항로개척의 시절에 특정 상인과 제조업자에게 혜택을 부여했던 절대왕정이었다. 자유 무역을 옹호한 스미스의 근거는, 내수를 보호하기 위한 국가 정책이 독과점의 폐해를 낳고, 그 부당한 피해를 국민들이 고스란히 떠안는 현실이었다. 《국부론》은 자유주의를 표방했지만, 독점과 일부계층에 집중되는 자본을 경계한 경제서이다. 애덤 스미스에 근거했다던 신자유주의에 대한 지적은, 스스로를 정당화할 수 있는 이론과 사례들만을 늘어놓으면서 전 세계를 기만했다는 사실이다. 신자유주의를 강권했던 강대국들도 이젠 다시 보호무역주의로 돌아서고 있는 시절, 더 이상은 주류 경제학으로서의 입지도 아닌 분위기이다.

# 토크빌 ―《미국의 민주주의》

## 선진의 민주주의

《미국의 민주주의》는 출간이 되자마자 폭넓은 반향을 일으켰다. 그것은 이 저서가 정부와 개인, 평등과 자유의 관계에서 발생할 수 있는 병리적 현상과 그에 대한 해법을 유의미하게 다루고 있기 때문이다. 장(章)마다 개별적이면서 전체적으로는 방대한 내용의 기저에 흐르는 일관된 주제는, 평등과 자유가 상충하는 문제에 대한 것이다. 토크빌은 평등보다 자유의 가치를 우위에 두고 있지만, 그 둘이 공존할 수 있는 방안을 다각도로 모색하고 있다.

　베르사유의 배석 판사에 임명된 토크빌은 미국의 교도 시스템을 연구한다는 명분으로 미국 여행을 신청했다. 그가 미국을 여행하고자 한 근본 목적은 당시 세계 어느 나라보다 선진적으로 민주주의를 확립한 미국을 배우고, 프랑스 사회에 적용시킬 방법을 고민해 보기 위해서였다. 시민 혁명 이후 프랑스 사회는 혼돈을 거듭하고 있는 상황이었기에, 합리적이고 안정적인 정치 체제의 구축이 가장 시급한 문제였다. 토크빌에게 있어 미국은 프랑스가 배워야 할 가장 이상적인 나라였다.

도대체 우리는 어디서 더욱 큰 희망의 이유들이나 더욱 훌륭한 교훈을 찾을 수 있을 것인가? 미국이 수립한 제도를 비굴하게 답습하기 위해서가 아니라 우리를 위해 최선의 정치 체제가 되어 줄 것에 대한 명확한 안목을 얻기 위해서 미국을 돌아보도록 하자.

토크빌은 한때 대중 민주주의에 대한 우려도 표명을 한 적이 있으나, 이미 거역할 수 없는 역사의 흐름으로 간주하고, 소위 '잭슨 민주주의' 시대의 미국 사회에 대한 연구로 프랑스의 민주주의에 이바지하고자 했다. 《미국의 민주주의》라는 제목에도 불구하고, 민주주의에 관해 쓴 최초의 철학적 저술이라는 점에서, 이는 미국에 한정되는 인문적 가치만도 아니다. 반면 오늘날의 미국을 대변할 수 있는 저서인 것도 아니다. 당대의 유럽이 바라보는 당시의 미국이 그랬다는 전제 안에서 읽을 필요가 있다.


## 자유와 평등

토크빌은 정치적 자유와 평등이 양립할 수 없다는 문제점을 제기한다.

평등은 민주주의 정체를 이룩하는 데 반드시 필요한 요소이다. '그 자체로서 민주시대를 특징짓는 특수하고 우세한 사실은 바로 사회조건의 평등'이다. 하지만 평등은 도리어 민주주의 정체에서 요구되는 공공성을 도외시하는 결과를 초래하는 경우도 있다. 다수에서 빗겨 서 있는 편차들에게 다수의 의견을 강권하는 폭력을 정당화하기 때문이다. 〈다수의 만능과 그 영향〉이라는 챕터에서는 미국의 민주적 사회에서 다수의 명분으로 개인의 독립성과 자유를 위협하고 '다수의 압제'로 발전할 위험성을 지적하고 있다. 또한 같은 현상이 서구의 민주 사회에서도 발생할 수 있는 가능성에 우려를 표하고 있다.

평등이란 것이 이 세상에 거대한 이익을 가져다주긴 하지만, 그럼에도 불구하고 인간에게 아주 위험한 성향을 제공한다는 것도 인정해야만 할 것이다. 평등화는 인간을 고립시키는 경향이 있으며 모든 사람들이 자기 자신에게만 관심을 집중시키게 하는 경향이 있다.

토크빌에 따르면 평등은 개인주의를 유발한다. 민주주의의 확산으로 인해 계급이 사라지고, 이에 따라 각 개인은 소속으로부터 분리되어 개인의 운명은 각자의 손에 달려 있다고 생각하게 된다는 것이다. 민주주의는 개인주의를 키우지만, 역설적으로 개인주의는 민주주의의 기반을 흔든다. 이러한 개인주의가 자연스레 정치적 무관심으로 이어지고, 비판적인 정치의식이 결여된 대중이 다수의 형태를 띠게 된다면 어떤 결과로 이어질까? 토크빌의 염려는 바로 거기에 있었다.

전제정치가 만들어 내는 악덕은 평등에 의해 나타나는 악덕과 정확히 일치한다. 유감스럽게도 이 두 가지는 상호 보완적으로 발전한다. 평등이 인간을 아무런 공통적인 유대에 의해 연결되지 않은 상태로 개별화한다면, 전제정치는 인간을 분열 상태에 묶어 두기 위해 장벽을 쌓는다. 전자가 인간으로 하여금 동료 인간을 생각하지 않도록 만든다면, 후자는 일반적인 무관심을 일종의 미덕으로 삼는다.

평등의 가치는 자칫 사회적 평준화 운동으로 이해될 수 있고, 그 평준을 대표하는 정치인들에게 힘을 실어 주게 된다. 그들이 모여 있는 중앙 집권화된 권력은 전제주의에 다름이 아니라는 것. 토크빌은 평등으로 인한 전제정치의 출현을 막기 위한 대응책으로 정치적 자유를 언급하고 있다.

내가 생각하기에 평등에 의해 나타나는 악에 맞서기 위해서는 오직 한 가지의 효과적인 방법이 있는데, 그것은 곧 정치적 자유이다.

토크빌이 말하는 정치적 자유란 바로 공공결사를 의미하는데, 이는 개인과 정치 체제의 중간 단계로 개인이 평등의 담론으로 인해 자유를 독자적으로 유지할 수 없을 때, 그것을 유지할 목적으로 동료 시민과 결합하는 형태를 의미한다. 그렇지만 이마저도 허용되지 않은 사회, 전제적 정치 시스템을 제어할 모든 기능을 상실한 경우라면 어떨까? 토크빌은 발생 가능한 최악의 상황까지는 말하지 않는다. 다만 어떤 정치 시스템을 구현하는가는 전적으로 시민 개개인의 의식 수준에 달린 문제임은 분명히 해두고 있다.

　현대 국가는 인간의 조건이 평등화하는 것을 막을 수 없다. 그러나 이 평등의 원리가 인간으로 하여금 노예상태와 자유, 지혜와 야만, 번영과 고통 중에서 어느 길로 나아가게 할 것인가 하는 것은 전적으로 인간 자신에게 달려 있다.

　토크빌은 보편적 평등의 민주주의가 비록 많은 문제를 야기하나, 소수만의 리그 방식으로 운영되는 정치보다야 나은 정체임을 역설한다. 그것이 비록 올바른 방향성을 잡아가는 데에는 많은 시행착오를 겪겠지만, 오히려 그런 시행착오로 터득된 경험이 민주주의의 귀중한 자산이라는 사실도 더불어 강조한다.

　민주정치는 경험으로 쌓은 결과로써만 진실을 터득할 수 있다. 민주정치는 국민에게 가장 능란한 정부를 제공해 주지는 않지만, 가장 유능한 정부라도 흔히 이루어 놓을 수 없는 것을 만들어 낸다.

　토크빌은 미국 민주주의의 불안 요소들을 경고하면서도, 평등과 자유의 조화 속에서 개인의 독립성과 개인의 자유를 보장할 수 있을 일련의 해법들을 제안한다. 그러나 토크빌의 대안들은 다소 추상적이라는 문제가 있었다. 때문에 한동안은 거의 잊혀지다시피 했던 그의 철학이 다시 대두된 것은 전체주의에 의해 발발한 두 차례의 세계대전을 겪으면서이다.

# 헨리 소로 - 《월든》, 《시민의 불복종》

## 월든

건물은 높아졌지만 인격은 더 작아졌다.

고속도로는 넓어졌지만 시야는 더 좁아졌다.

소비는 많아졌지만 더 가난해지고, 더 많은 물건을 사지만 기쁨은 줄어들었다.

집은 커졌지만 가족은 더 적어졌다.

지식은 많아졌지만 판단력은 모자라다.

전문가들은 늘어났지만 문제는 더 많아졌고, 약은 많아졌지만 건강은 더 나빠졌다.

생활비를 버는 법을 배웠지만 어떻게 살 것인가는 잊어버렸고, 인생을 사는 시간은 늘어났지만, 시간 속에 삶의 의미를 넣는 법은 상실했다.

류시화 시인의 번역으로도 유명한, 제프 딕슨의 〈우리 시대의 역설〉이란 시의 일부이다. 이 시가 우리에게 던지는 메시지는 기술의 진보와 자본주의의 진화가 결코 사람들에게 더 큰 행복과 만족을 선사하는 것은 아니라는 사실이다. 문명이 가져다는 준 풍요를 누리고 있지만, 그만큼의 모순을 짊어지고 살아가는 역설. 이는 비단 오늘날의 문제만도 아니다. 한창 자본주의가 성숙하고 있던 20세기 초반에도 이런 문제에 대해 골몰했던 청년이 있었다. 미국 최고의 명문 대학을 졸업한 청년은 어느 날 갑자기 직장을 그만두고, 한적한 숲으로 들어가 통나무집을 하나 짓는다.

사람들은 그가 시도한 자연친화적 삶에 미쳤다는 조롱을 퍼부었다. 그러나 소로는 개의치 않았고, 자신이 추구하는 자연의 방식을 실천했다. 자본의 노예가 아닌 자연의 일부로서 살고 싶었던 청년은, 2년 2개월 동안 숲속의 호숫가에 지은 조그마한 통나무집에서 유유자적한 삶을 이어 갔다. 간혹 급하게 현금이 필요할 때면 측량이나 목수일 등을 하며 돈을 마련했다. 생계를 위해 1년에 한두 달 가량만 일하며, 그 외의 남는 시간은 충분히 자신이 추구하는 삶을 살 수 있다는 사실을 깨달은 청년은, 이런 자유를 다른 사람들에게도 선사하고 싶었고, 이내 호숫가에서의 하루하루를 기록으로 남기기 시작한다,

내가 숲속에 들어간 이유는 신중한 삶을 영위하기 위해서, 인생의 본질적인 사실들만을 직면하기 위해서, 그리고 인생에서 꼭 알아야 할 일을 과연 배울 수 있는지 알아보기 위해서, 그리고 죽음의 순간에 이르렀을 때 제대로 살지 못했다는 사실을 깨닫지 않도록 하기 위해서

였다. 삶이란 그처럼 소중한 것이기에 나는 삶이 아닌 것은 살고 싶지 않았고, 도저히 불가피하기 전에는 체념을 익힐 생각도 없었다. 나는 깊이 있게 살면서 인생의 모든 정수를 뽑아내고 싶었다. 강인하고 엄격한 삶으로써 삶이 아닌 것은 모조리 없애 버리고 싶었다.

매사추세츠 콩코드 인근 월든 호숫가에서의 자연친화적 삶을 적어 내려간 《월든》은, 자연 생태에 관한 치밀한 기록을 넘어 자연과 순환하는 사유의 조각들을 주도면밀하게 배치하고 있는 작품이다. 《월든》은 자본의 가치가 지배하는 일상으로부터 사람들을 해방시키고자 한다. 그런 점에서 '경제(economy)'라고 제목을 지은 첫 장부터가 유의미한 주제라고 할 수 있다. 그가 말하는 경제란 집을 뜻하는 'oikos'와 관리를 뜻하는 'nomia'의 결합을 충실히 반영한다. 그가 말하는 경제는 단순히 가계에 대한 성찰에 머무는 것이 아닌, 의식주 개념과 쓸모를 근원부터 다시 생각해 보는 것에서 시작한다.

이제는 자연주의의 대표적 저서로 알려진 《월든》이지만, 출간 당시에는 대중들에게 철저하게 외면을 당했다. 그도 그럴 것이 성장일로의 산업 사회에서는 소로의 신념이 다소 급진적으로 받아들여질 수밖에 없었다. 소로는 당대의 국가주의나 노예제와는 끝까지 타협하지 않으면서 명예로운 가난을 지향했다. 비인간적 자본 축적과 증식을 추구하는 반생태적 자본주의를 향해 건넨 비판이기도 했으며 대안이기도 했다.

# 시민의 불복종

소로가 월든 호숫가를 떠나 다시 세상으로 나온 것은 미국 사회에 만연한 노예제와 정의롭지 못한 법제도 때문이었다. 소로는 부조리한 정부를 인정하지 않았다. 자유와 정의를 숭상한다는 미국이 노예제도는 긍정하고 부당한 멕시코 전쟁을 주도하는 상황에서 주민세를 납부하지 않는 식의 저항은, 힘없는 한 지식인이 선의 신념을 지키기 위해 할 수 있는 최소한의 정당성이라 믿었다. 그는 주민세 납부를 거부하고 있는 동안에도 정부의 방침과 기조가 견지한 부당성을 알리려는 노력을 게을리하지 않았고, 그 일환으로 탄생한 저작이 바로 《시민의 불복종》이다.

> 우리는 먼저 인간이어야 하고 그다음에 국민이어야 한다고 나는 생각한다. 법에 대한 존경심보다는 먼저 정의에 대한 존경심을 기르는 것이 바람직하다. 내가 떠맡을 권리가 있는 나의 유일한 책무는, 어떤 때이고 간에 내가 옳다고 생각하는 일을 행하는 일이다. 단체에는 양심이 없다는 말이 있는데, 그것은 참으로 옳은 말이다. 그러나 양심적인 사람들이 모인 단체는 양심을 가진 단체이다. 법이 사람들을 조금이라도 더 정의로운 인간으로 만든 적은 없다. 오히려 법에 대한 존경심 때문에 선량한 사람들조차도 매일매일 불의의 하수인이 되고 있다.

소로의 주장에 대해 법수호자 혹은 체제수호자들은 법적 안정성을 명분으로 반론을 제기한다. 정의롭지 못한 법이 실제로 존재할지라도 그 법이 사회 체제를 유지시킨다면 필요악일 수밖에 없다는 논리이다.

법의 권위는 그래서 절대적이고 한 국가의 국민인 이상 법을 수호하고 준수해야 할 의무가 있다. 그러나 이런 주장에 대해 소로는 부조리한 정부는 인정받을 수 없다는 주장으로 일축한다.

나는 이 미국 정부 또는 그 대리인인 주 정부를 일 년에 딱 한 번 세금 징수원이라는 사람을 통해서 직접 대면하게 된다. 이것이 나와 같은 입장에 있는 사람이 정부를 대면하는 유일한 방식이다. 그때 정부는 '나를 인정하라'고 분명히 말한다. 이때 당신이 정부에 대해 만족하지도 않고 사랑하지도 않는다는 사실을 표명하는 가장 간단하고 가장 효과적이며 또 현재의 조건에서 가장 불가피한 방식은 바로 정부를 부정하는 것이다.

오히려 나는 이 나라의 법에 순종할 구실을 찾고 있다고 말하고 싶다. 나는 언제라도 기꺼이 그 법을 따를 마음가짐이 되어 있는 것이다. 나 스스로도 의심할 정도로 말이다. 그리하여 해마다 세금 징수원이 찾아올 무렵이면 나는 그에 순응할 구실을 찾기 위해 연방 정부와 주 정부가 취한 각종 조치와 그들이 처한 입장, 그리고 국민의 기본정신을 살펴보는 것이다.

정부는 헌법에 명시된 자유와 정의의 원칙을 지키지 않고, 눈앞의 이익에 혈안이 되어 노예제를 주장하고, 나아가 멕시코 전쟁을 주도함으로써 이미 숭고한 선의 이념을 잃어버렸다. 또한 양심 있는 지식인들이 이러한 부정의에 대해 비판하고 저항할 수 있는 창구조차 만들어 놓지 않았다. 이에 소로는 자신의 양심과 선의 이념을 지키기 위해 정부에 대한 저항 방법을 고심할 수밖에 없었던 것이다.

　사회계약설에 따르면, 국가를 구성하는 과정에서 개인들은 법을 통해 자신들의 사회 규범과 가치 체계 등을 정립시킨다. 그리고 법은 개인들의 기본권을 최대한 보장하기 위한 사회적 약속이고 그 국가에 소속된 개인은 이 헌법을 준수할 의무를 지게 된다. 소로의 '시민불복종' 개념은 전체 법질서의 정당성은 긍정하면서도 자신의 양심에 비추어 정의롭지 못하다고 생각하는 개별법령이나 정책을 부정하는 소극적 저항이다. 이는 대영제국의 침탈에 항거한 간디의 비폭력 불복종 운동과 미국 흑인의 인권을 위해 싸웠던 마틴 루터 킹에게도 영향을 미쳤다.

# 아리스토텔레스 ─
## 《정치학》, 《니코마코스 윤리학》

## 정치학

투키디데스는 펠로폰네소스 전쟁을 대제국의 욕망에 사로잡혀 있던 아테네 대중들이 초래한 참사로 해석한다. 그 혼란의 와중에 성장기를 보낸 플라톤은 아테네의 민주주의에 실망한 나머지 정치에는 다소 관심을 놓아 버린 청년이었다. 게다가 소크라테스마저 민주주의가 건넨 독배로 세상을 떠나게 되자, 플라톤은 방랑의 길에 오른다. 이 시기에 쓰여진 그의 초기 저서들 중에 《국가》 1권이 있었다.

　《국가》는 시민 전체가 최대한으로 행복할 수 있는 나라의 성립조건을 논하고, 이런 나라를 현실화시킬 수 있는 제도적 장치를 '철인(哲人)왕'으로 제시하고 있다. 철인은 지혜를 사랑하고 추구하는 자이며, 앎과 권력의 결합을 시도하는 자이다. 플라톤이 이상 국가의 초석을 다질 인재양성을 목적으로 설립한 학원이 '아카데미아'이다. 아리스토텔레스는 17살에 아카데미아에 입학하여 20년 동안 이곳에서 공부했다. 플라톤이 세상을 떠나자 그도 이곳을 떠나는데, 플라톤이 끝내 아리스토텔레스를 후임 원장으로 임명하지 않았던 일을 이유로 드는 역사가들도 있다. 이상주의와 현실주의라는 그들의 성향 차를 다시 한 번 확인할 수 있는 대목이 아닌가 싶기도 하다.

왕이 철학자가 되는 것은 필요하지도, 유익하지도 않다. 오히려 왕은 참된 철학자들의 충언을 들어야 한다.

플라톤이 '철학자 왕'이 통치하는 모델을 이상으로 제시한 반면, 아리스토텔레스는 세상에 다양한 국민과 국가가 있기에 어떤 통치 방식이 가장 좋다고 단정할 수는 없다고 말한다. 그는 현실에 존재하는 정치체제들을 면밀하게 분석하고, 플라톤이 해결하지 못한 문제들에 대한 구체적인 해법을 제시한다. 그 저서가 서구 정치학의 초석을 다진《정치학》이다.

아리스토텔레스에 따르면, 국가는 공동체를 구성하려는 인간의 본능에서 비롯된 결과이다. 공동체가 도달할 수 있는 가장 높은 영역인 만큼, 결국 가장 좋은 경우의 실현을 목표로 삼는다.

모든 공동체는 어떤 선(善)을 실현하기 위해 구성된다. 무릇 인간 행위의 궁극적 목적은 선이라고 생각되는 바를 실현하는 데 있기 때문이다. … 국가 공동체가 존재하는 것은 모여 살기 위해서가 아니라 훌륭하게 활동하기 위해서라는 것이 우리의 결론이다.

《정치학》은 당대 그리스 사회의 시민 계급에게 '가장 좋은 정체(政體)'가 무엇인가에 대한 논의이다. 아리스토텔레스가 생각한 1차적 정치 집단은 가정이다. 가정은 주인과 노예, 남편과 아내, 아버지와 자식 관계로 형성된다. 당시 그리스 사회에서 노예는 재산의 일부였으며, 이를 어떠한 불합리도 없는 자연의 섭리로 간주한다.

어떤 사람은 지배하고 어떤 사람은 지배받아야 한다는 것은 필연적이며 유익하기 때문이다. 실제로 어떤 것은 날 때부터 지배받고 어떤 것은 지배받도록 구분되는 것들도 더러 있다.

아리스토텔레스가 규정하는 노예는 그리스인이 아닌 사람들과 천성적으로 노동에 알맞은 몸을 가지고 태어난 사람들이 해당된다.

비(非)헬라스인들 사이에서는 여자와 노예의 지위가 같은데, 비헬라스인들에게는 천성적으로 치자(治者)의 요소가 없어 그들의 공동체는 여자 노예와 남자 노예의 결합에 지나지 않기 때문이다. 그래서 시인들은 '헬라스인들이 비헬라스인들을 지배하는 것은 당연하다'고 말한다. … 몸을 사용하는 것을 업(業)으로 삼되 그럴 경우 최상의 성과를 올릴 수 있는 인간들은 모두 본성적으로 노예이며, 이들은 모두 앞서 말한 원칙에 따라 주인의 지배를 받는 편이 더 낫다.

오늘날의 상식으로 터무니없는 주장이지만, 마르크스의 말마따나, 어떤 천재도 시대의 한계를 뛰어넘을 수는 없는 법이다. 아리스토텔레스 역시 플라톤을 극복했을망정 그 시대의 패러다임은 극복하지 못했던 경우이다. 노예와 시민을 태생적으로 분리해서 바라보는 이런 시각은 정복 전쟁의 정당성을 피력하는 명분이기도 했다. 우월과 열등은 자연이 정한 것이기 때문에, 우월한 종족이 그보다 못한 종족을 지배하는 현상이 당연하다는 것이다.

자연은 어떤 것도 불완전하거나 쓸데없이 만들지 않는다면, 자연이 이 모든 것을 만든 것은 인간을 위해서라고 추론하지 않을 수 없다. 그래서 사냥은 재산 획득 기술의 일부인 만큼, 어떤 의미에서 전쟁 기술은 본성적으로 재산 획득 기술의 하나이며, 이런 기술은 들짐승은 물론이요 지배받도록 태어났음에도 이를 거부하는 인간들에게 사용되어야 한다.

그의 다른 저작에서 자주 보이듯《정치학》에서도 플라톤에 대한 비판이 빠지지 않는다. 아리스토텔레스는 플라톤이 국가를 과도하게 통일적인 체계로 만들어 버린 것을 문제 삼고 있다. 아리스토텔레스와 플라톤은 원칙적으로 국가의 시스템이 구성원의 행복한 삶을 보장하기 위해 공공적 가치가 중요하다는 사실에는 의견의 일치를 보고 있으나, 플라톤이 철인의 전제정치를 이상으로 생각했던 것과 달리, 아리스토텔레스는 개개인의 능력이 최대한 발휘될 수 있는 경우가 보다 바람직하다고 보았다.

국가가 훌륭해지는 것은 행운의 소산이 아니라, 지혜와 윤리적 결단의 산물이다. 훌륭한 국가가 되려면 국정에 참여하는 시민들이 훌륭해야 한다. … 우리의 시민들은 모두 국정에 참여한다. … 시민 각자가 훌륭하지 않아도 시민 전체가 훌륭할 수 있겠지만, 시민 각자가 훌륭한 것이 더 바람직하다. 각자가 훌륭하면 전체도 훌륭할 것이기 때문이다.

《정치학》은 교육을 다루는 것으로 마무리된다. '리케이온'의 교사이기도 했던 아리스토텔레스였기에, 국가의 미래를 결정하는 교육은 당연히 국가가 책임져야 할 정치의 일환이었다. 물론 노예를 제외한 시민에 한정된 교육을 일컫는다. 아리스토텔레스는 유용한 것이라고 해서 다 배워서는 안 되고, 덕을 실천하는 데 필요한 정도의 것들을 대상으로 해야 한다고 주장한다. 지나친 교육은 아테네 시민들에게 무엇보다 중요한 여가를 빼앗고, 그런 닦달과 시달림이 되레 생각을 비속하게 만들기 때문이라는 이유. 같은 맥락에서, 높은 교육수준에도 불구하고 점점 더 비속해져만 가는 오늘날의 풍토를 한번 돌아볼 필요가 있지 않을까?

그는 꼭 배워야 할 교육 내용으로 '읽기와 쓰기', '체육', '음악', '그리기'를 뽑았는데, '그리기'에 대해서는 '항상 포함되는 것은 아니다'라는 전제를 달았다. '읽기와 쓰기'는 일상생활에 여러모로 쓸모가 있어서 가르쳐야 하고, 체육은 용기를 길러 주기에 가르치며, 음악은 여가를 활용할 때 해롭지 않은 즐거움의 목표를 달성해 주는 기능이다.

# 니코마코스 윤리학

단테의 《신곡》〈지옥편〉을 보면, 고결하고 훌륭한 삶을 살았지만 끝내 그리스도를 알지 못했던 사람들의 자리가 마련되어 있었다. 이 장면에서는 우리가 알고 있는 고대 그리스 시대 철인들이 다수 등장한다. 단테는 이들 중 단 한 영혼에게만큼은 '성현들의 스승께서 철학자들 사이에 앉아 계심을 보았노라'며 더없는 존경심을 표하는데, 그 존경의 대상이 바로 아리스토텔레스이다. 단테의 헌사를 통해 알 수 있듯이, 물론 단테 당대의 기준이겠지만, 서양사상사에서 학문의 정수로 꼽혔던 제1의 지위가 아리스토텔레스이기도 하다. 그의 사상은 저편의 세계에 몰두했던 스승 플라톤과 달리 지상의 것들을 탐구하는 데 중점을 두었다. 그의 탐구는 당대의 지평으로 인식할 수 있던 거의 모든 영역에 걸쳐 있으며, 이것이 그대로 서양 학문분과의 근간이 되었다.

사람마다 이견이 있을 수 있겠지만, 아리스토텔레스의 대표작을 꼽으라 한다면, 라파엘로가 그린 〈아테네 학당〉으로 그 대답을 대신할 수 있지 않을까 싶기도 하다. 플라톤의 손에는 《티마이오스》가, 아리스토텔레스의 손에는 《니코마코스 윤리학》이 들려 있다. 난해한 부분이 적지 않아 끝까지 독파하기가 꽤나 힘든 다른 저서들에 비해 《니코마코스 윤리학》은 현대의 독자들이 비교적 무리 없이 완독할 수 있는 고전이다.

아리스토텔레스가 열거한 수신(修身)의 덕목들은 플라톤과 같은 이상적 도덕은 아니다. 이는 그의 현실주의적 성향을 반영하는 대목이기도 하다. 적절한 노력을 기울인다면 자연스레 실천할 수 있는 도덕의 원칙들, 그것들을 통해 각자의 자족적인 삶을 실현하는 것이 곧 행복이라는 주제이다.

아리스토텔레스는 인간이 신적 존재의 도움에 기대지 않고서도 스스로의 노력을 통해 성장할 수 있는 현실적 존재라는 확신을 가졌다. 인간을 원죄(原罪)의 굴레에 가두고 인간을 신에게로 한계 짓는 중세 기독교 사상에서는 빗겨 서 있는 이해 방식이었다. 때문에 교부철학의 시대에는 금서의 멍에를 지고 있어야 했으나, 훗날 르네상스의 인문주의의 기반으로 거듭나게 된다. 교부의 시대에 받아들여지지 않았던 그의 철학은 이슬람문화권으로 넘어가 발전을 거듭하고, 르네상스 시기에 유럽으로 되레 역수입이 되어 스콜라철학의 근간이 된다. 수도원을 모태로 하는 대학 개념이 이때 생겨난다.

학창시절의 역사 시간에 배운 지식을 상기해 보자. 로마제국은 점점 그리스 문화에 동화되어 갔다. 기독교의 담론 역시 무턱대고 믿으라는 신앙적 요구보다는 논리적 뒷받침을 위해 그리스 철학을 받아들일 필요가 있었던 것이다. 플라톤의 이데아와 현상계는 기독교에서 말하는 천상과 지상을 설명하기에는 더 없이 좋은 구성이었다. 니체가 대중화된 플라톤주의라고 표현했을 만큼, 플라톤의 사상은 기독교와 합이 잘 맞아 돌아갔으며, 기독교 공인에 참여했던 신학자들도 거의 다 플라톤주의자들이었다.

플라톤주의에 대한 아리스토텔레스의 비판은, 이데아라는 개념이 너무도 추상적이고 관념적이기만 하며 인간의 실천적인 노력으로 실현하거나 획득할 수 있는 실재적 성격이 아니라는 요지이다. 그것은 결코 인간이 추구해야 하는 '좋음'으로 볼 수 없다는 것.

우리 벗들이 이데아 이론을 도입했기 때문이다. 하지만 진리를 지키기 위해서라면 정든 것들이라도 버리는 쪽이 더 나을 것이다. 아니, 그렇게 하는 것이 우리의 의무일 것이다. 특히 우리가 철학자인 경우에는 우리에게는 둘 다 소중하지만 친구보다는 진리를 선호하는 것이 옳기 때문이다. … 그들이 말하는 '사물 자체'가 도대체 무엇을 의미하는지도 아리송하다. … 보편적으로 좋음이라고 말할 수 있으며, 그 자체로 독립해서 존재하는 하나의 좋음이 존재한다 해도, 그것은 분명 인간이 실현하거나 획득할 수 없는 것이기 때문이다. 그런데 우리가 지금 추구하는 것은 바로 그런 좋음이다.

아리스토텔레스가 말하는 '좋음'이란 구체화된 현상과 행동으로 나타나야 하는 것들이었다. 이런 연유로 그는 정치학을 윤리학의 상위범주로 두고 정치의 중요성을 강변한다. 정치라는 것이 결국엔 다 같이 잘살고자 하는 노력의 결정체이지 않은가. 아리스토텔레스의 논리 안에서 잘 살기 위한 행위는 궁극적으로 행복한 삶으로 이어지느냐가 관건이다. 때문에《니코마코스 윤리학》은 윤리학뿐만이 아니라 정치학의 전형이기도 하다.

좋음을 아는 것은 가장 주도적이며 가장 권위 있는 학문의 관심사인 것으로 생각되는데, 정치학이 바로 그런 학문인 것 같다. … 정치학은 다른 모든 학문을 이용할뿐더러 우리가 무엇을 하고 무엇을 하지 말아야 하는지를 정하는 만큼, 정치학의 목적은 다른 학문들의 목적을 포괄하는 것이며, 따라서 정치학은 인간을 위한 좋음을 추구한다고 할 수 있을 것이다. 왜냐하면 국가의 좋음과 개인의 좋음이 같은 것이라 해도, 국가의 좋음을 실현하고 보전하는 일이 분명 더 중요하고 더 궁극적이기 때문이다.

# 사회계약설 — 홉스, 로크, 루소

## 홉스의 《리바이어던》

영화 〈이태원 살인사건〉의 결말에서, 형사는 자신의 수사가 잘못됐다는 의심을 한다. 그러나 수사 결과를 번복하지는 않는다. 왜곡된 신념으로 마음의 소리를 외면하기에 이른다. 그토록 성실히 지켜 온 커리어를 여기서 무너뜨릴 수는 없다. 형사는 자신이 범인으로 몰고 간 용의자를 진범이라고 믿기로 한다. 홉스는 인간에게서 왜곡된 신념이 발생하는 이유를 인지적 부패로 설명한다. '공공의 선'이라는 가치가, 조금이라도 자신에게 손해를 끼치는 것을 견디지 못하는 것이다.

    홉스는 이런 인지적 부패를 '자연 상태'에서의 인간이 지니고 있던 본능이라고 말한다. 《걸리버 여행기》의 〈휴이넘〉 편에 등장하는 '야후'의 습성을 예로 들 수 있다. 소설에서 야후 종족은 태초의 인류에 대한 설정이다. 모두가 나누어 먹기에 충분한 양의 먹이가 있어도, 그것을 혼자 독차지하기 위해 다투는 야후들의 습성, 스위프트는 홉스의 가설을 지지하는 경우라고 할 수 있겠다. 그 유명한 '만인에 대해 늑대'인 상태이다.

홉스가 활동하던 시대는 과학혁명의 여파로, 역사에 등장한 모든 사유에 대한 분명한 논거와 증명을 필요로 하는 풍토였다. 자연과학의 명확한 방법론을 중시했던 홉스의 성향은, 프랜시스 베이컨의 집필을 도왔던 개인 비서의 이력으로 대변될 수 있는지도 모르겠다. 홉스의 《리바이어던》은 어떤 정치적 목적보다는 인류의 본성에 대한 과학적 접근이다.

그가 너무 인간의 이기심만을 강조했다는 반박들도 있었고, 절대군주정을 옹호했다는 이유로 그의 정치철학을 전제주의로 규정하는 해석들도 있지만, 보다 중요한 인문학사적 의의는 그가 국가의 본질을 '개인주의'와 '계약론' 관점에서 해명하려 했던 최초의 근대 사상가라는 점이다.

모든 인간에게 주어진 권리는 평등하다. 평등한 조건 안에서 한정된 재화를 두고 다투기 때문에, 동일한 가치를 추구하는 인간들 사이에서는 갈등과 반목이 빚어질 수밖에 없다. 홉스는 모든 인간이 지닌 일반적인 성향에 의해 시기와 증오가 만연하게 되어 전쟁이 일어난다고 말한다.

인간은 그를 위압하는 공통의 권력이 존재하지 않는 곳에서는 전쟁 상태에 들어간다. 이 전쟁은 만인에 대한 만인의 전쟁이다. 전쟁이라는 것은 싸움 혹은 전투 행위의 존재 유무만으로 판단하는 것이 아니다. 전쟁이란 '시간' 개념으로서 일정한 기간에 걸쳐 전투의지가 있다면 그 기간 동안은 전쟁 상태에 있는 것이다.

홉스는 이런 '전투의지'의 시간을 자연 상태로 전제하는 것이다. 자연 상태에서는 누구도 안전할 수가 없다. 하여 각자가 자기 보존의 권리인 '자연권'을 추구하게 되고, 평화에 대한 욕구는 인간들로 하여금 이성에 귀를 기울이게 한다. 인간의 일반적인 성향을 감안한다면 자기 보존을 위한 자연권조차 이기적으로 남용할 가능성이 있기에, 사회의 합의로 이끌어 낸 결과물이 자연법이다. 그리고 이 '이성이 찾아낸 일반적 원칙'의 집행기구가 바로 국가이다.

인간은 자신들의 안전을 보장받기 위해 통치자에게 권리를 이양하고 자신들에 대한 통치권을 인정하며, 통치자는 사람들의 안전을 보장해 주어야 하는 의무를 갖는다. 홉스는 지배자에게 절대적 권력이 부여되지 않으면, 질서가 유지되기 힘들고 사회는 다시 자연 상태로 돌아갈 것이라고 생각했다. 때문에 절대적 권력을 상징하는 '리바이어던' 개념을 들어 쓴 것이다. 리바이어던은 《욥기》에 등장하는 거대한 수중괴물로, 홉스는 이 강력한 괴물을 국가에 비유한다.

그렇다고 홉스가 국가라는 권력을 노상 두둔한 것만은 아니다. '하나님이 인간들의 온갖 자만과 교만을 압도할 수 있는 거대한 힘을 가진 리바이어던을 불러내어 이를 다시 거만(pride)의 왕이라고 명명했던 것'이란 구절로 유추할 수 있듯, 그 거만으로 인간들의 오만을 중재하는, 불가피한 존재라는 입장이다.

태어나면서부터 모든 인간은 평등하다는 홉스의 전제는 군주의 권한을 신으로부터 부여받았다는 왕권신수설과 상충하는 주장이기에, 당연히 당대 기득권과 마찰을 빚을 수밖에 없었다. 그러나 그 타당성이 어떠하든, 결국 리바이어던의 비유가 절대 군주제를 옹호하는 입장이기도 하기에 시민들의 지지를 받지도 못했다. 권력자에 대한 견제가 이루어지지 않는 한 시민들의 자유는 얼마든지 박탈당할 수 있다. 개개인의 안전을 위한다던 사회계약이 되레 구조적으로 개인의 자유를 박탈할 수 있는 역설, '감옥 속의 안전도 안전인가'라는 루소의 질타는 이런 모순을 향한 것이었다.

## 로크의 《통치론》

국가 기원에 관한 설은 역사적 기록에 근거하는 것이 아닌, 아마도 그랬을 것이라는 맥락에 관한 가정이다. 중세 영국에서는 국가 기원에 관한 여러 학설들이 첨예하게 대립했다. 먼저 국가의 기원을 가족에서 찾는 가부장권설은 가장의 지배권이 군주권으로까지 확대되었다는 주장이다. 왕권신수설은 신이 왕에게 절대 권력을 부여했다는 명분으로 전제적 군주정을 정당화하는 근거가 됐다. 반면 사회계약설은 국가 기원을 계약론적 관점에서 이해한다. 계약 이전 인간은 '자연 상태'에 놓여 있었고, 자연법에 따라 시민들 사이의 계약으로 국가가 형성됐다는 것이다.

사회계약설에서는 국가를 개인 상호 간의 계약에 따라 왕에게 권력이 이양된 형태로 보고 있다. 존 로크가 사회계약의 담론을 보다 논리적으로 규명하고자 했던 저작이 바로 《통치론》이다. 《통치론》은 왕권 신수설에 대한 강력한 도전이었다. 로크는 종교와 권력의 견고한 결합을 와해시키고, 더 나은 정치 체제를 확립하고자 했다. 《통치론》 제1권에서는 신이 아담의 후손인 지상의 통치자들에게 신민과 영토를 부여했고, 피통치자들은 그런 통치자에게 절대적으로 복종할 의무가 있다는 왕권신수설을 반박한다. 로크는 계약론 관점에서 《성서》를 해석한다. 통치자의 권위는 그 모두가 아담의 후손인 개인들이 자발적으로 체결한 사회계약에서 비롯된 것이며, 재산권 또한 공유재산인 자연의 일부에서 스스로의 노동을 통해 획득하는 것이기에 어느 누구의 승인도 필요 없다.

또한 로크는 '왕이 권위를 가지지 못하게 되는 경우, 그는 더 이상 왕이 아니기에 저항할 수 있다'는 저항권 사상을 명시한다. 아직까지 절대 왕정 체제가 무너지지 않은 중세 사회에서 로크의 주장은 신성모독의 죄가 될 만큼 크나큰 파장을 불러왔다. 당시로서는 꽤나 급진적이었던 사상이었던 터라, 로크는 사상의 자유가 보장됐던 네덜란드로 망명할 수밖에 없었다.

사회계약론 기저의 '자연 상태'에 대한 홉스와 로크의 해석은 판이하게 다르다. 홉스에 따르면, 자연은 그 어떤 통제도 없고 이기주의가 만연한 혼란스러운 상태이다. 따라서 혼란의 태초에서 벗어나고자 한 개인들이 사회적 합의를 통해 자신들의 권리를 절대 왕권에게 이양했다는 것. 반면 로크는 이성을 지닌 인간이 자연에서 완전히 자유로울 수 있는 상태였다는 입장이다. 다만 이 자연 상태에서의 개인들이 보다 건설적이고 조화로운 단계로 나아가기 위해 사회적 합의를 거쳐 각자의 권리를 통치자에게 위임했다는 것. 따라서 기본적으로 권력은 계약의 주체인 개인들에게 있다.

인간은 본래 모두 자유롭고 평등하며 독립된 존재이므로, 어떤 인간도 자신의 동의 없이 이러한 상태를 떠나서 다른 사람의 정치권력에 복종할 수 없다. 어떤 사람이 자신의 자연적 자유를 포기하고 시민사회의 구속을 받아들이는 유일한 방도는 재산을 안전하게 향유하고 공동체에 속하지 않은 사람들로부터 좀 더 많은 안전을 확보하면서, 상호 간에 편안하고 안전하며 평화스러운 삶을 영위하기 위해 다른 사람들과 함께 공동체를 결성하기로 합의하는 것이다.

로크가 살았던 당시의 영국은 암흑의 시대에서 여명의 시대로의 전환기를 겪고 있던 차였다. 이런 시대 분위기 속에서 로크는 내란의 홍역을 겪었고, 청교도 혁명을 통해 국왕의 권위가 바닥으로 떨어지는 변혁과 올리버 크롬웰의 독재체제까지 경험한다. 하지만 독재체제도 오래 가지 않아 무너졌고, 다시 왕정복고의 시도가 일어나는 상황에서 그가 깨달은 사실은 결국 '절대 권력은 절대적으로 부패한다'는 단순한 이치였다.

로크의 사상을 보다 공고히 한 건, 바로 의회와 왕권의 오랜 대립이었다. 하지만 결국 1688년 명예혁명을 통해 최종적으로 의회가 승리하면서, 영국은 비로소 세계 최초의 의회민주주의 국가로 변모한다. 한 세기 가깝게 이어졌던 정치 투쟁은 결국 새로운 국가로 발돋움하기 위한 산고였던 셈이다.

명예혁명의 결과로 성립된 입헌군주제는 로크에게 가장 이상적인 정치체제로 보였다. 그는 이 입헌군주제가 지속되기 위해서는 무엇보다 입법부의 역할이 강화되어야 하며, 또한 입법부가 권력을 독점할 수 있는 가능성을 미연에 방지하기 위해 행정부로의 '권력분립'이 이루어져야 한다고 생각했다. 이 권력 분립의 아이디어는 이후 프랑스 법학자 몽테스키외에게 큰 영감으로 작용한다.

## 루소의 《사회계약론》

'학문과 예술의 발달이 풍속을 순화시키는 데 기여하는가?'라는 아카데미 현상 논문 공모전에, 루소는 학문과 예술의 발달이 인간의 본성을 타락시킨다는 내용으로 당선이 된다. 이 논문에서 쓰인 '자연으로 돌아가라'는 문구는 그를 파리 사상계의 유명인사로 만든다. 이후 《인간불평등기원론》을 발표하여 사유재산제도를 비롯한 당대 사회제도 전반에 대한 비판을 쏟아 낸다.

17세기 과학혁명을 겪으며 자연에는 일정한 질서와 조화의 법칙이 존재한다는 사실이 증명된 이후, 인간 사회에도 그런 자연적 질서가 존재할 거라는 믿음이 확산되고, 이는 결국 18세기 계몽혁명의 기폭제가 된다. 이런 자연법과 자연권은 인간이 지니고 있는 이성을 통해 인식된다. 그 자연적 권능을 토대로 인간이 추구하는 자유, 평등, 박애를 성취하기 위해 사회계약을 맺게 된다는 주장이 홉스와 로크, 루소에게 이어지며 체계화되어 간다.

홉스의 가정에 따르면, 자연 상태에서의 인간은 이른바 '만인의 만인에 대한 투쟁'이라는 불안에 놓여 있기에, 자연 상태에서 벗어나 서로 계약을 맺는 것이 생존에 더 유리한 방향성이었다. 계약의 방식은 자연권을 전면적으로 국가에 양도하는 것이었다. 로크와 루소는 인간의 자연 상태를 평화로움으로 가정했다는 면에서는 같은 입장이지만, 로크는 통치자와의 사회적 합의를 지배계급과 피지배계급의 간의 계약으로 설명한다. 반면 루소에게선 원천적으로 모든 인간이 동등한 입장에서 맺는 계약이다.

모든 인간은 자기 자신의 주인으로서 자유롭게 태어났기 때문에, 어느 누구도 그 어떠한 이유 하에서도 다른 사람을 그의 승인 없이 복종시킬 수 없다.

루소는 자연 상태에서는 누구나 자유롭고 평등한 존재라고 생각했다. 인간의 본성은 선하며, 인간 사이의 갈등은 사회화가 되었을 때 일어나기 시작한 것이다. 자연적인 상태의 사람은 본래 이웃이나 친구를 두지 않고, 홀로 고립되어 살아가며, 다른 외부적인 요인에 의해서 비로소 인간과 인간 간의 관계가 형성된다. 실상 '인간(人間)'이 고립된 채 삶을 영위한다는 것이 쉽게 이해되는 대목은 아니지만, 개인이 지닌 생각과 행동에 제약이 없는 자유를 강조하고자 외부변수를 배제한 것이 아닌가 싶다.

루소는 독립적으로 살아가면서 평등이 보장되고, 자신의 개인 의지를 마음대로 표출할 수 있는 자유가 있었던 자연으로의 회귀를 주장하기도 했는데, 사회계약도 이 연장선에서 자연 상태의 자유와 평등이 보장될 수 있는 방향성으로 나아가길 원했다. 그 정체(政體)를 실현하기 위한 동력이 '일반의지' 개념이다.

모두의 의지와 일반의지 사이에는 상당한 차이가 있다. 후자가 대상으로 주의하는 것은 공동 이해인 반면, 전자는 사적 이해를 대상으로 하는데 이는 사실 개별의지들의 합계에 지나지 않는다. 그러나 이 개별의지들에서 서로 상쇄하는 상대적 차이들을 제하면, 이 차이들의 합산의 결과로서 남는 것이 일반의지이다.

루소가 말하는 사회계약은 개인의 의지가 아닌 일반의지로 구성된다. 일반의지는 단순히 개인의 의지들이 모여진 형태가 아니라, 모두가 추구하는 공동의 선에 대한 합의점이다. 국가와 통치자는 이 일반의지를 행하는 집행 기구이다. 루소의 일반의지는 결국엔 민주주의의 정의이기도 하다. 일반의지의 결정권은 국민 개개인이 지닌다. 이는 결코 통치자에게 양도될 수 없는, 국민이 행사해야 하는 주권이다.

주권은 일반의지의 행사일 뿐이기에 결코 양도할 수 없으며, 집합적인 존재인 주권자는 집합적인 존재 자체에 의해서만 대표될 수 있다고 말하고자 한다. 권력은 물론 이양될 수 있지만, 의지는 그렇게 할 수 없다.

모든 개인의 의지는 개인이 행사하고, 일반의지의 합의점을 찾을

시카고 플랜 : 위대한 고전

때도 모든 개인의 만장일치를 얻어야 한다. 그러나 사실상 이러한 만장일치를 통한 공공선의 채택은 불가능한 일이다. 루소 자신도 프랑스와 같은 대국보다는 작은 도시국가 정도에 적합하다고 생각했다.

# STEP 2

# 셰익스피어 4대 비극

## 맥베스

맥베스는 왕권을 위협하는 반역자를 처단하고 돌아오는 길에 만난 마녀들에게서 왕이 될 운명이라는 예언을 듣게 된다. 충직한 신하였던 맥베스는 그 예언이 허황되다 여기면서도, 한편으로는 그 운명에 합당한 자격인 듯한 저 자신의 가능성을 타진해 보기도 한다. 마녀들은 맥베스와 동행 중이던 뱅코에게도 그의 후손이 왕이 될 것이라는 예언을 늘어놓지만, 뱅코는 전혀 동요하지 않는다.

뱅코는 맥베스에게 마녀들의 말에 현혹되지 말 것을 충고하지만, 이미 마음 깊은 곳에 잠재해 있던 맥베스의 야욕을 깨우고 말았다. 더 큰 야심을 지니고 있었던 이는 이 예언을 전해 들은 맥베스의 아내였다. 두 내우는 결국 던컨 왕을 시해할 계획을 세우고, 그들의 저택을 방문한 왕을 살해하기에 이른다.

그러나 맥베스는 그 야욕을 실현시키기까지 많은 갈등을 겪는다. '너무나 겸손하게 왕권을 행사하고 그 권좌가 너무나 깨끗한' 덩컨 왕을 살해하면서까지 그 지위를 찬탈하려는 야욕은, 스스로 생각해도 정당하지 않다. 그 불의 앞에서 주저함으로나마 추스르고 있는 일말의 양심은, 야욕의 타당성에 대해 끊임없이 되묻는다. 야욕에 있어 보다 적극적이면서도 침착한 인물은 맥베스의 아내이다. 우유부단한 맥베스를 때론 다그치기도, 때론 다독이기도 하는…. 그녀는 셰익스피어의 비극에 등장하는 인물 중에서도 가장 진취적이고 과단성이 있는 여성상이다. '뒤웅박 팔자'일지언정 자신이 매어 있는 대상의 지위를 바꾸고자, 이방원을 멈추게 하지 않았던 원경왕후와 같은 경우라고나 할까? 예언에 담긴 맥베스의 미래는, 곧 아내의 미래이기도 했다. 맥베스가 여기서 멈춰서는 안 될 일이었다.

왕위를 손에 넣었지만, 죄책감에 시달리며 미쳐 가는 맥베스. 가책은 그를 더욱 잔인하게 만든다. 마녀들이 건넨 예언 중에는 뱅코의 후손이 왕이 될 것이라는 예언도 섞여 있었다. 이미 자신이 왕의 자리에 올랐는데, 다른 이의 후손이 왕이 될 것이라니…. 왕위에 위협이 될 수 있는 사람들은 모두가 맥베스에겐 숙청의 대상일 수밖에 없다. 가책이 몰고 온 비극은 맥베스의 부인도 빗겨 가지 않았다. 그녀는 몽류병에 시달리다가 끝내 스스로 목숨을 끊고 만다. 결과적으로 그들의 야욕이 그들을 불안으로 내몰았던 것이다.

맥베스에게도 비극적 결말이 기다리고 있었다. 그는 모든 걸 체념한 채 지나온 시간을 반추해 본다. 그리고 너무 늦게 깨달아 버린 자신의 어리석음을 다음과 같이 토로한다.

> 꺼져라, 짧은 촛불!
> 인생이란 그림자가 걷는 것, 가련한 배우처럼
> 무대에서 한동안 활개 치고 안달하다 사라져 버리는 것
> 바보가 지껄이는 이야기와 같은
> 함성과 광기로 가득하나 아무런 의미도 없는

## 리어왕

리어왕은 세 딸에게 자신의 전 재산을 걸고 누가 가장 자신을 사랑하는지를 물었다. 이에 첫째 고네릴과 둘째 리건은 아버지에 대한 사랑을 최대한으로 어필한다. 그러나 막내딸 코델리아는 가늠할 수 없을 만큼 큰 사랑의 마음을 표현할 길이 없어 그만 어필에 실패한다.

리어왕은 장황한 수사를 늘어놓는 고네릴과 리건의 감언에 현혹되어 코델리아의 진정성을 내치고 만다. 그러나 아버지의 신임을 얻은 두 딸은 아버지가 아닌 아버지의 재산을 탐하고 있었고, 결정적 순간에는 아버지의 존재를 부정하며 제 욕심을 채우기에 급급했다. 리어왕은 왕좌에서 물러나 딸들의 행복한 보살핌을 받기 원했지만, 폭풍우 속에서 백발을 휘날리는 야인의 신세로 전락한다.

두 딸에게서 배신을 당한 리어왕은 거센 폭풍우 속에서 신을 향한 오열을 토해 낸다. 죄를 교묘히 감춘 자들을 향한 저주와 원망을 한껏

담아낸 분노이면서도, 저 자신의 어리석음에 대한 후회이기도 하다.

신들이여, 보소서. 이 가련한 늙은이를
나이만큼 슬픔도 커 이렇듯 무참히 짓밟힌 나를!
내 딸들이 아비에게 불효토록 한 것이 당신들의 뜻이더라도
그것을 얌전히 견뎌 낼 만큼 날 바보로 만들지 마시오.
내게 정당한 분노를 일으켜 주시오.

한편 《리어왕》에서 다른 한줄기의 플롯으로 전개되는 에드가의 이
야기 역시 리어왕의 가정사와 비슷한 맥락이다. 이복동생인 에드먼드
로부터 배신을 당하고 도망자의 신세가 되어 버리면서, 에드가는 초라
한 행색으로 자신의 신분을 숨긴다. 이는 자신을 숨기는 동시에, 환멸을
느끼고 있는 이전의 삶을 모두 폐기한다는 의미를 담고 있다.

그의 아버지 글로스터는 리어왕의 충신이다. 진실을 바라보지 못하
는 안목은 오만한 왕이나 충성스러운 신하나 별반 다르지 않았다. 글로
스터는 에드가의 거지행색을 보고서도 그가 아들임을 알아채지 못한다.
에드먼드의 간계로 자신의 두 눈을 잃고 나서야 비로소 마음으로 에드가
와 소통할 수 있었다. 이 장면은 인간이 얼마나 가시적인 것들에 현혹되
고 있는지를 보여 주는 대목이며, 이 작품의 일관된 주제이기도 하다.

# 햄릿

나는 선왕의 혼령이며, 지금의 왕이자 친동생인 클로디어스에 의해 살해되었다.

선왕의 모습을 한 유령이 나타났다. 유령은 햄릿에게 복수를 명한다. 유령과의 만남 이전부터 지니고 있었던 의심들이 진실일 수도 있다는 사실에 햄릿은 혼란스럽다. 선왕이 죽은 후부터 날로 심해지는 햄릿의 광기. 중신(重臣) 폴로니어스는 그의 광기가 자신의 딸로 인한 상사병 때문이라고 생각하며, 왕에게 이 사실을 고한다. 왕은 햄릿의 광기가 행여 무슨 일을 저지르지나 않을까 불안이다.

한편 햄릿은 유령의 말에 확신을 갖지 못한다. 유령이 정말 아버지의 혼령이었을까? 자신의 망상에서 비롯된, 애꿎은 이들을 향한 복수심은 아닐까? 신중에 신중을 기하던 햄릿은, 자신의 불신을 잠재워 줄 묘안으로 유랑극단에게 연극 하나를 부탁한다. 아버지의 죽음과 어머니의 재혼을 소재로 한, 유령에게서 들은 것을 그대로 재현하는 연극, 〈곤자고의 살인〉이다.

햄릿의 숙부이자 지금의 왕인 클로디어스는 햄릿이 앓고 있는 광기의 원인을 찾기 위해, 의도적으로 햄릿과 폴로니어스의 딸 오필리아와의 만남을 주선했었다. 그러나 자신이 처한 잔혹한 운명을 한탄하고 있던 햄릿은 '한때 사랑했던' 오필리아에게 사랑의 종결을 고한다. 커튼 뒤에 숨어 몰래 엿듣고 있던 왕은 햄릿의 광기가 사랑의 상실감에서 비롯된 것이 아님을 확인하자 불안은 더욱 가중된다.

드디어 무대에 오른 진실의 막. 유령이 건넨 말대로 전개되는 극을, 왕과 왕비는 차마 계속 보고 있을 수가 없다. 자리에서 일어서는 그들을 지켜본 햄릿에게선 유령에 대한 의심이 사라진다. 왕은 기도로써 면죄를 받으려 하지만, 기도의 순간은 햄릿에겐 복수의 기회이기도 했다. 그러나 햄릿은 그 절호의 순간 앞에서 칼을 빼들었다가 이내 단념하고 만다. 엉뚱하게도 그 칼이 폴로니어스에게 꽂히는 비극으로 이어진다. 폴로니어스의 죽음을 전해 들은 왕은 사태의 심각성을 느끼고 서둘러 햄릿을 영국의 특사로 임명한다. '도착하면 즉각 햄릿의 머리를 자르라'는 비밀서신과 함께….

아버지의 비보에 딸 오필리아는 미쳐 버리고, 아들 레어티즈는 미치기 일보직전이다. 왕은 아버지의 복수라는 명분으로 레어티즈를 부추긴다. 우연히 왕의 비밀서신을 중간에 가로채 읽게 된 햄릿은 위기를 모면하지만, 다시 고국(덴마크)으로 돌아온 그를 기다리고 있었던 사건은 레어티즈와 결투였다. 햄릿은 레어티즈에게 자신의 과오를 진심으로 사과하지만, 이미 원수로서 임한 결투에 뒤늦은 사과는 무의미하다. 결투가 한창일 때, 왕이 햄릿을 처단할 용도로 마련해 놓은 독주(毒酒)를 왕비가 마시게 된다. 레어티즈는 독이 묻은 칼로 햄릿을 찌르고, 햄릿도 그 칼을 받아 레어티즈를 찌른다. 이 모든 게 왕(클로디어스)의 계략이었음을 알게 된 햄릿은, 이 모든 이야기의 원흉인 클로디어스를 독이 묻은 칼로 단죄함으로써 복수극을 끝맺게 된다.

이삭을 신의 제물로 바치는 순간에는 아브라함조차도 신을 의심했다. 아니 저 자신을 의심했다. 저 음성은 과연 신의 것일까? 내가 미친 것이 아닐까? 아니 내가 과연 아브라함이 맞을까? 그러니 유령에 대한 햄릿의 의심은 지극히 당연한 실존적 상황이다. 저 유령이 과연 내 아버지이긴 한 걸까? 피폐해진 정신이 가닿고 있는 환영은 아닐까? 더군다나 어머니와 삼촌을 복수의 대상으로 지목하고 있는 저 유령을 어찌해야 한단 말인가.

그러나 아버지의 장례를 치른 지 채 두 달도 되지 않은 시점에 서로를 짝으로 품은 숙부와 어머니를 진즉부터 의심은 하고 있었다. 그러나 또한 굳이 들추어내고 싶지 않은 진실들이 있지 않던가. 내 의심이 맞을까 봐서 두려워 차라리 그냥 묻어 두고 싶은 불편한 진실들. 햄릿의 어떠한 선택도 폐륜의 범주인 것이 딜레마였다.

클로디어스가 불안한 마음을 추스르며 신께 용서를 구하던 순간이, 햄릿에겐 절호의 기회였지만 복수는 이루어지지 않았다. 햄릿의 변은 이렇다. 악을 악의 상황 속에서 처단하여, 육신뿐 아니라 영혼까지 확실히 파멸시키겠다는 것. 신께 죄를 고백하던 성령의 순간이 아닌, 악의 본연을 드러내는 복수가 정당화되는 순간을 기다리겠다는⋯. 이는 당장을 외면하고 싶은 우유부단으로 보아야 할까? 때를 기다리는 치밀함으로 보아야 할까?

"다들 햄릿이 자기를 위해 쓰였다고 생각하는 모양인데, 그 책은 나를 위해 쓰였다."

시인 에드워드 토마스의 어록은, 《햄릿》을 읽은 독자만큼의 햄릿이 존재한다는 의미로 해석된다. 로버트 윌슨의 평으로 잇대자면 《햄릿》은 셰익스피어의 비극 중 가장 사실적이고 현대적인 작품이며, 다른 어느 극작품보다 셰익스피어 시대의 정신과 삶, 그리고 우리 자신의 시대의 정신과 삶에 가장 가까이 다가간 작품이다.

러시아의 문호 투르게네프는 행동의 적극성 여하에 따라 인간을 햄릿형과 돈키호테형으로 구분했다. 햄릿에게 따라붙는 수식은 '사색적이고 우유부단한'이다. 'To be, or not to be'의 독백을 두고 많은 이들은 그의 우유부단을 지적하기도 하지만, 곡절의 순간마다 그 정도의 갈등과 고뇌는 겪고 사는 우리네 삶이기도 하지 않던가. 더군다나 폐륜과 폐륜 사이에 놓은 진실을 마주한 햄릿의 입장을 우유부단으로 단정할 수 있는 일일까?

## 오델로

오델로의 신임이 두터웠던 부하 이아고가 오델로를 파멸로 몰아간 원인은, 부관의 자리를 두고 카시오에게 밀린 인사 문제였다. 이아고는 오델로의 부인과 카시오 사이에서 마치 부정한 연정이라도 싹트고 있는 양 꾸며 낸 거짓말로 오델로를 속인다. 오델로의 아내 데스데모나는 집안의 반대를 무릅쓰고 오델로와의 지고지순한 사랑을 택한 정숙한 아내였다. 그러나 이미 불신이 싹트기 시작한 오델로에게, 사랑하는 남자 때문에 아버지를 저버릴 수 있는 여인은 남편 또한 저버릴 수 있는 가능성이기도 했다.

기품과 용맹으로 존경받던 오델로가 어찌 이리도 쉽게 의처증 환자로 전락했을까? 의처증 환자의 대부분은 자신에게도 불륜의 욕망이 있는 경우이다. 즉 배우자에게서 자신의 욕망을 읽어 내는 것이다. 오델로의 경우는 배우자에게서 자신의 열등감을 읽어 낸 경우이다. 오델로는 흑인이다. 그는 결코 자신이 흑인이라는 사실에 대한 열등감을 느낀 적은 없었다. 그러나 다른 방식으로의 승화가 이루었을지언정, 백인 중심의 시대와 사회에서 열등감이 전혀 없을 수는 없었다. 그 대표적인 사례가 자신과의 결혼을 반대한 데스데모나 집안이다.

사랑에 흑백의 구분이 없었던 데스데모나의 고결함도, 오델로의 열등감 앞에서는 결국 흑색을 두드러지게 하는 백색이었다. 불륜의 상대로 의심되는 카시오 역시 백인이다. 이아고의 간계는 오델로의 내면 깊숙이 숨어 있던 약한 고리를 건드린 것이다. 열등감에 잠식당한 사랑은 결국 아내를 목 졸라 살해하는 비극으로 이어진다. 더욱 비극적인 결말은, 너무 뒤늦게 오델로에게 도래한 진실이다.

셰익스피어의 비극은 등장인물들의 결함으로부터 비롯된다. 시인 새뮤얼 존슨은 셰익스피어의 작품들을 '삶을 있는 그대로 비추는 거울'이라고 평하고 있다. 그만큼 우리가 지닌 결함이 우리 삶을 이루는 주요 함수인지도 모르겠다. 그 결함이 잠재한 비극의 가능성이 현실화되는 빈도수가 날로 증가하는 오늘날에, 셰익스피어의 비극들은 보다 적나라하게 우리의 내면을 드러내고 있는지 모르겠다. 오델로의 열등감과 맥베스의 야욕, 리어왕의 오만, 그리고 햄릿의 숙부와 어머니가 품었던 욕정. 그들은 곧 우리의 분열증인 경우는 아닐까? 때문에 그 비극들에 더욱 격하게 공명하고 있는 것은 아닐까?

# 데카르트 ─ 《방법서설》

## 모든 것을 의심하라

이 서설에서 나는 내가 걸어온 길이 어떤 것인지를 기꺼이 보여 주고, 또 내 삶을 한 폭의 그림처럼 그려 모든 사람이 각각 이에 대해 나름 대로 판단할 수 있도록 할 것이다.

《방법서설》은 데카르트의 학문적 자서전이라 할 수 있는 에세이로, '이성을 잘 인도하고 학문에 있어 진리를 탐구하기 위한 방법서설'이라는 원제목이 말해 주듯, 그의 세계관이 확고히 드러난 핵심 저작이다. 이 책은 독자들에 대한 배려로 가득하다. 하나하나 차근차근 설명해 주는 기술 방식에서부터 그 세심함이 묻어난다. 데카르트는 이 책을 모국어인 불어로 집필했는데, 당시로서는 파격적인 일이었다. 당시 유럽의 지식사회에서는 라틴어가 공용의 문어(文語)였다. 데카르트는 지적 허영을 대단히 싫어한 철학자였고, 이런 그의 성향이 반영된 것이다.

데카르트는 철학사의 회의주의 전통을 충실하게 계승하면서도 자신만의 철학체계로 나아갔다. 그의 표상이라고도 할 수 있는 명제 '나는 생각한다. 고로 존재한다.(Cogito ergo sum)'에 대해서는 무수한 주석이 존재하지만, 그것이 전달하고자 하는 의미는 비교적 명확한 편이다. 데카르트는 꿈에서 지금 이 순간이 꿈이지 않을까 하는 의심을 한 적이 있다. 그리고 정말로 그 순간은 꿈이었다. 그렇다면 꿈을 깬 지금 이 순간도 꿈의 지속은 아닐까? 또 다른 깸이 있어서, 지금 이 순간을 꿈속의 일로 회상하는 어느 순간이 다가오지는 않을까? 이 호접몽(胡蝶夢)적 모티브가 가져다준 결론, 내가 의심하고 있다는 사실 하나만은 결코 의심할 수 없다.

지금까지 정신 속에 들어온 것 중에서 내 꿈의 환영보다 더 참된 것은 아무것도 없다고 가상하기로 결심했다. 그러나 이런 식으로 모든 것이 거짓이라고 생각하고 있는 동안에도 이렇게 생각하는 나는 반드시 어떤 것이어야 한다는 것을 알게 되었다. 그리고 '나는 생각한다, 그러므로 나는 존재한다'라는 이 진리는 아주 확고한 것이고, 회의론자들이 제기하는 가당치 않은 억측으로도 흔들리지 않는 것임을 주목하고서, 이것을 내가 찾고 있던 철학의 제1원리로 거리낌 없이 받아들일 수 있다고 판단했다.

간단히 요약하자면, 세상 모든 것을 의심하는 이도 결국은 의심하는 주체까지는 의심할 수 없다는 이야기. 데카르트는 인식에 대한 의심을 갖는다는 그 자체만으로 '생각'이라는 행위가 성립한다고 판단한다. 그리고 생각의 주체로서의 존재가 증명된다. 물론 지금의 상식으로선 뭐가 그렇게 대단한 발견이었는가를 따져 물을 수 있듯, 이후 수많은 후학들에게 비판을 불러일으킨 단초이기도 하다.


## 신학과 철학, 그리고 과학

생각에 관한 데카르트의 논증은 영혼과 육체의 이원론적 사고를 전제하는 동시에 결론으로 순환하는 도식이다. 순수한 관념의 세계를 표상하는 데 육체를 장애물로 여겼던 플라톤의 계보로 볼 수도 있지만, 데카르트는 육체를 불필요한 것으로만 치부하지는 않았다. 두뇌는 신체의 영역일까? 정신의 영역일까? 결국 정신도 육체의 감각을 통해서만 지식을 습득할 수 있다. 그렇듯 육체는 정신의 도구이다. 그는 육체를 '기계'에 비유하는데, 인간의 육체는 동물과는 달리 영혼이 깃든 정신으로 통제되기 때문에 영혼의 일부를 반영한다고 보았다. 이는 데카르트가 견지했던 기계론적 세계관의 한 표현이라고 할 수 있다.

역사에 데카르트의 페이지가 펼쳐질 즈음에는 이미 코페르니쿠스와 갈릴레오 그리고 케플러로 이어지는 전복들로 인해, 과학이 종교의 속박에 부단히 저항을 하고 있던 시대이다. 중세로부터 근대로, 사상의 전환기를 살았던 데카르트의 선택은 근대였다. 데카르트는 신앙적이고 목적론적인 중세의 세계관을 폐기하고, 시계의 톱니가 맞물린 것처럼 정확한 섭리로 돌아가는 기계론적 우주관을 표방한다.

《방법서설》이 철학사에서 점하고 있는 지위 역시 이런 가치전환의 의미이다. 중세까지의 철학사는 이성으로 신의 존재를 증명하는 것이 궁극의 목적이었다. 데카르트의 철학부터 근대로 규정짓는 이유는, 그가 견지해 온 이성 중심의 세계관으로 인해, 철학이 '신학의 시녀'라는 굴레에서 벗어났기 때문이다. 분명 신에 의해 창조된 피조물이지만, 생각의 능력만큼은 신에게 종속되어 있는 것이 아니다. 데카르트가 이전의 철학자들과 구분되는 점은 신앙적 '계시'보다 논리적 '인과'를 보다 강조했다는 사실이다. 그러나 근대를 열어젖힌 철학도 여전히 신학에서 완벽히 벗어나 있지는 못한 실정이었다.

> 나는 이 완전한 존재인 신이 있다는 것 혹은 현존한다는 사실은 적어도 그 어떤 기하학적 논증 못지않게 확실하다는 것을 발견했던 것이다. 그러나 신을 인식하는 것 혹은 정신이 무엇인지를 인식하는 것이 어렵다고 믿는 사람들이 많이 있는데, 이는 그들이 자신의 정신을 감각적 사물보다 위로 끌어올리는 일이 한 번도 없었고, 또 그들이 상상을 통해서만 사물을 고찰하는 데 익숙해져 있기 때문이다. … 만일 우리 속에 있는 실재적이고 참된 것이 모두 완전하고 무한한 존재로부터 나온다는 것을 전혀 모른다면, 우리 관념들이 아무리 명석 판명하다고 하더라도, 그것들이 참이라는 완전성을 갖고 있다는 확신을 가질 만한 어떠한 근거도 우리에게 없는 것이다.

신의 존재는 절대적으로 자명한데, 정신을 심도 있게 활용하지 못하는 탓에 신의 존재를 인식하지 못한다는 것이 데카르트의 입장이다. 데카르트는 우리가 지닌 이성의 능력이 신에게 유래한다고 보았으며, 결국 '생각'은 주체의 존재뿐만이 아니라 존재의 원인까지 증명하는 근거였다. 이는 데카르트가 가장 비판을 받는 대목이기도 하다. 그는 신을 증명했다기보다는 신을 전제한 것이다. 이는 경험론이 비판했던 합리론의 고질병이기도 하다. 전제 자체가 잘못되었을 수도 있다는 가능성을 배제한 채, 전제를 근거로 전제를 증명하고 있는 순환 논증이라는 것.

그러나 그의 과학적 사고는 베이컨과 더불어 17세기 과학혁명에 중요한 공헌을 했으며, 철학의 문외한들에게도 플라톤, 니체와 더불어 철학자의 표상이라는 사실이 증명하듯 서양사상사의 주요 거점인 것만은 분명하다.

# 파스칼 — 《팡세》

## 《팡세》의 구성

인간은 자연에서 가장 연약한 한 줄기 갈대일 뿐이다. 그러나 그는 생각하는 갈대이다. 그를 박살 내기 위해 전 우주가 무장할 필요가 없다. 한 번 뿜은 증기, 한 방울의 물이면 그를 죽이기에 충분하다.

39세의 이른 나이에 생을 마감한 파스칼. 그의 임종 후, 곳곳에서 발견된 그의 단장들을 그러모으니 책 한 권의 분량이 되었다. 그것이 우리에게 전해지는 《팡세》다. 그는 오래전부터 준비해 온 '기독교 호교론(護敎論)'을 바탕으로 《팡세》를 구상했다. 파스칼의 호교론은 종교가 결코 이성에 어긋나지 않음을 밝히는 것에서부터 시작한다. 사람들은 반이성적이라는 이유로 종교를 도외시하기도 하지만, 실은 종교야말로 인간을 가장 합리적으로 이해한다는 점에서 오히려 존경스러운 것이며, 또한 인간이 바라는 최고선을 약속한다는 점에서 사랑할 만한 것이라는 주장.

파스칼의 호교론은 크게 두 부분으로 나뉘어 있다. 제1부는 인간 본성이 타락하였음을 보여 주는 〈신 없는 인간의 비참〉이고, 제2부는 그러한 인간을 구원해 줄 구속자가 있음을 말하는 〈신 있는 인간의 복됨〉이다. 인간 본연에 대한 인간학적 고찰을 이야기하는 전반부를 거쳐, 인류를 구원하는 존재에 대한 성서학적 고찰로 이어진다.


## 신 없는 인간의 비참

인간은 행복을 추구하는 존재다. 그러나 역설적으로 인간은 항상 행복하지 않음에 둘러싸여 있는 존재란 사실의 반증이기도 하다. 완전하기를 원하지만 불완전을 겪을 수밖에 없는 인간의 시선은 오로지 영예나 재물, 타인의 존경 같은 '자신의 밖'을 향해 있을 뿐이다. 그 욕망이 충족되지 못할 시, 자괴의 구렁텅이 속에서 허덕이게 된다.

일시적인 쾌락은 거짓이며 그것이 남기고 가는 공허함과 비참함까지 아울러 깨달아야 한다는 것이 파스칼의 입장이다. 그러나 인간들은 엉뚱한 곳에서 행복을 찾아 헤맬 뿐만 아니라, 그 엄한 격자 위에서 진리의 좌표를 확인하길 원한다. 그러나 불행하게도 발견되는 것이라곤 불확실과 비참 그리고 죽음뿐이다. 그렇다고 '인간적인, 너무도 인간적인' 욕망을 아예 떨쳐 버리고 살아갈 수도 없는 현실, 출구가 존재하지 않는 것 같은 욕망의 사막에서 인간이 찾은 유일한 대안이 바로 '위락(慰樂)'이다.

위락이 절망을 위로하지만, 아이러니하게도 위락이야말로 인간이 짊어진 비참 중에서도 가장 큰 것이다. 위락은 술이 선사하는 잠깐의 취기 같은 것이다. 현재의 고통을 근본적으로 해결해 줄 것이란 믿음이 있어서가 아니다. 단지 그 순간의 괴로움을 잊기 위함이다. 비참한 인간이 찾은 진통제, 그 마취 속에서 더욱 비참해지는 인간. 위락은 도취되어 있는 동안 인간의 불행을 일시나마 잊게 할 뿐, 본질적인 문제로부터는 더욱 멀어지게 한다.

이 세상의 헛됨을 깨닫지 못하는 사람들이야말로 그들 자신이 참으로 헛되다. … 이들에게서 위락을 빼앗아 보라. 그들이 권태로 시들어 가는 것을 보게 될 것이다. 그들은 그것이 무엇인지 모르면서도 자신의 허무를 느낄 것이다. 자신을 바라보아야 하고 또 자신을 망각할 수도 없게 되자마자 견딜 수 없는 비애 속에 빠져드는 것은 정녕 불행한 일이니까 말이다.


## 신 있는 인간의 복됨

진리에 대한 열의에도 불구하고 인간이 낳는 것은 허위와 오류뿐. 신 없는 인간의 삶은 어둡고 절망적이다. 파스칼은 전반부의 인간학적 고찰을 통해 기독교가 인간에 관한 납득할 만한 이론을 제공하고 실천적으로는 최고의 선을 보장한다고 말한다. 이제 이론에 대한 검증 과정이 필요하다. 후반부에서 제시되는 내용은 성서에 입각한 역사적 증명이다.

인간이 원죄의 대가로 짊어진 천형은, 끝없는 진리와 행복에 대한 열망이다. 그러나 답이 없는 열망이다. 파스칼은 그 답을 신앙 안에서 찾으려 했다. 신은 우리 앞에 명료하게 드러나지 않는다. 그저 '숨은 신'으로서 우리 안에 거할 뿐이다. 그러나 또한 성서의 존재 자체가 하나의 표징이다. 성서에서 다루고 있는 신의 역사는, '숨은 신'으로부터 선택받은 이들에게만 허락되는 교제 방식이다.

《팡세》는 인간 실존에 대한 파스칼의 영적 기록이다. 사람들이 살아가는 일상의 현장 속에서 쾌락과 절망, 환상과 비참을 지켜보았던 파스칼은 《팡세》 안에서 소망한다. 언제 무너질지 모를 '공허' 뒤에서 기다리고 있는, 신에게로의 겸허한 자기 고백은, 영원한 진리를 향한 갈망에 응하는 신의 대답이기도 하다. 그에게 있어 신과의 만남은 인간적 성찰의 연장선상에 있는 복됨이다.

# 조너선 스위프트 — 《걸리버 여행기》

## 소인국의 와각지쟁(蝸角之爭)

백성을 뜻하는 검수(黔首)라는 한자어는 직유의 표현이다. 먼 시선으로 바라보는 인간들의 세계란, 검은 머리밖에 보이지 않는 미미한 존재들로 득실거리는 공간이다. 그러나 그 무채색을 가지고 누가 더 잘난 명도와 채도이냐를 따지며, 당쟁과 전쟁까지도 불사하는 자존감들은 장자의 말마따나 그야말로 '와각지쟁(蝸角之爭)'의 형국이다.

거인 걸리버의 시야에 맺히는 소인국의 풍경은, 먼발치에서 인간 세계를 조망하고 있는 부감(俯瞰)이다. 소인들이 볼 수 있는 세세함을 걸리버의 큰 눈으로는 들여다볼 수 없지만, 멀리까지 내다볼 수 있는 걸리버의 시야는 소인들의 시력을 벗어나 있는 범주이다. 이런 생리적인 시력의 차이는 관점의 차이로 이어진다. 걸리버의 시각에서 바라본 소인국들의 정치 역학은, 그다지 문제가 될 사안이 아닌 것들을 문제시하는 명분 싸움에 지나지 않다. 소인국 사람들과 원만한 관계를 유지하며 국왕에게 작위까지 하사받은 걸리버는, 갈등의 중재자를 자처하다가 도리어 질투의 시선들에게 참소를 입고, 결국엔 소인국을 떠나게 된다.

소인국 릴리퍼트에 대한 걸리버의 첫인상은, 아주 이상적인 복지국가였다. 적어도 '거지'라는 신분이 존재하지 않는 나라의 국왕은 항상 낮은 자의 입장에서 백성들을 굽어 살핀다. 그러나 릴리퍼트의 생활에 익숙해지면서 자신이 떠나온 영국과 다를 바 없는 부조리들의 소축적을 발견하기 시작한다. 거지가 없을 뿐, 사회적 계급은 세대를 거쳐 경제와 문화를 재생산하는 순환의 고리이다. 관리임용의 관건은 그저 국왕을 기쁘게 하는 기교의 우열이다. 너무도 자비로운 국왕의 인품이지만, 자신의 평판을 유지하고자 신하들과의 합을 맞추는 페르소나로서의 의미가 더 크다. 가령 사법부는 필요 이상의 가혹한 형량을 때리고, 국왕의 역량과 아량으로 선처를 하는…. 걸리버의 큰 눈으로 보기에는 정말 가증스럽기 짝이 없는 이 작태에 걸리버 자신도 걸려들고 만다. 사형의 언도가 국왕의 선처로 인해 그나마 그 큰 눈을 멀게 하는 것에 그치는…. 간신들의 참소와 국왕의 선처가 상징하는 바는, 자신들의 관점이 진리일 뿐, 자신들의 세계에서 이방인의 시각은 필요 없다는 것이다. 그것이 비록 넓고 높은 안목일지라도…. 걸리버 역시 관점을 잃어 가면서까지 이 나라에 머무를 이유가 없었다.

《걸리버 여행기》의 표상이라고도 할 수 있는, 걸리버가 다른 소인국의 전함들과 대치하는 장면은, 달걀 깨는 법에 관한 웃기지도 않는 이념의 역사에서 비롯된 사건이다. 릴리퍼트의 선왕은 달걀을 깨다가 껍질에 손을 베인 이후, 보다 안전하게 달걀을 깨는 방법을 법령으로 선포한다. 넓은 모서리가 아닌 좁은 모서리 부분으로 깨야 한다는…. 그런데 그 우스꽝스러운 법령의 근거는 '편리한 대로 깨라'고 적혀 있는 소인국의 성경 구절이다. 그것을 국왕이 '편리한 대로' 해석한 결과였다.

창조주께서 아무리 할 일이 없기로서니 인간들이 달걀 깨는 방법의 옳고 그름에까지 관여하시겠는가. 이 부분은 성공회와 가톨릭, 프로테스탄트의 종교적 신념이 정치적 갈등으로 심화되었던 당대의 영국을 꼬집고 있는 풍자라고 한다. 조선의 당파 싸움을 '찍먹'과 '부먹'에 관한 탕수육 커넥션으로 설파한 어느 블로거의 재치, 실상 신념이 딛고 있는 명분이란 게 그 기원으로 소급해 올라가 보면 탕수육의 비유가 희화적 각색이 아닐 정도로 허망한 경우들이다. 스위프트의 시선에서는 정작 신의 입장은 전혀 반영되지 않은 적통과 이단을 변별하고자 영국의 전역이 들끓었던 와각지쟁에 지나지 않았다.

릴리퍼트의 선왕이 달걀 껍질에 손을 베인 사건으로 인해 선포된 법령은, 물론 백성들을 사랑하는 군주의 마음이었다. 그러나 역사의 어느 순간부터 최초의 원인은 잊혀지고, 법령 그 자체가 누구도 이의를 제기할 수 없는 금기의 명분으로 존속하게 된다. 몽테뉴를 빌리자면, '법은 정당해서가 아니라 법이기 때문에 신용을 얻으면서 존속하는' 경우이다. 문제는 백성들에게는 달걀 껍질이 그렇게까지 불편한 사안이 아니었다는 점, 도리어 정해진 방법대로 깨어야 한다는 법령이 '정초(定礎)적 폭력'이다. 그깟 달걀 깨는 법이 뭐라고, 달걀에 대한 자유를 주장한 이들은 반군으로 내몰리고, 급기야 이웃국가인 블레휘스크로 망명하기에 이른다. 소인국에 존재하는 단 두 나라의 갈등은 이런 역사를 지니고 있었던 것이다.

그 갈등을 중재하고자 했던 걸리버는 블레휴스크의 국왕을 알현하며 도리어 릴리퍼트의 국왕보다 더 사려 깊은 면모를 확인하지만, 아울러 확인한 현실은 정치적 이념의 허망함이었다. 결코 양국을 설득할 수 없다는 사실을 받아들일 수밖에 없었던 이유는, 결국 자신이 떠나온 영국이 바로 이 세계의 대축적에 불과하며, 그 대축적 안을 살아가던 소인이 바로 자신이기도 했기 때문이다.


## 광학의 스펙트럼

걸리버의 여행은 물론 그의 모험심에서 비롯된 사건이다. 그러나 보다 직접적인 원인은 의사로서의 도덕적 소신과 현실적인 생계 사이에서의 갈등이다. 환자들에게 사기를 쳐가면서까지 부의 축적에만 몰두하는 당대 의료계에 회의를 느끼고 있었지만, 양심만 지키고 있다가는 삶에 대한 회의를 느껴야 할 판이었다. 때문에 선원들과 함께 항해를 하면서 그들의 건강을 책임지는 일로써 생계를 이어 가다가 조난과 표류를 경험하게 된 것이다.

소인국에서 돌아온 걸리버는 돈을 벌기 위해 다시금 배에 오를 수밖에 없었고, 이번에는 거인국으로 흘러 들어가게 된다. 이전에 겪은 소인국에서와는 입장이 뒤바뀐 처지, 비로소 미시적 관점이 가능해진 걸리버에게는 그 세세한 풍경들이 도리어 불쾌의 자극으로 다가온다. 확대의 축적으로 마주한 거인들의 땀구멍과 털, 그리고 같은 축적에게는 전혀 느끼지 못했던 체취 등으로 인해 깨닫는 사실은, 소인국의 사람들이 자신을 어찌 느꼈을지에 대한 것들이었다. 내심 소인국의 좁은 식견을 성토하기도 했던 자신이었지만, 정작 소인국에게 자신의 거대함은 그토록 저열한 미학이었다.

이 소설이 지닌 풍자의 장치 중에 하나가 관점이다. 사회학에서는 '광학'이라는 표현을 쓰기도 하는데, 거시적이고도 미시적인 관점을 동시에 취하는 경우이다. 소인국에서는 소인국 사람들의 좁은 식견에 진력이 난 걸리버였지만, 도리어 거인국에서는 자신이 좁은 식견의 소유자였다. 이런저런 경위를 거쳐 거인국 왕실의 보호를 받게 된 그는, 국왕과의 대화를 통해 당대 유럽의 제국주의가 와각지쟁에 불과하다는 사실을 깨닫는다. 아울러 깨닫게 된 사실은 그 대담의 와중에서 유럽을 변호하고 있는 자신의 식견이 자신의 축적에 부합한다는 점이었다.

유럽의 갈등을 전혀 납득하지 못하는 거대한 관점들은, 유럽보다는 못한 문명을 누리고 있었다. 걸리버가 유럽을 변호한 이유 역시 문명적 발전도에서 비롯된 우월감이었지만, 거인들은 굳이 그런 문명을 필요로 하지 않았다. 또한 긍정인지 무념인지 모를 거인들의 관용은, 실상 소인국에서 소인들을 내려다보던 걸리버 자신의 포용적 시선이기도 했다. 다시 말해 거인국에서는 문제될 것이 없는 문제들에 시달리는 소인국의 관점을, 걸리버가 거인이었던 경우와 소인이었던 경우를 비교하는 것으로 비판하고 있는 것이다.

거인국의 특이점 중에 하나가 바다고기를 먹지 않는 관습이었다. 바다에 사는 생명들은 걸리버가 떠나온 세계의 축적과 같았다. 때문에 거인들에게는 고래 이외에는 그다지 먹을 만한 식재료가 되지 못했던 것이다. 거인들의 터전에서 함께 살아가는 생명들에게만 대축적의 시간이 흐르고 있었다. 풍토의 조건이 생명체의 규모를 결정하고 있던 것. 이 괴이한 현상의 비밀은 왕정도서관에 보관되어 있던 한 편의 논문을 통해 밝혀진다.

걸리버가 펼쳐 본 논문에는 자연의 역사와 인간의 본성에 관한 이야기가 실려 있었다. 이는 미야자키 하야오가 〈원령공주〉에서 보여 준 태곳적 자연의 거대함에 대한 해명이기도 하다. 태초에는 거대한 자연과 맞설 수 있는 적응력들이 존재했지만, 자연을 극복하는 문명의 방법론들이 점점 더 발전해 감에 따라 자연은 점점 기력을 잃어 가기 시작했다. 그 결과 자연은 이전에 비해 조그맣고 불완전한 생물만을 생산하게 된 것이다. 논문은 원시시대의 인간들은 지금의 거인보다 더 큰 거인이었을 것이라는 가설을 결론으로 적고 있었다.

## 천공의 섬 라퓨타

걸리버의 세 번째 여정에서 다시 반복된 조난은 자연재해가 아닌 인재(人災)였다. 교역의 과정에서 차질을 빚게 된 선장은 배 한 척을 더 구입하고 걸리버에게 선장의 권한을 위임한다. 정박한 항구에서의 용무가 끝나지 않았지만 그렇다고 여정을 지체할 수도 없는 입장이었기에, 일행을 분리해 걸리버의 팀을 먼저 떠나게 한다. 그러나 항해 도중 해적을 만난 걸리버는 가까스로 죽음을 면한 대신, 홀로 작은 보트에 실려 망망대해로 방출된다.

육지를 발견한 기쁨도 잠시, 보이는 것이라곤 온통 바위뿐인 해변으로 밀려들고 있던 것은 파도만이 아니었다. 도통 살아날 방도가 없을 듯한 불모지에서의 절망감을 구원한 동아줄은 하늘을 나는 섬에서 내려온 것이었다. 해변의 이곳저곳을 살피는 와중에 발견한, 바다 가까이로 내려와 있는 천공의 섬. 그 가장자리에서 바다로 낚싯줄을 드리우고 있던 주민들에게 걸리버는 구조를 요청한다.

하늘을 나는 섬은 그 자체로 왕이 머무르는 성의 개념이었으며 그 명칭은 '라퓨타'였다. 자기부상의 원리로 움직이는 성이 지배하고 있는 영토는, 그 자성과 부력을 가능케 하는 광석이 묻혀 있는, '발리바르비'라는 섬나라 전역이다. 라퓨타가 지상의 백성들을 지배하는 방식은 간단하다. 반란이 일어난 지역의 하늘로 날아가 해와 비를 가리는 것이다. 그도 여의치 않을 시에 대비한 플랜B는 사뿐히 내려앉아 도시 전체를 깔아뭉개는 방법이다. 이는 스위프트의 조국인 아일랜드에 대한 영국의 지배를 풍자한 것이다.

라퓨타의 위정자들은 말을 최소화하는 삶을 고급문화로 여겼다. 번잡한 언어는 아랫것들이나 좋아하는 천박한 생활체계이다. 항상 사색에 잠겨 있는 그들에게 수학과 음악이 최고의 인문이며, '실용성'을 목적으로 하는 모든 학문이 저열의 가치이다. 이런 라퓨타의 답답한 공기가 견디기 힘들었던 걸리버는 천공의 성에서 내려와 지상을 경험한다. 그러나 지상 역시 천상(라퓨타)을 따라 하기에 급급한, 답답하기 그지없는 세태였다. 마르크스의 표현을 빌리자면, 천상의 이데올로기가 지상의 문화를 결정하는 형국이다.

지상의 모든 아카데미는 현실적으로 증명이 불가능한 추상과 관념의 연구에만 몰두하고 있다. 그 열정의 이면에서 실질적인 삶은 피폐해져 가지만, 이미 그들이 추구하는 삶의 목표는 이상을 향한 열정 이외에는 아무것도 없다. 개중 한 아카데미에서 진행하고 있던 프로젝트가 말의 음절을 줄이는 것이었다. 그 이유는 말을 할 때 허파가 조금씩 부패한다는 낭설이다.

이는 영국의 경험론이 지적하는 합리론의 모순이기도 하다. 전제 자체가 오류일 수 있는 가능성을 간과한 채, 그 전제로 다른 것을 증명하고 있었던…. 가령 플라톤에게 이데아의 세계가 정말로 존재하는 것이냐의 문제는 논증의 대상이 아니다. 이데아가 존재한다는 전제로 다른 것들의 진위여부를 논한다. 말을 할수록 허파가 훼손된다는 전제를 증명해야 함에도, 허파가 훼손된다는 전제로 언어를 줄여야 한다는 결론에 치닫고 있는 답답함이, 라퓨타의 위정자들이 그토록 말을 아꼈던 이유이기도 했다.


## 휴이넘과 야후

바다에서 환자를 돌보는 일에 싫증을 느끼던 걸리버는, 네 번째 여정에선 따로 의사를 고용하고 자신은 선장의 자격으로 배에 오른다. 항해 도중 일사병으로 몇몇 선원들이 사망하는 일이 발생하자, 교역을 위해 잠시 머물게 된 항구에서 새로운 선원들을 모집한다. 그런데 그들 대부분이 신분을 숨기고 있던 해적이었다. 나머지 선원들까지 포섭한 해적들에 의해 걸리버는 다시 한 번 배에서 추방당한다.

뱃길이 닿는 첫 뭍에 버려진 걸리버가 이번에 만난 세계는 말의 나라이다. 인간처럼 이성을 지니고 살아가는 말들은 자신들의 언어로 스스로를 '휴이넘'이라고 소개한다. 처음엔 말들의 말을 알아들을 수 없던 걸리버는 그들 사이에서 자주 반복되는 '야후'라는 표현이 자신을 지칭하는 단어임을 직감한다. 그런데 야후란 그 나라에서 살아가고 있던 가장 야만적인 동물에 대한 지칭이었으며, 그 외관은 인간의 태곳적 모습과 닮아 있었다.

성직자이기도 했던 스위프트가 진화론을 인정하고 있다는 사실만으로도 이 소설은 이미 당대의 금서가 되기엔 충분조건이었다. 그럼에도 불구하고 굳이 진화론의 관점을 취한 이유는, 야만의 시절로부터 조금의 진화도 이루어 내지 못한 인간의 본성을 질타하기 위함이다. 철학에서 말하는 '이성'은 단지 지력의 범주만이 아닌 도덕적 가치까지 내포하는 개념이다. 그러나 휴이넘들에겐 이런 구분도 무의미하다. 이성을 자연이 부여한 선물로 간주하는 그들에겐 부도덕의 성질을 뜻하는 단어 자체가 존재하지 않았다.

말들과의 대화에서 걸리버가 가장 애를 먹는 개념이 '거짓말'이었다. 말들의 나라에는 거짓말이라는 단어도 없다. 그러나 '탐욕'의 개념은 그들도 쉬이 이해했다. 그것은 그들 세계의 야후로 대변되는 증상이었기 때문이다. 휴이넘의 세계에서 불쾌의 정서에 관한 관용적 표현엔 모두 '야후'가 수식어로 달라붙었다. 휴이넘들이 이해할 수 없는 야후들의 특징 중에 하나는, 그 모두가 나누어 먹기에 충분한 양의 먹이를 던져 주어도, 그것을 혼자 독차지하기 위해 다투는 습성이었다. 휴이넘들은 걸리버를 만난 이후에야 그런 습성을 지칭하는 말이 '탐욕'임을 이해한다.

걸리버는 자신이 떠나온 세계에선 도리어 야후들과 비슷한 외모를 지닌 인류가 이성을 지니고 있으며 문명을 이룩하고 산다는 사실을 설명하고자 했다. 그러나 그 설명의 와중에 밀려든 각성은, 어느 것 하나 정의로울 게 없는 유럽 문명의 부조리에 대한 것이었다. 이성의 존재들이 그렇듯 탐욕에 시달리며 살아가는 이유를, 휴이넘들은 인류가 지닌 이성의 불완전성에서 찾는다. 휴이넘들의 지평에선, 자연이 부여한 완전한 이성으로 자연과 더불어 살아가는 삶에는 그런 쓸데없는 욕망들이 필요치 않다.

처음 휴이넘들을 만났을 때, 걸리버는 자신이 야후들과 같은 종족이란 사실을 인정하지 않았다. 더 솔직히는 자신이 야후와 같은 계보란 사실을 들키고 싶지 않았던 것이다. 그래서 휴이넘들이 보는 앞에서 결코 옷과 신발을 벗지 않았다. 휴이넘의 세계를 겪은 후에 새삼 깨달은 사실은, 야후가 결국엔 현재를 살아가는 인류의 플래시백에 지나지 않았다는 점이다. 지금의 인류는 이성을 매개로 탐욕을 확장시킨 진화의 결과일 뿐이다.

휴이넘의 세계에 동화되어 가고 있던 걸리버의 방출이 결정된 이유는 이성의 부정적 진화가 가져올 리스크 때문이었다. 휴이넘 세계의 야후들은 탐욕스러울지언정 조금의 이성도 지니고 있지 않다. 그러나 걸리버로부터 야후들의 진화 가능성을 전해 들은 휴이넘들에게 걸리버는 재앙의 미래일 수도 있었던 것이다. 3년 동안 걸리버와 친분을 두텁게 쌓은 일부 휴이넘들은 걸리버를 옹호하고 나섰지만, 더 이상 이곳에 머무를 수 없다는 사실을 걸리버 자신이 더 잘 알고 있었다. 자신 때문에

휴이넘들 사이에서 '갈등'이라는 행위가 생겨난 것이다

걸리버는 휴이넘들의 도움을 받아 제작한 배를 끌며 다시 바다로 나아간다. 바닷가까지 걸리버를 배웅한 휴이넘들의 작별 인사는 '친절한 야후'를 향한 것이었다. 걸리버는 휴이넘들이 처음 겪은 타락하지 않은 야후였다. 휴이넘의 세계를 떠난 걸리버는 인간 사회로 돌아가지 않을 작정이었다. 그러나 상황에 떠밀려 다시 영국으로 돌아올 수밖에 없었던 그는 한동안 경멸의 시선으로 인간들을 바라본다. 자신의 여행을 책으로 엮어 간행하기로 했지만, 출시를 앞두고서는 영국의 제국주의가 자신이 경험한 미지의 섬나라들까지 점령할 욕망에 사로잡히지 않을까를 고민하기도 한다.

걸리버의 심정은 곧 스위프트의 심정을 대변한다. 스위프트가 이 소설의 장르로 선택한 '여행기'는, 자신들의 영토에 만족하지 못하고 개척이라는 미명하에 외부로 뻗어 나가던, 당대 유럽에 대한 상징이기도 하다. 진화된 야후들이 탐욕의 역사를 써내려 가고 있었던….

# 존 스튜어트 밀 - 《자유론》, 《공리주의》


## 자유론

《실낙원》의 저자인 존 밀턴과 《시민정부론》을 주창한 존 로크, 《자유론》의 저자 존 스튜어트 밀은 영국인들이 '자유'를 얘기할 때 빠지지 않는 세 명의 존(John)이다. 그중에서 밀은 빅토리아 여왕 시기의 아리스토텔레스라고 불릴 만큼 폭넓은 지평을 자랑하는 지식인이었다.

제러미 벤담의 동료이기도 했던 공리주의자 제임스 밀은 자신의 아들에게도 사상가의 길을 열어 주고자 어려서부터 체계적인 인문 고전 교육을 받게 했다. 밀은 자서전에서 자신이 친구들보다 최소한 25년 이상을 앞서 나갈 수 있었던 원동력으로 그 교과과정을 소개하고 있는데, 이것이 서점가를 근근이 먹여 살리고 있는 존 스튜어트 밀 식 독서법의 기원이다. '시카고 플랜' 역시 그 독서법의 적용으로 이루어 낸 시카고 대학의 신화창조였다.

밀은 3살 때 그리스어를, 8살 때는 라틴어와 기하학을 배우면서, 그리스 고전부터 논리학과 경제학에 이르기까지 인문영역 전반을 두루 살폈다. 아동에게 조금 가혹한 가정교육이 아니었나 싶으면서도, 밀 자신은 이 인문학적 트레이닝을 꽤나 즐겼던 듯하다. 오늘날의 한국에서는 일반화가 되어 버린 조기교육을 정당화하는 사례일 수 있겠지만, 어려서부터 지적으로 조숙했던 밀은 유년의 공백을 겪은 것이기도 했다.

프로이트의 정신분석에서 관건은 유년시절의 경험이다. 유년을 유년답게 보내지 못한 공백의 반동이었는지, 밀은 성인의 세계에 발을 들이자마자 심각한 신경쇠약을 겪는다. 정신적 위기는 탁월한 지성의 소유자였던 해리엇 테일러와의 교류를 통해 서서히 극복된다. 20년간 순수한 교제를 지속했던 밀은, 테일러의 남편이 사망하자 곧 그녀와 결혼한다. 《자유론》은 그녀와 함께 집필한 밀의 대표작이다. 결혼 후 밀의 작품들은 최종적으로 아내의 손을 거쳐 출간이 이루어졌는데, 도중에 아내가 세상을 떠나는 바람에 밀은 《자유론》을 미완성 상태로 출간하는 것으로써 아내를 기렸다.

밀이 살았던 시대의 영국은 몇 차례 전제정치의 폭정에 시달린 바 있었다. 자유주의는 새로운 시대를 갈망했던 대중의 요구였고, 밀은 국가의 간섭을 최소화하는 것이 '최대 다수의 최대 행복'의 슬로건을 실현시키는 길이라고 믿었다. 그러나 노동자와 자본가 간의 갈등이 심화되고 있는 시절이기도 했던 터, 지식인들 사이에서는 사회주의 사상이 확산되고 있었고, 급기야 마르크스와 엥겔스에 의해 《공산당선언》이 출간된다. 밀은 자유주의와 사회주의 사이에서 고민할 수밖에 없었다.

자유는 오래전부터 인간 사회를 분열시켰고, 그 한계가 어디까지인가에 대한 논의가 끊임없이 이어져 내려왔지만, 보다 근본적인 논의가 필요함을 힘주어 말하기 위해 나는 이《자유론》을 집필했다.

밀이《자유론》에서 각별히 강조하고 있는 사안은 사회적 자유이다. 사회적 자유란, 쉽게 말해 대한민국 헌법에서도 보장하고 있는 개인과 사상의 자유, 언론 출판의 자유, 그리고 행동의 자유이다. 밀은 자신의 논의를 펼치기에 앞서 이 자유에 대한 논의가 그리 새로운 것이 아님을 밝힌다. 그럼에도 굳이 이 자유의 가치를 역설했던 이유는, 통치자의 폭정에 맞서 개인들은 자신의 자유를 적극적으로 쟁취할 의무가 있다는 사실을 환기시키기 위함이었다.

타인에게 해를 미치지 않는 범위 내에서 개인의 자유는 최대한으로 보장되어야 한다. 밀은 자유의 역사를 정부나 통치자에 대한 투쟁의 역사로 간주하며, 지금껏 보편적으로 시도된 두 가지 투쟁 방법을 언급한다. 첫 번째 방법은 시민들이 정치적 자유를 최대한 확보해, 통치자가 자유를 침해하려 들 때 부분적 저항이나 전면 대응을 통해 스스로를 지키는 것이다. 두 번째 방법은 법의 제정을 통해, 그 개념과 한계를 명확히 설정하고 시민들의 동의를 얻어 공동체의 이익에 반하지 않는 선에서 권한의 한계를 명확히 규정해 놓는 방법이다.

사회적 동물인 인간인지라, 개인은 사회와 유리되어 살아갈 수는 없다. 그런데 만약 개인의 신념과 반하는 사회적 요구에 부딪힌다면 개인은 어떤 결정을 내려야만 하는가? 밀의 대답은 '자유의 원칙'이라는 대전제를 견지하고 있다. 그는 사회가 개인에 대해 강제나 통제를 가할 수 있는 경우를 최대한 엄격하게 제한한다. 보호가 필요한 개인이거나, 타인에게 해를 미치는 것을 막기 위한 목적으로서만 정당화될 수 있다. 그러나 그 사회와 개인이 모두 만족할 수 있는 해법이 쉽게 제시될 수 있다면, 이런 사회 철학이 대두될 필요도 없었을 것이다. 때문에 밀은 토론의 필요성을 역설한다. 이는 민주주의가 항상 경계해야 하는 다수의 폭력을 예방하고, 소수의 자유를 보장한다는 의의도 지니고 있다.

벤담의 공리주의는 이기심과 쾌락의 원칙에 의해 움직이는 인간의 본능을 전제하지만, 밀의 공리주의는 인간이 이성적 존재라는 사실에 무게를 두고 있다. 저마다의 자유들이 상충하는 지점에서 일어나는 지성적 대화 역시 자유를 지닌 이들의 권리이자 의무이다. 그 지적 대화를 위한 시민의 교양이 필요하다는 게, 존 스튜어트 밀 식 독서법의 원 취지이기도 할 것이다.


## 공리주의

'최대 다수의 최대 행복'이라는 슬로건으로 대변될 수 있는 공리주의는, 개인주의로 치닫는 산업화의 폐단을 지적한 제러미 벤담에게서 유래한다. 벤담의 공리주의가 전제하고 있는 쾌락의 원칙은 당시에도 수많은 비판에 직면했다. 인간이 단순히 쾌락만을 추구하는 존재라면 돼지와 다를 바가 없다는 것. 이로 인해 인간의 존엄성을 인정하지 않는 '돼지의 철학'이라는 오명을 뒤집어쓰기도 했다.

벤담에 따르면, 인간이 행복을 추구함에 있어 행위의 결과로 판단할 가치의 표준은 누구에게나 공평하게 적용되어야 한다. 즉 한 사람의 행복은 다른 사람들의 행복과 함께 고려되어야 하며, 타인의 이익보다 행위자의 이익에 더 큰 비중을 두어서는 안 된다. 모든 인간은 자기의 이익을 충족시키는 데 있어서 똑같은 권리를 지닌다. 이 점에서 공리주의는 보편주의를 채택하고 있다. 또한 어떠한 행위도 그 자체로 도덕적으로 판단될 수 없다. 그 행위의 결과에 따를 뿐이다. 이런 점에서 공리주의는 결과주의와도 맞닿아 있다.

벤담이 동기 자체를 중요하지 않다고 생각하는 것은 아니다. 동기는 좋았지만 결과가 나쁜 경우와 동기는 나빴지만 결과가 좋은 경우를 굳이 비교한다면 후자가 낫다는 것이다. 그러나 벤담의 공리주의에 제기되는 물음 중에 하나가 그 보편과 결과에 대한 것이기도 하다. 과연 행복의 가치가 모든 이에게 동등하게 적용되는 보편적 바로미터일 수 있을까? 또한 그 보편의 양적 결과로 공리를 판단할 수 있는 것일까? 존 스튜어트 밀은 벤담의 이런 취약점을 보완한 공리주의를 완성했다.

벤담의 공리주의가 양적 쾌락에 집중했던 반면 밀은 질적 쾌락에 초점을 맞췄다. 밀은 한 인간의 쾌락, 더 나아가 행복에 가장 중요한 척도로서 '선호도'의 개념을 차용하는데, 이는 '돼지의 철학'이라는 오명을 뒤집어쓴 공리주의에 대한 해명이기도 했다. 밀은 '배부른 돼지보다 불만족스러운 소크라테스가 되는 게 낫다'라는 유명한 문구를 들어, 돼지의 쾌락과 인간의 쾌락은 질적으로 다른 것이기에, 돼지와 인간을 동등하게 취급한다는 공리주의의 비판은 타당하지 않음을 강변한다.

공리주의를 향한 주된 비판은 '다수의 행복'이란 명분으로 억압받는 소수에 관한 것이다. 그러나 다수를 위해 소수를 무조건적으로 희생시킬 수 없으며, 공리를 위해서는 기본적으로 개인의 가치를 존중해야 한다는 것이 벤담의 전제이기도 하다. 《자유론》에서 언급한 것처럼, 밀 또한 어떤 상황에서도 개인의 의사가 억압되고 무시되는 일은 정당화될 수는 없다는 입장이다. 그러나 다수결의 원칙 내에서는 소수의견이 소외되는 현상도 어느 정도 인정할 수밖에 없다. 밀은 개인의 성숙도라는 기준을 제시한다. 개개인의 숙고된 경험과 지성으로 사안의 우선순위를 정할 수 있으며, 그 합의를 바탕으로 공공의 선으로 나아간다는 것. 그러기 위해서라도 시민 개개인의 교양이 고양되어야 한다는 것이, 밀의 독서 매뉴얼로부터 뻗어 나온 이 '시카고 플랜'의 취지이기도 하다.

# 마크 트웨인 —《허클베리 핀의 모험》

## 짐과 헉

"누구 다친 사람은 없었니?"

"없었어요. 마님. 검둥이가 하나 죽었을 뿐이었지요."

"그건 참으로 다행이었구나. 때론 사람이 다치는 때가 있지."

푸코의 표현을 빌리자면, '인류'라는 단어가 등장한 것은 얼마 되지 않은 역사이다. 유럽에게 아직 비유럽이 인류가 아니던 시절, 유럽의 귀족 부인들은 남자 흑인 노예 앞에서 서슴없이 옷을 갈아입었다고 한다. 유럽에게 흑인 노예는 아직 문명으로서의 인간이 아닌 자연으로서의 동물이었다.

헉(허클베리)은 어린 시절부터 흑인들과 각별한 친분을 유지했던 마크 트웨인의 페르소나이기도 하다. 남북전쟁 직전의 미국 사회, 특히나 남부가 견지하고 있던 백인 중심 사고의 문명, 그 경계 밖의 자연으로 밀려난, 아직 인간일 수 없었던 흑인. 이 유치하기 짝이 없는 허여멀건 인류의 사고방식을 향한 비판이,《허클베리 핀의 모험》을 통해 전달하고자 하는 트웨인의 주제이다.

전작《톰 소여의 모험》에 등장하는 헉의 스핀 오프라고도 할 수 있는 소설은, 헉의 '정신적인 자유'에서 비롯된 여정을 담고 있다. 술주정뱅이 아버지를 두고 있는 헉은, 같은 마을의 더글라스 과부댁에 양자로 들어가 위탁교육을 받고 있었다. 짐은 그녀의 여동생인 왓츤의 노예이다. 날로 심해지는 주정뱅이 아버지의 폭력, 이러다간 죽겠다 싶었던 헉은 가정으로부터의 탈출을 감행한다. 그때 우연히 미시시피 강의 한 섬에서 흑인 노예 짐과 마주치게 된다. 그 역시 다른 지역으로 팔려 갈 위기 직전에 주인으로부터 탈출을 감행한 것이다. 가정의 폭력으로부터, 제도의 폭력으로부터 도망치던 흑과 백은 강으로 떠내려 온 뗏목에 함께 몸을 싣는다. 그리고 이후 다양한 사건에 연루되는 험난한 모험이 시작된다.

짐은 헉의 표현대로 '검둥이' 노예다. 그 역시 헉과 같이 자유를 누리고 싶어 탈출했지만, 헉이 꿈꾸는 자유와는 본질적인 차이가 있다. 흑인이었던 짐은 자신이 처한 노예의 삶으로부터 해방되어 신분적인 자유를 쟁취하길 원한다. 또 돈을 벌어서 다른 가정의 노예로 팔려 간 자신의 가족들을 되찾길 바라고 있다.

헉은 미국 남부의 도덕으로 자란 백인 소년이다. 당연히 한 '인간'으로서의 짐을 대하기란 쉽지 않은 일이다. 그러나 흑인에 대한 편견이 극복되기 시작하는 계기는, 아내와 자식들에 대한 걱정으로 잠 못 이루는 짐을 바라보고 있던 어느 날이다. 결국엔 그들도 백인들과 별반 다르지 않은, 아니 술주정뱅이인 자신에 아버지에 비한다면 더 나은 아버지인, '인간'이었다.

헉은 모험의 과정에서 부조리한 어른들을 연거푸 마주치게 되는데, 그때마다 의연하고 용감하게 대처하는 짐이, 차라리 헉이 그리던 이상적인 어른의 모습에 가까웠다. 헉은 점점 짐의 진정성에 매료된다. 자유를 꿈꾸며 집을 뛰쳐나왔지만, 헉에게 있어 집의 '밖'은 '안'과 다를 바 없는, 아니 더 부조리한 세계이다. 헉은 시간이 지날수록 인간이라는 존재에 대해 회의감을 느껴 버린다. 반면 짐은 우정의 가치를 알려 준 '노예'였다.

좋아. 난 지옥으로 가겠어.

톰 소여의 도움을 받아 짐을 구하러 가기 전에 헉이 내뱉은 대사에서는, '노예' 짐을 향한 마음이 완전한 우정으로 변모했음을 알 수 있다. 연령과 성격 그리고 생김새까지, '도망'의 사연을 제외하고는 서로 간에 어떠한 교집합도 없었던 헉과 짐. 그러나 그들은 뗏목이라는 공간 안에서 서로를 배려하고 때로는 작은 희생까지 감수하는 사이로까지 발전하게 된 것이다. 그렇듯 인간 사이의 우정에 문명의 제도는 장애가 되지 못했다.

## 강 위의 뗏목

뗏목이 거기로부터 2마일 강 하류로 내려와 미시시피 강의 한복판으로 나와서야 나는 비로소 마음이 놓였습니다. 거기서 우리들이 신호등을 켜고 다시 한 번 자유롭고 안전한 몸이 되었다고 생각했습니다. 나는 그 전날부터 물 한 모금 마시지 않았지요. 짐은 나에게 옥수수 빵이랑 탈지유랑 돼지고기랑 양배추랑 야채 따위를 꺼내 주었습니다. 나는 저녁을 먹으면서 짐과 얘기를 하며 즐거운 한때를 보냈지요. 나는 그 원한 싸움에서 빠져나온 것이 무척이나 기뻤으며, 짐은 짐대로 늪지에서 도망쳐 나온 것을 매우 기뻐했습니다. 뭐니 뭐니 해도 뗏목처럼 살기 좋은 집은 이 세상에 다시없다고 했습니다. 다른 곳들이라면 그야말로 갑갑해서 숨이 막힐 것 같지만 뗏목만은 그렇지 않았거든요. 뗏목 위에 있으면 모든 게 자유롭고 마음이 놓이며 편안하기 그지없었습니다.

강은 산맥을 따라 내려온 여러 지천이 한데 모여 흐르는 물이다. 그 강으로부터 문명이 시작되었고, 여전히 인간의 삶 구석구석에 직접 닿아 흐르고 있지만 그 자체로는 자연이다. 소설 속에 등장하는 미시시피 강은 이러한 상징을 잘 담아내고 있다. 미시시피 강에 몸을 실은 헉과 짐은 태곳적 시간 위에서 흑과 백의 차별이 없다. 물과 뭍의 경계 너머 저 문명의 시간은 인간도 자연의 한 표집이란 사실은 잊어버린 채 흐른다.

뗏목은 오로지 인간의 몸에서 뿜어져 나오는 힘으로만 노를 저어 나아가는 수단이다. 어찌 보면 자연에 가까운 날 것이라 볼 수 있는 강과 뗏목을 통해, 마크 트웨인은 백인 문명의 오만을 지적하고 있는 것이다. 문명이 시작된 강 위로 띄운 허클베리 핀의 뗏목은 그런 '오래된 미래'이다.

짐은 그의 바람대로 해피엔딩을 맞는다. 그의 주인이었던 왓츤이 그에게 자유를 허락하는 유언을 남긴 것. 그리고 헉은 다시 강을 따라 인디언이 있는 곳으로 떠난다. 소설은 끝났지만 소설 밖으로 퇴장한 헉의 뗏목은 모험을 멈추지 않는다. 멈추지 않고 흘러가는 저 강물 위에서….

# 투키디데스 —《펠로폰네소스 전쟁사》

## 욕망의 민주주의

독일의 파쇼를 분석했던 철학자들이 공유했던 질문은, 히틀러를 과연 독재자라고 할 수 있는가에 대한 것이었다. 공황의 절망을 비집고 들어선 '듣보잡'의 정치인을 희망으로 간주하며, 나치를 제1정당의 반열에 올린 이들은 바로 독일의 대중이었다. 민의의 반영이라는 점에서 이는 충분히 민주정의 폐단으로 지적할 수 있는 사례이다. 물론 이 도착의 욕망을 성토했던 독일의 지식인들도 적지 않았다. 그러나 대중이 그들을 외면한 명분은 애국의 기치였다.

   흔히 플라톤주의와 니체주의로 구분되는 서양철학사이지만, 플라톤과 니체가 합의를 보고 있는 지점은, 자칫 전체주의로 미끄러질 수 있는 민주주의의 폐단에 대한 지적이다. 어리석은 대중들에 의해 사형을 언도받은 소크라테스를 목도한 청년 플라톤은, 차라리 현자의 독재를 보다 이상적인 정치 체제로 간주했다. 니체의 관점주의는 다수의 의견을 딛고 있는 '주의' 자체에 대한 거부이다. 개개인의 각성이 전제된 후에야 비로소 건강한 전체도 가능하다는 것. 니체는 플라톤의 독재에도 찬성하진 않는다. 아무리 현자의 정치라 해도 그 또한 '주의'를 표방하는 이데올로기에 지나지 않다.

호메로스가 다룬 역사는 아직 신을 매개로 하는 문학에 가깝다. 이보다 진일보한 헤로도토스에 의해 역사서의 전형이 제시되긴 하지만, 그 또한 여전히 천상의 흔적을 지워 내진 못했다. 그 뒤를 잇는 투키디데스는 역사를 오로지 사회학 관점에서 분석한다. 인간의 역사에 신의 개입 따윈 있을 수 없다. 그저 인간의 욕망으로부터 뻗어 나온 경제와 정치의 문제일 뿐이다.

투키디데스는 펠로폰네스 전쟁에서 아테네가 패배한 원인을 민주 정치에서 찾는다. 어리석은 대중들은 아테네가 보다 큰 제국으로 성장함으로써 얻게 될 이익을 욕망하고 있었고, 민의를 내세워 패배의 직접적인 원인이 된 무리한 원정을 감행하고야 말았다. 이 다수의 희망에 반론은 허락되지 않는 분위기였다. 사리분별을 제대로 하고 있는 정치인들의 설득이 도리어 국익에 반하는 반애국적 행위로 간주되었다.

주지하다시피 고대 그리스 문명은 수많은 도시국가가 난립해 있는 체제였고, 그리스를 중심으로 하는 에게해 지역은 그 자체로 하나의 세계였다. 페르시아 전쟁 직전까지 에게해의 헤게모니를 쥐고 있던 폴리스는 스파르타였다. 그러나 페르시아 전쟁 직전의 아테네는 그리스 역사상 최강 전력의 해군을 보유하고 있었다. 페르시아 전쟁의 진두지휘는 스파르타가 맡았지만, 임팩트의 주역은 해상에서 연일 인상적인 승전보를 전하는 아테네였다.

전쟁이 끝난 후의 아테네는, 이미 스파르타와 G1을 다투는 지위로 성장해 있었다. 스파르타에 불만을 품고 있었던 작은 폴리스들은 자발적으로 동맹을 체결하고 아테네를 맹주로 추대한다. 스파르타는 당연히 아테네를 견제할 필요가 있었고, 아테네와 벌인 전쟁에 도리어 페르시아를 끌어들이기에 이른다.

델로스 동맹의 지지까지 등에 업은 아테네는 급속도의 경제적 성장을 이루어 냈고, 풍요는 철학과 과학의 발전을 가져온다. 당시를 직접 자신의 시대로 살았던 투키디데스의 역사관이 비교적 합리적이며 사실적일 수 있었던 이유이기도 하다. 또한 투키디데스 자신이 직접 전쟁에 참여한 장군 출신이기도 했다. 패배의 책임을 물어 폴리스에서 추방된 시기에 집필한 역사서는, 개인에겐 불운이었으나 인류에게는 행운이었던 결과물이다.

그러나 후대 역사가들이 신뢰도의 문제를 지적하는 이유 역시 같은 지점이다. 비교적 객관적인 사료임에는 틀림없으나 투키디데스는 정적들에 대한 사료를 종종 누락하는 한편, 그 공백을 자신의 견해로 채우곤 했다. 그가 메운 해석은 아테네 민중들의 욕망에 대한 지적이었으며, 더 나아가 펠로폰네소스의 전쟁 자체를 스파르타의 욕망으로 발발해 아테네의 욕망으로 종결된 사건으로 보고 있다.

냉전의 시기에 투키디데스의 《펠로폰네소스 전쟁사》가 큰 관심을 끌었던 이유는, 아테네와 스파르타의 대립구도가 그 시절의 미국과 소련의 대치상황과 다름없었기 때문이다. 헤게모니를 쥐고 있는 폴리스를 중심으로 뭉친 동맹은, 나토와 바르샤바에 해당한다. 펠로폰네소스 전쟁의 결정적 순간이 된 시칠리아 전투는 베트남전이 연상될 정도이다. 당시 에게해 문명에게 있어 시칠리아 섬은 경계의 밖이면서도 그렇다고 신경 쓰지 않을 수도 없는 제3세계에 해당하는 지역이었다.

스파르타와 휴전을 가까스로 유지하고 있었던 아테네는 기어이 이 시칠리아 사태에 관여를 하고 만다. 투키디데스는 이 사건을 대제국의 꿈을 꾸고 있던 아테네 대중들의 과욕이 부른 참사로 해석한다. 아테네의 속내는 시칠리아를 지원하려 했던 것이 아닌 원정에 가까웠다는 것. 물론 패배의 직접적인 원인은 무능한 지도자들이었다. 그러나 그 무능한 지도자들이 시칠리아에 가지 않을 수 없게 한 아테네인들의 열망이 보다 근본적인 원인이었다는 투키디데스의 지적이다.


## 사실과 해석으로서의 역사

흔히들 사마천의 《사기》를 '발분저서(發憤著書)'라고 일컫는다. 선비다운 고결한 죽음을 택할 것이냐, 대업을 완수하기 위해 치욕스럽더라도 살아남을 것이냐, 패장을 변호했다가 발이 걸려 버린 'To be or not to be'의 위기. 태사공은 궁형(宮刑)의 치욕을 택했고, 그 분노의 힘으로 써내려 간 역사서에 개인적인 감정의 흔적이 남아 있지 않을 수 없었다. 때문에 동아시아 역사서의 전형을 제시했다는 의의와 문학적 가치를 인정받을지언정, 사료로서의 가치는 반고의 《한서(漢書)》에 미치지 못한다.

그렇다면 역사서는 사실로만 기록되는 연대기여야 할까? 직접 목격을 한 이들의 진술도 제각각인데, 어찌 절대 객관의 기록이 존재할 수 있겠느냐는 것이 투키디데스의 입장이다. 더군다나 저술가 자신이 모든 역사를 경험할 수도 없는 법, 간접의 방식으로 수합할 수밖에 없는 자료들은 이미 어떤 가치관을 투영한 해석들이다. 객관적인 사실을 기록하고자 하는 노력이 역사가의 기본 자질이겠지만, 그것이 곧 가치중립의 태도를 뜻하지는 않는다.

이는 오늘날 미디어가 지닌 정치색과 연관 지어 생각해 볼 수도 있는 문제이다. 어떤 성향들에게는 지극히 공정한 미디어이지만, 아무리 변론을 해도 누군가에겐 끝끝내 좌파이다. 어차피 좌우의 방향성은 자신이 딛고 있는 좌표가 어딘가에 따라 달라지는, 철학자 지젝의 말마따나 '시차적 관점'이기에, 가치중립이란 게 존재하기도 어려운 현실이다.

객관적이고 과학적인 서술의 지표로 칭송되어 온 투키디데스의 저술들이지만, 최근의 연구들은 저서에 투영되어 있는 투키디데스의 정치색을 인정하는 편이다. 《펠로폰네소스 전쟁사》는 아테네의 정치가인 페리클레스를 옹호하던 일관된 관점이다. 아테네를 견제하던 스파르타의 도발에 페리클레스는 전쟁으로 응수하자는 입장이었다. 그러나 그가 말하는 전쟁의 수위는 전면전이 아니었다. 아테네의 자존심을 지키면서도 스파르타가 더 이상 도발을 일삼지 않도록 본보기를 보이자는 정도였다. 비교적 온건파에 속했던 페리클레스의 정책은 급진파와 보수파 양단의 공격을 감내할 수밖에 없었다.

그러나 페리클레스는 양단을 아우를 정도의 역량을 갖추고 있었고, 아테네의 시민들은 그런 페리클레스의 리더십을 존경했다. 문제는 페리클레스의 사망 후에 벌어진다. 페리클레스를 이을 만한 깜냥들이 존재하지 않았던 아테네의 국론은 펠로폰네소스 전쟁 기간 내내 분열의 양상이었다. 이런 와중에 시칠리아의 동맹 폴리스로부터 지원 요청을 받은 것이다. 에게해 전역에서 교전과 휴전을 반복하고 있던 아테네는 지중해를 신경 쓸 여력이 되지 못했다. 그러나 새로운 시장을 개척하고자 했던 아테네인들의 열망은 시칠리아를 희망으로 간주했다.

줄곧 전쟁에 반대했던 니키아스는 여론이 시칠리아 원정 쪽으로 기울자 아테네 시민들에게 아예 극단의 처방을 내놓으며 찬성으로 돌아선다. 그는 확실한 승리를 위해서는 보다 많은 병력과 군비가 확보되어야 한다고 주장했다. 니키아스가 다소 과도하게 책정한 원정 예산의 속내는, 아테네 시민들이 제풀에 꺾여 주기 바랐던 비용부담이었다. 그러나 아테네 시민은 니키아스의 제안에 설득이 되고 말았다. 게다가 니키아스를 원정 부대의 지휘관으로 추대하기에 이른다. 니키아스 입장에선 환장할 노릇이었지만, 일단 뱉어 놓은 계획을 철회할 수도 없었다.

니키아스 역시 아테네 시민들로부터 존경받는 정치인이었지만, 유능한 군인은 아니었다. 초반에는 순탄하게 진행되던 원정이었지만, 니키아스의 판단력은 여러 번의 결정적 순간을 놓치고 만다. 또한 그동안 시칠리아 지역에는 개입하지 않았던 스파르타까지 출정하면서 상황은 더욱 악화된다. 니키아스는 아테네로 돌아가고 싶었지만, 패장에겐 관용을 베풀지 않았던 아테네 시민들이었으며, 그 대표적인 경우가 패장의 멍에를 지고 폴리스에서 추방되어 《펠로폰네소스 전쟁사》를 저술했던 투키디데스이기도 했다.

명예를 추락시키고 싶지 않았던 니키아스는, 시칠리아에서 철군이 불가피한 상황을 조작하며, 출정할 때만큼의 병력과 군비를 지원해 줄 것을 아테네에 요청한다. 이 역시 아테네 시민들로 하여금 차라리 전쟁을 포기하게끔 하려는 비용부담이었다. 그러나 아테네는 끝까지 눈치가 없었고, 니키아스는 끝까지 무능했다. 아테네는 곧바로 지원군을 보냈고, 니키아스의 무능은 그들마저도 몰살의 재앙으로 이끌고 말았다. 어떤 식으로든 그럭저럭 스파르타와 힘의 균형을 유지하던 아테네의 역사는 이때부터 몰락의 길을 걷기 시작한다.

투키디데스는 니키아스를 '자기 시대에 그런 일을 당하기에 가장 부적절한 사람'이라는 표현으로 변호하고 있다. 독자들이 다소 납득하기 어려운 이 변호에 대한 해석은, 사건의 나열로만 기록된 역사에서 자칫 간과하기 쉬운 아테네인들의 욕망을 부각시키기 위함이었다는 것이다. 투키디데스가 '가장 진실한 설명'이라며 지적한 전쟁의 원인은 인간의 욕망이다. 실상 모든 전쟁의 가장 진실된 설명 역시 인간의 욕망이 아닐까?

# 라블레 - 《가르강튀아와 팡타그뤼엘》

## 영웅의 탄생

여기 독특한 영웅들이 있다. 그러나 그들에겐 뭇사람들이 존경할 만한 덕행 따윈 존재하지 않는다. 어리석고도 우스꽝스러우며 본능적 쾌락만을 쫓는, 얼핏 보면 영웅으로서는 함량미달의 자격이다. 고대부터 내려오는 영웅 계보에 새로운 한 획을 그은 그들의 이름은《가르강튀아와 팡타그뤼엘》이다.

"마실 것! 마실 것! 마실 것!"

가르강튀아가 세상에 태어나 처음 내뱉은 말은, 그의 평생을 대변하기도 한다. 그의 어머니가 그를 임신한 상태에서 음식을 지나치게 먹은 나머지 싸지르듯 출산된 아기, 출생부터 기이한 그의 성장스토리 또한 범상치 않다.

우선 소 16마리를 굽고, 암소 3마리, 송아지 32마리, 염소 63마리, 양 95마리, 양념을 친 돼지 300마리, 메추리 220마리, 도요새 700마리, 수탉 400마리와 다른 닭 1700마리, 암탉 600마리와 비둘기, 토끼 1400마리, 병아리 1700마리. 또 산돼지 11마리, 사슴 18마리, 꿩과 산비둘기 140마리, 오리, 물떼새, 왜가리, 황새, 칠면조….

상상을 초월하는 식성만큼이나, 배설의 양 또한 어마어마하다. 소화의 용량으로부터 추정할 수 있듯, 그는 거인의 몸집을 지니고 있다. 그러나 지니고 있는 생각까지 원대한 것은 아니다. 왕으로서의 통치력은 무능의 결과라기보단 무심의 결과에 가깝게 느껴진다. 국가의 대소사로 골머리를 앓기보다는, 성대한 잔치를 벌이고 소소하게 놀 궁리를 하는 것이 유일한 관심사이다. 이웃 나라와 전쟁이 벌어져도, 국가를 위한 고귀한 희생과 구국의 영웅담은 이어지지 않는다. 가르강튀아의 아들 팡타그뤼엘의 삶도 별반 다르지 않은 결이다.


## 그로테스크한 사실주의

프랑수아 라블레는 르네상스 시대를 대표하는 작가로, 그의《가르강튀아와 팡타그뤼엘》은 세르반테스의《돈키호테》와 더불어 서양 풍자 문학의 백미로 일컬어진다. 이 작품은 전설적인 거인 팡타그뤼엘과 그의 아버지 가르강튀아의 행적을 다룬 판타지로, 서로 다른 연도에 출간된 스토리를 연계한 것이다.

1532년에 발간한 《가르강튀아와 팡타그뤼엘》의 원래 제목은 길이부터 압도적인 '위대한 거인 가르강튀아의 아들이자 디프소드의 왕, 지극히 명망 높은 팡타그뤼엘의 두렵고도 가공할 무훈과 용맹'이었다. 당시 작자 미상의 《가르강튀아 연대기》에서 착안해 각색한 라블레의 첫 공식 작품이기도 하다. 《가르강튀아와 팡타그뤼엘》은 출간이 되자마자 대중들로부터 폭발적인 반응을 이끌어 냈는데, 당시 2달간의 판매량이 9년 동안 팔린 성경의 판매부수를 웃돌았다고 한다. 큰 성공에 힘입어 2년 뒤에는 팡타그뤼엘의 플래시백으로 소급한 이야기를 발표하는데, 바로 팡타그뤼엘의 아버지인 가르강튀아에 관한 것이다.

　　《가르강튀아와 팡타그뤼엘》 출간 당시 라블레는 '알코프리바 나지'라는 필명을 사용했는데, 해학과 풍자의 작가로 알려진 그가 실상 수도승 출신이었기 때문이다. 그는 프란체스코 수도원에서 법률과 신학을 공부하면서 당시 지식인들 사이에서의 사조였던 인문주의에 눈을 뜨게 된다. 이후 의학을 접하면서 육체적 삶의 중요성을 깨닫고 환속을 결정하기에 이른다. 중세의 엄숙한 종교적 질서 속에서는, 굳이 사제의 입장이 아니었더라도 그 과잉의 수준을 걱정해야 할 해학과 풍자였다. 그 과잉을 통해서 중세 기독교 질서 안에 만연해 있던 부조리를 성토하고자 한 의도는, 당연히 경망과 천박으로 가득한 책이라는 비난을 감내해야 했다. 그러나 '그로테스크한 사실주의'라는 평이 있을 정도로, 괴이한 판타지 구성 안에는 인본주의에 대한 진지한 논의의 단서들이 함께 숨겨져 있다.

## 웃음의 미학

이 책을 읽는 친애하는 독자들이여, 모든 정념을 떨쳐 버리시오. 그리고 이 책을 읽으며 성내지 마시기를…. 악하거나 추한 것은 없다 해도, 웃음에 관한 것 외에 완벽함은 거의 찾기 힘들 테지만, 당신들 마음을 상하게 하고 괴롭히는 큰 슬픔을 보면, 다른 이야깃거리가 내 마음을 끌 수 없음을 여러분은 이해할 것이오. 눈물보다는 웃음에 관하여 쓰는 편이 나은 법이라오. 웃음이 인간의 본성일지니….

빅토르 위고는 '라블레의 웃음은 저 별들에게까지 닿으며 우리들 영혼의 심연까지 채워 준다'고 말했다. 지금까지도 그 가치를 인정받는 이유는, '웃음'이 매개하고 있는 철학 덕분일 것이다. 웃음은 파괴적이면서도 동시에 재생의 기능을 지니고 있다. 농담과 우스갯소리로 가득 찬 그의 이야기 속에는 구시대적 인습을 타파하고 새로운 시대정신으로 나아가고자 하는 열망이 담겨져 있다.
해학과 풍자는 민중들이 지닌 삶의 생명력을 일깨우면서도 기득권의 권위를 해체하는 문법이기도 하다. 어디 중세에만 한정되는 경우이겠느냐만, 힘겹고 고된 시절을 살아가던 중세의 민중들은 당대 기독교의 위선적 권력에 진저리를 치고 있었다. 라블레가 그려 낸 가르강튀아와 팡타그뤼엘의 탐닉과 방종은 민중들이 바라보는 권력집단의 부조리인 동시에, 가르강튀아와 팡타그뤼엘이 추구했던 자유로운 삶은 민중들의 열망이기도 했다. 그 열망이 가닿은 판타지에 밀려난 성서의 판매부수가 그것을 증명하고 있던 현상은 아니었을까?

# STEP 3

# 프랜시스 베이컨 — 《대혁신》

## 경험론

화이트헤드는 17세기를 '천재의 세기'라 규정했고, 그 첫 주자로 프랜시스 베이컨을 꼽았다. 17세기부터 과학혁명은 신학으로부터 과학의 주권을 쟁취하며 근대의 문을 열어젖힌다. 이 근대의 기점을 대표하는 가장 상징적인 인물은 '최초의 근대인' 데카르트와 '아는 것이 힘'이라던 베이컨이다.

영국 명문가에서 태어난 베이컨은 케임브리지 대학에서 수학해 변호사, 하원 의원, 차장 검사, 검찰 등을 거쳐 대법관이 되었다. 권력의 정점에 이르렀던 그가 추락한 것은 뇌물 사건에 연루되면서이다. 이후 공직에서 물러난 베이컨은 자신의 삶을 반추하며 우상 타파의 슬로건 아래 새로운 세기의 전환을 이루고자 《대혁신(원제 Instauratio Magna)》을 저술하기 시작한다.

　베이컨의 삶과 철학을 집대성한 《대혁신》은 새로운 지식을 얻는 새로운 방법론으로 귀납법을 주창하며, 우선 우상으로부터 탈피할 것을 역설한다. 베이컨이 강조한 귀납 추론은 간략히 말해 경험에 의해 얻어진 사실로부터 참과 거짓을 판단하는 것이다. 이는 선험(先驗)의 편견과 선입견으로 가득 찬 연역법에 대한 비판이었다. 당대 주류의 탐구방식이었던 3단 논법이 지닌 문제점은 전제 자체가 오류일 수 있다는 사실을 의심하지 않는다는 것이었다. 이데아라는 것이 과연 존재하는 것인가의 의심은 제기되지 않는다. 그런 것이 있다는 전제 하에서 무엇이 과연 참된 이데아인가에 대한 증명을 시도할 뿐이다. 베이컨은 논리적으로 규명된 적이 없는 환상의 전제들을 독단적 사고의 근원으로 지적한 것이다.

　경험론의 대표 주자로 일컬어지지만, 단순히 경험만을 신뢰도의 근거로 설정한 것은 아니다. 자신의 경험만을 믿고 행해지는 오류와 객관적 데이터만을 믿다가 낭패를 보는 사연들이 주변에도 널려 있지 않던가. 베이컨의 요지는 논리적으로 뒷받침될 수 있는 사실과 체험이 동반된 사고를 결합하는 것이었다.

　지금까지 학문에 종사하는 사람들은 경험에만 의존했거나 독단을 휘두르는 사람들이었다. 경험론자들은 개미처럼 오로지 모아서 사용하고, 독단론자들은 거미처럼 자기 속을 풀어서 집을 짓는다. 그러나 꿀벌은 중용을 취해 뜰이나 들에 핀 꽃에서 재료를 구하여 자신의 힘으로 변화시켜 소화한다. 참된 철학의 임무는 이와 비슷하다.

## 네 가지 우상

베이컨이 지적하는 우상의 대분류는 '종족의 우상', '동굴의 우상', '시장의 우상', '극장의 우상'이다. '종족의 우상'은 소속의 입장만을 반영하는 오류이다. 가령 인간중심적 사고로 만물을 정의하던 인류의 고질적인 습관 같은 경우이다. 만물의 입장에서는 인간이 마지막 날에 창조된 의의는 알고 싶지도 않은 사안이다. 별들의 입장에서는 자신이 거문고자리에 속한 알파 혹은 처녀자리에 속한 베타라는 사실이 얼마나 웃긴 노릇이겠는가? 불교의 표현을 빌리자면, 우리는 만물 그 자체를 바라보고 있는 것이 아니라, 우리의 의식을 돌아보고 있는 것이다. 베이컨은 우리의 감각을 울퉁불퉁한 거울에 비유한다. 엉터리 거울은 사물을 엉터리로 비추기에 잘못된 인식이 생길 수밖에 없다.

'동굴의 우상'은 개개인이 지닌 선입견과 편견으로부터 불거지는 오류를 일컫는다. 이는 플라톤이 자신의 이데아론을 설명하기 위해 가정한 '동굴의 비유'에서 연유한다. 동굴 안에 갇혀 있는 사람들은, 태어나는 그 순간부터 동굴의 벽만 바라볼 수 있도록 속박되어 있다. 동굴 입구에서는 빛이 들어오고 있다. 이 빛이 벽에 그림자를 만들고, 속박된 사람들은 그림자만을 인식할 수 있다. 그들은 그것이 세계의 실상이라고 믿는다. 그러나 실상은 동굴 밖에 있다. 장자로 대리하자면 '정저지와(井底之蛙)'의 오류라는 것. 우물 안에서 바라본 하늘을 하늘의 전부라고 착각하는 것과 같은 맥락이다. 개인의 좁은 소견에서 빚어지는 착각들이나 개인의 취향이나 편견이 빚어내는 우상을 말한다.

'시장의 우상'은 인간의 의사소통 과정에서 생기는 오류를 지적하는 것으로, 언어와 실재를 혼동하는 경우 혹은 언어가 사고를 지배하는 경우를 일컫는다. 가령 종교에서 말하는 인격적 신의 존재를 인정하든 그렇지 않든, 이미 그 '신'이란 개념이 존재하기에, 무신론자들도 그것이 있음에 대한 부정을 증명해야 할 판이다. 또한 왜곡된 언어로 불거지는 폐해를 다루기도 한다. 베이컨은 이런 오류를 범하지 않기 위해 직접적인 실험이나 관찰을 통해서만 오류를 극복해야 한다고 말한다.

'극장의 우상'이란 앞선 세대가 성립한 철학체계의 도그마에 속박되어 판단을 그르치는 폐단이다. 가령 케플러 이전까지 행성의 공전 궤도를 원으로 규정한 근거는, 신이 내린 완벽한 기하학의 도형이 원일 수밖에 없었던 종교적 논리 때문이었다. 갈릴레이가 자신의 주장을 철회하며 돌아설 수밖에 없었던 이유 역시, 종교의 권위를 감당할 수 없었기 때문이지 않던가. 그렇듯 전통과 권위의 패러다임을 그대로 답습하는 오류를 말한다.


## 아는 것이 힘이다

《대혁신》의 두 번째 챕터인 〈신기관〉에서는 기존 자연 철학의 패러다임에 대항하여 새로운 세기를 위한 자신의 철학과 방법론에 대해 설하고 있다. 'Novum Organum'이라는 표제 자체가 아리스토텔레스의 《기관(Organum)》을 염두에 둔 것이다. 베이컨에게 있어 학문의 목적은 인간이 자연을 이해하기 위한 것이고, 자연에 대한 이해는 실험과 관찰에 근거한 지식들을 통해 이루어져야 한다. 더 나아가 종교의 권위에 억눌려 있던 지적암흑기에서 벗어나는 것이 베이컨의 마스터플랜이었다.

대혁신의 실현을 위해 베이컨이 제시한 방안은, 단편적인 이념을 뛰어넘는 합리적이고 객관적인 지식의 확산이다. 지식혁명을 통한 새로운 시대의 도래를 꿈꾸었으면서도, 베이컨은 스스로가 역사의 획을 긋는 사건임을 자처하진 않았다. 자신이 괄목할 만한 과학 진리를 발견했다고 생각하지 않았고, 자신의 지식도 여러 세대의 수많은 사람들에 의해 또 다른 변혁이 이루어질 것이라고 예상했다. 그의 바람과 예상대로 역사는 계몽의 시대를 준비하고 있었다.

# 경험론 철학의 계보 — 로크, 흄, 제임스

## 로크의 《인간오성론》

인식론은 크게 합리론과 경험론으로 나뉜다. 합리론은 지식의 관념을 인간이 선천적으로 지니고 태어난다는 입장이다. 합리론을 대표하는 주자인 데카르트는, 절대 진리라는 것에 대해 결코 확신을 가질 수 없었다. 확실하다고 믿고 있는 신념 자체가 거짓일 수도 있다는 의심, 이 '방법적 회의'를 거듭한 끝에 도출된 결론은, 의심을 하고 있다는 사실 하나만큼은 분명한 자기 자신(주체)에 대한 것이었다. 그로부터 그 유명한 '나는 생각한다, 고로 존재한다(cogito ergo sum)'라는 경구가 탄생한다. 데카르트는 방법적 회의가 가능할 수 있는 사유능력을 선천적으로 타고 나는 것으로 전제했다.

합리주의자들에 대한 반론은, 그 선천적으로 타고난다는 사유능력을 향한 것이었다. 정말로 그런 게 있는지 없는지조차 증명의 대상이어야 하지만, 합리론은 그것을 그저 전제했을 따름이다. 그 '독단'에 대한 비판의 목소리가 경험론이었다. 경험론자들의 역습은 인식의 근거인 감각적 경험에서부터 시작됐다. 17세기의 영국은 급속한 경제성장을 이루어 내는 동안 로버트 훅, 아이작 뉴턴과 같은 위대한 과학자들이 근대 과학의 토대를 마련했고, 이런 시대정신 속에서 많은 철학자들은 합리론을 낡은 탐구 방식으로 간주했다.

프랜시스 베이컨을 필두로 한 경험론자들은 인간이 태어날 때부터 선험(先驗)의 사유능력을 지니고 있다는 전제에 의문을 제기한다. 베이컨으로부터 바통을 이어받은 철학자는 영국을 대표하는 정치학자이자 경험론자인 로크다. 로크는 인간이 습득하는 모든 지식이 내적 감각과 외적 감각의 경험을 통해 얻어진다는 사실을 증명하고자 했다. 외적감각은 감각 기관의 즉물적 인지이며, 내적 감각은 정신의 작용이 관여하는 영역이다.

로크는 외적 감각을 두 가지로 나누어 설명하는데, 제1성질과 제2성질에 관한 관념이다. 제1성질은 사물 자체가 지니고 있는 성질이다. 제2성질은 내적 감각과 외적 감각의 결합을 통해 만들어 내는 정보이다. 같은 현상을 사람마다 달리 인식하는 것은 제2성질의 차이다. 그 역시 경험의 결과이다. 저마다의 생활체계를 살아가는 한, 사람들에겐 각각 다른 경험의 데이터가 쌓이고, 그 데이터의 누적으로 다시 인식을 하는 순환의 결과이다. 이것이 경험조차도 경험에 기초한다는 경험론의 전제이다. 이런 경험적 반추를 오성(悟性)이라 하며, '지성'이라고도 부른다. 이 오성의 차이들에서 보편성을 추출하는 작업이 이성의 기능이다.

로크는 '타불라 라사(Tabula rasa)'라는 개념을 들어 자신의 이론을 개진하는데, 이는 '아무것도 쓰이지 않은 서판'이란 의미로, 인간이 태어날 때부터 '백지(白紙)상태'에 놓여 있다는 주장이다. 타불라 라사의 개념을 제시한 철학자들은 로크 이전에도 존재했었다. 아리스토텔레스도 《영혼론》에서 몇 차례 언급했었고, 토마스 아퀴나스의 《신학대전》에서도 언급되고 있다. 백지상태란 말 그대로, 인간이 태어날 때부터 '無'의 상태라는 것이다. 아무것도 없는 하얀 스케치북에 경험이라는 펜을 사용해 우리는 무언가를 그려 낸다. 이 순간에 그려지는 그림은 일종의 풍경화이다. 이후 내적 감각과 외적 감각이 결합하여 추상화로 해석해 내는 능력이 갖춰질 수 있다. 즉 추상적 관념의 능력도 구체적 경험에 의존한다는 것이다. 감각적인 경험이 없다면 이 백지에는 영원히 아무것도 그려지지 않고, 추상의 능력도 고양되지 않는다.

## 흄의 《자연종교에 관한 대화》

'자연종교'라는 단어에서의 '자연'은 '초자연적'이란 말과 대비되는 것으로, 계시 등과 같은 신앙적인 방법론을 거부한다. 《자연종교에 관한 대화》에는 다섯 명의 등장인물이 등장한다. 주요 화자는 클리안테스와 데미아, 그리고 필로이다. 클리안테스는 자연종교의 옹호자이다. 반면 데미아는 신앙주의자로 이성을 신뢰하지 않는다. 필로는 온건한 회의주의자다. 회의주의라는 단어의 뜻 그대로, 그는 모든 것을 의심한다. 필로는 흄이 그 자신을 투영하고 있는 페르소나였다는 해석이 존재하기도 한다.

클리안테스는 '후천적 논증'을 개진한다. 후천적 논증이란 경험에 기초한 논증을 말하는 것으로, 자연을 탐구함으로써 전지전능한 신의 실체를 밝힐 수 있다는 입장이다. 모든 것이 하나의 기계처럼 맞물려 돌아가는 자연은 명백한 '설계'의 징표이다. 전능한 누군가의 설계가 아니라면 결코 이토록 완벽하게 작동될 수 없다. 창조자는 자연을 통해 자신이 지닌 위대한 지성을 드러낸다. 클리안테스는 자연 그 자체만으로도 신은 실재한다는 충분조건임을 주장한다.

반면 데미아는 클리안테스와 달리 정통 신학적 입장을 취한다. 신은 인간의 이성으로는 결코 가닿을 수 없는 영역이다. 따라서 이성으로 논증할 수 없고, 할 필요도 없다는 것이다. 필로는 신이 이성의 방법론으로 논증될 수 없다는 데미아의 기본 전제에는 동의한다. 하지만 초월적 믿음으로 정당화될 수 있다고도 생각지 않는다. 필로는 데미아와는 다른 이유로 자연종교를 반대하는 것이다. 데미아는 신앙주의적 입장에서 자연종교를 반대하는 반면, 필로는 반신앙주의적 입장이다.

필로는 신앙주의는 초자연적 방법에 의존하므로 신빙성이 없고, 자연종교는 우주의 질서와 조화를 설명함에 있어서 설득력이 떨어지는 가설일 뿐이라고 주장한다. 나아가 기독교적 초월론에 대한 믿음과 서양 철학사의 오랜 전통인 형이상학적 이원론의 불확실성을 조목조목 비판한다. 무신론에 가까운 회의주의를 개진하던 필로는 마지막에 가서는 자신의 주장을 번복하며, 애매한 입장을 취하는 것으로 이 셋의 대화는 종결된다. 때문에《자연종교에 관한 대화》마지막 12장은 후대 학자들에게 많은 논란과 해석을 낳았다. 이처럼 수많은 논란을 불러일으킬 것을 예상한 흄은《자연종교에 관한 대화》를 살아생전에 발간하지 않았다.

흄에 의하면 정신의 내용물은 기억에 각인된 인상들로 이루어진 관념에 불과하다. 가령 그리스 신화에 나오는 페가수스는 순수한 상상력의 소산이라고 할 수는 없다. 중력과 날개의 상관성이 이미 인간 세계의 경험이 투영된 결과이다. 흄은 과학의 인과율에도 메스를 댄다. 인과관계라는 것은 증명된 사실이 아니라 증명된 믿음일 뿐이라는⋯. 쉬운 예를 들면 과학이라고 굳게 믿고 있었던 천동설이 과연 사실이었느냐 믿음이었느냐를 생각해 보면 된다. 이미 오래전에 오류로 밝혀진 천동설이 아닐지언정, 또 다른 천동설을 과학으로 믿고 살아가는 오늘날은 아닐까?

물론 그가 과학에 시비를 걸었던 실제 목적은, 이성적 사고로 모든 것을 설명해 낼 수 있다고 믿었던 당대 사조의 과잉을 비판하고자 함이었다. 과학도 이럴진대, 개인의 삶을 향해 핏대를 세우는 보편의 담론들이 과연 진리일 수 있을까? 흄은 신앙도 과학도 결국엔 인간의 인식 내에서의 인과일 뿐이라며, 간증과 논증 그 모두에 겸허한 태도를 권고한 것이다.


## 윌리엄 제임스의 《프래그머티즘》

영국으로부터 독립한 이후 불과 200여 년의 시간 동안 미국은 '팍스 아메리카(Pax America)'를 이룩해 냈다. 무엇이 현재의 미국을 만들었는가에 대한 질문에 대한 대답은 관점마다 다르겠지만, 대체로 실용주의를 바탕으로 한 미국의 정치제도와 철학을 그 원인으로 지목한다. 가장 미국적인 철학이자 오늘날의 미국을 가능케 한 실용주의는 영국의 전통에 편승한다. 경험주의가 미국 건국의 밑그림을 그렸고, 그 위에 공리주리가 자리매김했다. 그런 지평의 융합은 미국 사회의 변화와 발전에 최적화된 '실용주의'라는 이름으로 거듭난다.

처음 실용주의란 용어를 주창한 찰스 퍼스는, 당시까지만 해도 딱히 주목받는 학자는 아니었다. 말년에 《기회, 사랑 그리고 논리》라는 논문을 남겼고, 그 속에 '우리는 관념들을 어떻게 명백하게 만들 수 있는가?'라는 제목의 소논문이 삽입돼 있었는데, 실용주의는 여기에 기원을 두고 있다. 그리고 윌리엄 제임스에게서 보다 구체화된다.

가장 미국적이었던 철학자로 평가받는 제임스는 본래 화학과 해부학 등에 정통한 의학도였다. 심리학에도 큰 관심을 지니고 있었던 그는, 이후 퍼스의 견해를 받아들여 실용주의 철학을 완성시켰다. 제임스는 관념이나 형이상학의 철학이 공허한 논의에 지나지 않는다고 생각했다. 그에게 철학은 사람들의 삶과 생활에 도움이 될 수 있는 실질적인 지식이어야 했고, 따라서 현실에 입각한 경험의 영역에서 철학의 과제를 찾았다.

철학은 우리 인간이 추구하는 것 가운데서 가장 고상한 것인가 하면 또 동시에 가장 부질없는 것이기도 합니다. 철학은 골짜기를 헤치고 흘러나오기도 하는가 하면, 동시에 가장 넓은 전망을 열어 주기도 하는 것입니다. '철학이 빵을 굽지 못한다'는 건 이미 들어온 이야기입니다마는 철학은 우리 정신에게 용기를 돋우어 주는 것입니다. 일반 사람들에게는 철학은 그 꼴도 보기가 싫은 경우가 흔히 있으며, 우리에 대한 철학의 도전, 그 회의, 변증에 혐오를 느끼기가 일쑤이긴 하지만 이 세계를 전망하는 데 있어 철학이 비춰 주는 빛의 긴 줄기 없이는 아무도 살아갈 수가 없는 것입니다. 적어도 이 빛과 또 그 빛에 따르는 암흑과 신비로 인해서 우리는 철학에 대해 흥미를 가지게 되는데 이 흥미는 철학을 전공하는 것 자체보다 더 고귀한 것입니다.

제임스에게 있어 진리란 어떤 식으로든 실제적 작동을 통한 결과를 수반해야 하는 것들이다. 따라서 절대적인 속성이 아니라 다양한 여러 유형으로 구성된 복수의 것이자 상대적인 것이다. 실용주의는 하나의 사상체계라기보단 다수의 사상이 모여든 하나의 방법론에 지나지 않다는 사실을 제임스도 분명히 하고 있다. 그런 면에서 이 방법론을 가장 실용적으로 활용한 영역은 정치였다. "고양이가 검든 희든 그건 문제가 안 됩니다. 쥐를 잘 잡는 고양이가 좋은 고양이입니다(黑猫白猫 抓老鼠 就是好猫)."라고 말했던, 중국의 개혁개방을 주도한 등소평의 실용주의 노선으로 대변할 수 있겠다. 올곧을망정 닫힌 체계인 신념에 사로잡힐 것이 아니라 실재적인 것들을 직시하는 열린 태도, 진보는 그에 따른 결과이다.

# 볼테르 – 《캉디드》

## 낙천주의 비판

삶이란 자신을 망치는 것과 싸우는 일이다.

망가지지 않기 위해 일을 한다.

지상에서 남은 나날을 사랑하기 위해

외로움이 지나쳐

괴로움이 되는 모든 것

마음을 폐가로 만드는 모든 것과 싸운다.

　　　　　　　　　　　　　　　　　– 신현림의 《나의 싸움》 중

한 시인은 삶을 이렇게 표현하기도 했다. 우리에게 끊임없이 주어지는 고난과 역경을 넘어 한 발짝씩 앞으로 나아가는 과정이 곧 인생인 것이다. 이는 캉디드가 만난 늙고 힘없는 지식인 마르탱의 인생관과 맞닿아 있다. 볼테르의 소설 《캉디드》에서 마르탱은 캉디드의 맹목적인 낙관주의를 부정하는 동시에, 스스로의 경험을 토대로 하는 합리적인 사고 습관을 권고한다. 즉 마르탱은 저자인 볼테르의 철학을 투영한 페르소나라고도 할 수 있다.

18세기 계몽주의 사상가로 활동한 볼테르는 프랑스 혁명에 지대한 영향을 미친 사상가이다. 그의 존재감은 루이 16세가 증언한 바 있다. 혁명이 일어나고, 감옥에 갇힌 루이 16세는 자신의 왕국을 쓰러뜨린 주범으로 루소와 볼테르를 지목했다. 볼테르는 성직자와 귀족들이 부와 권력, 명예를 독점하고, 다수의 대중은 가난한 삶을 살아야 했던 시대상을 신랄하게 비판했다. 그의 소설 《캉디드》에서도 타락한 성직자들과 왕정에 대한 조롱과 풍자가 곳곳에 묻어 있다. 실제로 이 소설은 볼테르의 경험이 다수 포함된 작품이기도 하다. 그래서인지 그는 《캉디드》를 단 삼 일만에 완성했다고 한다.

"원인 없는 결과는 없습니다."

캉디드가 겸손하게 대답하였다.

"모든 것은 필연적으로 얽혀 있으며 최선을 향해 준비되어 있습니다. 제가 퀴네공드 아씨 곁에서 쫓겨난 것이나, 몽둥이세례를 받은 것, 또 제 손으로 벌 수 있을 때까지는 빵을 구걸해야 하는 것 등은 필연이며, 그 모든 일이 달라질 수는 없습니다."

캉디드는 순진무구한 낙천주의자다. 툰더 텐 트롱크 남작에게 의탁해 살고 있던 그는 남작의 성에서 가정교사로 있던 팡글로스에게서 교육을 받게 된다. 팡글로스야말로 진정한 낙천주의자로, 삼라만상은 하나의 목적을 위해 창조된 것들이며 필연적으로 최선의 경우로 존재한다고 믿는다. 캉디드는 남작의 딸인 퀴네공드를 사랑한 이유로 성에서 쫓겨나게 되고, 그때부터 그의 삶은 불운의 연속이다. 그러나 그는 이미 세뇌가 되다시피 한 팡글로스의 낙천주의 철학으로부터 쉽사리 벗어나질 못한다.

네덜란드에서 시작해 불가리아, 포르투갈, 터키, 알제리, 아르헨티나, 페루, 프랑스, 영국, 이탈리아 등을 두루 돌며 폭력, 학대, 재해, 질병, 살인, 절도 등과 같은 사회악을 목도한 캉디드였지만, '그럼에도 불구하고' 항상 최선의 경우가 발생한다는 긍정적 사고를 포기하지 않는다. 이는 순진한 캉디드가 견지하고 있는 운명론 때문이다. 캉디드는 스승 팡글로스의 철학처럼 모든 사건은 진즉부터 일어날 운명이었으며 미리 예견된 것이었다고 믿는다. 때문에 자신에게 닥쳐온 위기를 어떠한 고뇌와 저항의 노력 없이 그대로 순응해 버리는 게, 삶을 대하는 그의 태도다.

소설 속에서 팡글로스가 늘어놓고 있는 긍정론은 라이프니츠의 철학에 대한 풍자로, 신은 언제나 우리에게 최선의 경우만 선사한다는 믿음이다. 볼테르는 경험을 통한 합리적 사고를 중시하며, 무조건적인 낙천주의를 경계했다. 볼테르의 이런 성향은 뉴턴의 영향이기도 하다. 당대 지식인들을 설득한 뉴턴의 과학적이고 합리적인 방법론은 볼테르의 신념에도 부합하는 가치였다. 게다가 혁명 이전의 프랑스는 계몽의 사상가인 볼테르의 입장에서 볼 때 무엇 하나 상식적이지 않는 시대상이 었다. 아무런 면역체계 없이 사회의 악으로부터 무방비 상태에 놓인 백성들에게 제시되는 대안이라곤 종교밖에 없었다. 훗날 니체가 이런 이유로 신에게 사형을 언도한 것이기도 하다. 그것은 죽음에 대한 설교로서 삶을 체념으로 이끄는 도덕이라며….

캉디드의 언행을 자세히 살펴보면, 그도 결코 자신에게 닥친 모든 일을 기꺼이 인정하고 수용한 것은 아니다. 보물을 가득 싣고 가던 양떼를 잃었을 때는 그 상실감을 어찌할 수 없었고, 예전의 아름다움을 잃어버린 퀴네공드를 다시 만났을 때는 그녀와 결혼하고 싶었던 마음을 접기도 한다. 또한 팡글로스로부터 언제나 남작의 성이 최선의 세계라 교육 받았던 캉디드는 엘도라도에서 그야말로 신세계를 경험하며 남작의 성이 결코 최선의 세계가 아니었음을 깨닫기도 한다. 이는 볼테르가 캉디드를 통해 낙관주의의 진정성 없는, 또한 경험이 수반되지 않는 지평의 편협함을 지적하고 있는 것이다.

사회학에선 스톡데일 패러독스의 사례로 긍정주의자들이 절망에 더 취약하다는 보고가 있지만, 사회학이론을 사회 모두가 아는 것은 아니라는 아이러니 속에, 여전히 서점가는 근거도 불분명한 심리학과 생리학 지식을 들먹이며 '행복해서 웃는 것이 아니라 웃어서 행복한 것'이라는 복음으로 몰아붙인다. 마치 긍정적인 생각으로 살지 않는 이들이 낙오자라도 되는 양…. 이 긍정의 커넥션으로부터 뻗어 나온 '하면 된다'의 '긍정 폭력'이 자아를 소진한다는 것이 한병철 교수가 지적하는 '피로사회'의 원인이기도 하다.

스톡테일 패러독스의 결론이 볼테르의 입장이기도 하다. '긍정의 힘'도 현실을 직시할 수 있는 지력이 갖춰진 후에나 '힘'을 발휘하는 '긍정'이라는 것. 지나친 낙천주의는 삶의 질을 떨어뜨리고, 바로잡아야 하는 가치들을 방관하거나 은닉한다. 맹목의 긍정으로 놓쳐 버린 소중한 것들이 얼마나 많은가? 정말로 잘되어 가고 있는가를 그때 한번 투철히 살폈어야 했다. 부정의 가능성을 열어 두었을 때, 비로소 성찰의 기회도 찾아온다.

캉디드가 대꾸하였다.
"하지만 우리의 밭을 가꾸어야 하오."

낙천주의에서 벗어나 현실을 직시할 줄 알게 된, 조금은 밝아진 눈을 지니게 된 캉디드의 마지막 말이다. 볼테르는 제대로 된 문제 해결력을 길러 주지 못하는 미신이나 종교에 의지하기보다는, 이성적이고 합리적인 의지로 삶을 가꾸어 갈 것을 권고한다. 이런 점에서 캉디드가 밭을 샀다는 것은 큰 의미가 있다. 노동을 하고 그에 상응하는 대가를 취하는 경제적 활동은, 필연적 운명론에 얽매이지 않고 좀 더 자유롭고 진취적으로 가꾸어 가는 삶의 태도이기도 하다. 우리 삶에 단 하나의 필연적 요소가 있다면 그 삶을 가꾸어 가는 주체로서의 의지뿐이다.

# 러시아 문학 — 도스토예프스키와 톨스토이

## 러시아 문학

문학적 전통이 전무했던 러시아는 오로지 19세기만 초점이 맞춰진다. 이 시기의 러시아는 정신적 성장과 관련된 다른 분야에서도 서구 국가가 이루어 놓은 문화수준을 달성했고, 러시아문학을 대표하는 대작들의 출현은 그 정신적 성장을 반영하는 현상이었다. 그렇듯 러시아 문학은 비교적 근래의 사건이다. 또한 비전공자들의 상식에서는 이미 완성되고 종결된 사건이기도 하다. 아마 그 시작과 끝에 서 있는 작가가 도스토예프스키와 톨스토이일 것이다.

도스토예프스키의 첫 작품인《가난한 사람들》은 엄청난 성공은 거두었다. 그러나 그 영광도 오래가지 못했고, 당장 두 번째 작품부터 문학계의 반응은 냉담했다. 그럼에도 첫 작품의 성공은 도스토예프스키가 문학적 자만심에 사로잡히기에는 충분한 동기였다. 투르게네프가 그를 가리켜 러시아 문학의 코에 난 뾰루지라고 표현했을 정도로, 문인들 사이에서 안하무인의 아이콘으로 통했던 시절이다.

초창기에는 급진주의적 성향의 서구주의자에 가까웠고, 사회주의 이론을 받아들여 비밀단체 사람들과도 어울렸다. 아직은 제정시대의 러시아였던 터, 사회주의에 대한 관심이 빌미가 되어 시베리아에서 유형생활을 하게 되는데, 당시에는 정치범과 일반범의 분리 수용이 이루어지지 않았다고 한다. 가뜩이나 적잖은 정신의 문제를 안고 있던 도스토예프스키에게는 지옥이나 다름없었다. 정신을 부여잡기 위해서라도 그에게는 신앙이 필요했다. 이 시기에 러시아의 국교이기도 한 그리스 정교에 의지하면서 반서구주의자로 변해 갔던 것이다.

니체가 그를 가리켜 '무언가 배울 수 있는 유일한 심리학자'라고 평했을 만큼, 도스토예프스키는 상황과 심층을 통해서 인물을 형상화한다. 이와 관련해 지적되는 문제라고 한다면, 심리 이외의 묘사에서는 다소 관심을 갖지 않았다는 점. 그의 마지막 작품인 《카라마조프 가의 형제들》을 예를 들어 보더라도, 주를 이루는 풍경은 사색과 도덕이다.

그의 작품에 등장하는 인물 중에는 사이코패스가 많다. 이들은 결코 변하지 않는 성향이다. 변하는 것은 오로지 이들이 딛고 있는 플롯뿐이다. 대표적인 인물이 《카라마조프 가의 형제들》에서의 이반이다. 정신분석에 토대를 두고 있는 평론들은 아버지의 피살 사건을 대하는 이반의 태도에서 도스토예프스키의 자전적 특징을 읽어 내기도 한다.

도스토예프스키는 다소 빈곤한 가정에서 태어났다. 아버지는 모스크바의 한 빈민병원의 의사로 근무했는데, 당시 러시아 국립병원 의사는 보잘 것이 없는 지위였다. 어려서부터 간질병에 시달려 왔고, 신경 증 환자였다는 사실을 해명할 수 있는 충분한 개연성인지는 모르겠으나, 가정에서 폭군처럼 군림했던 아버지는 모든 경위가 의문스러운 상황에서 살해된다.

러시아의 가장 위대한 문호를 꼽는다면 단연 톨스토이일 것이다. 불굴의 영혼을 지닌 작가의 일생은, 섬세한 감각과 굳건한 양심 간의 투쟁으로 점철되어 있다. 도시의 밤으로 뛰어드는 불나방처럼 본능적 쾌락에 충실하고 싶었으나, 다른 한 편으로 목가적인 풍경 안을 걷고 있는 수행자처럼 초연하고자 했던 두 자아. 죽음의 순간까지 그 경계에서 고뇌했던 문인의 삶이 들려주는 이야기는, 이런 연유에서 때론 선명하면서도 때론 모호하다. 하여 그에 대한 가장 확실한 평 또한 애매하게 뭉뚱그리는 문장이다. 그의 관심사는 결국 삶과 죽음의 문제였노라고….

젊은 시절에는 방탕한 기질이 그를 지배했지만, 불혹을 넘기면서부터는 도덕적 양심이 그의 삶을 압도한다. 이때부터 예술가로서 다채로운 모험을 추구하는 대신, 스스로 정한 도덕적 이상에 따라 소박하고 엄격한 삶을 택한다. 때문에《안나 카레니나》로 예술적 완성도가 최고조에 달한 이후에는, 돌연 자신의 도덕적 견해를 담은 몇몇 수필집만을 발표했다. 그러나 예술을 향한 본연의 욕구를 무작정 억누르고 있을 수만도 없었기에, 때때로 욕구로의 일탈을 감행했고, 그 잠깐의 자유로움 속에서 걸출한 작품들을 배출하는데, 그중에서 최고로 손꼽히는 단편은《이반 일리치의 죽음》이다.

예술과 도덕 사이에서의 갈등은 삶의 마지막 순간까지 이어진다. 베스트셀러 작가가 가족들과의 현실적인 문제 사이에서는 자신의 경건한 이상에 도달할 수 없음을 깨달은 그는, 80세의 나이에 방랑의 길을 떠났고, 어느 수도원으로 향하던 중 한 역사의 작은 대합실에서 숨을 거둔다.


## 카라마조프 가의 형제들

대부업을 통해 상당한 재산을 축적한 카라마조프는 상식 밖의 도덕관을 지니고 있는 문제적 인물이다. 첫째 부인은 온갖 멸시와 학대를 견디다 못해 결국 가출을 하고, 길거리에서 객사한다. 두 번째 부인 또한 정신적인 모욕에 시달리다 죽는다. 두 명의 아내에게서 세 아들을 얻었지만, 카라마조프는 하인에게 아이들을 내맡긴 채 오로지 주색잡기로 세월을 보낸다.

후견인들의 도움으로 카라마조프의 집을 벗어나 성장한 세 아들은 서로 다른 각자의 인생길로 들어선다. 장남인 드미트리는 군인으로, 차남인 이반은 학자로, 막내 알료샤는 수도사로 살아가고 있었다. 세 아들이 20여 년 만에 고향집에 모이게 된 연유는 재산 문제 때문이었다. 첫번째 부인에게 태어난 드미트리는 자기 어머니의 유산을 아버지에게 청구하기 위해 찾아온 것이다. 하지만 카라마조프는 이미 그에 몫에 해당하는 돈을 지불했다고 주장하고 있는 상황. 둘째는 장남의 요청으로 그 상황을 중재하기 위해서 왔다. 셋째 알료사는 그런 형들이 그저 안타깝기만 하다.

드리트리는 아버지에게 돈을 받아 내기 위해 고향에 머무는 동안

창녀인 그루셴카에게 빠져 약혼녀가 맡긴 돈을 탕진해 버린다. 드미트리는 약혼녀에게 돈을 갚고 그루셴카와 결혼할 작정이었는데, 그러기 위해서라도 아버지에게 반드시 돈을 받아 내야 했다. 그루셴카는 아버지와도 엮여 있는 문제였다. 그루셴카에게 빠져 버린 카라마조프는 그루셴카가 자기에게 온다면, 드미트리가 자신에게 받아 내려는 돈을 당장이라도 주겠다고 한다.

돈과 치정이 얽힌 부자지간, 드미트리에게 카마라조프는 더 이상 아버지가 아니다. 사람들이 보는 앞에서 아비를 때려죽이겠다는 패륜의 언사도 서슴없이 싸지른다. 아버지와 장남의 다툼으로 흘러가는 듯싶었던 서사에 반전으로 투입되는 인물이 바로 스메르자코프이다. 카라마조프의 사생아이며, 카라마조프 가의 요리사로서 부엌데기 대접만을 받아 온….

겉으로는 어리숙하면서 간질병까지 앓고 있는 스메르자코프는 카라마조프에 대한 장남 드리트리의 증오를 이용해 카라마조프도 죽이고, 재산까지 착복하려 했다. 스메르자코프는 어느 날 카라마조프가 집으로 그루셴카를 불러들일 것이라 거짓말을 드미트리에게 흘리고, 자신은 간질병이 도져 쓰러진 척을 하며 알리바이를 마련한다. 거짓말에 속은 드미트리는 현장을 직접 확인하기 위해 아버지 집 정원으로 담을 넘어 들어가다가 문단속을 하러 나온 하인 그리고리와 마주친다. 그리고 얼떨결에 손에 들고 있던 절굿공이로 그를 내려치고 달아난다.

알리바이까지 갖춘 스메르자코프는 계획대로 카라마조프를 죽이고 돈을 챙긴다. 결국 드미트리는 부친 살해범으로 체포되고, 무죄를 주장하지만 그에게는 모든 정황이 불리했다. 스메르자코프의 행동거지를 이상하게 여겼던 둘째 이반은 그를 찾아가서 결국 자백을 받아 낸다. 이 소설에서 둘째 아들 이반은 공모자의 입장이다. 아버지에 대한 미움은 이반에게도 있었고, 학자다운 형이상학적 방법으로 스메르자코프의 어두운 심층을 부추겨 살인을 저지르게 한 것이나 다름없었다. 이것이 도스도예프스키에게 가장 큰 명성을 안겨 준 그의 마지막 작품이 숨겨 둔 진짜 반전이다.


## 이반 일리치의 죽음

이반 일리치에게 있어 품위의 덕목은 절대적인 것이다. 타인들에게 내보이기 위한 과시욕, 그 욕망을 충족시킬 수 있는 지위적 조건이 그에게 있어 가장 큰 삶의 의미이다. 타인의 시선에 도취되어 있던 삶, 그런 그에게 어느 날 불현듯 죽음이 찾아왔다. 삶의 끝자락에서 지나온 시간들을 돌아보니, 그저 허망과 무상으로만 가득 차 있을 뿐이다. 그저 껍데기에 불과한 것에 매달렸었다는 삶의 성찰은 죽음과 함께 다가와 있었다.

　죽음이 무엇인가의 질문보다 앞서야 하는 논의는 삶에 대한 것이다. 우리는 왜 살아가고 있는 것일까? 그 질문에 대한 대답을 찾기 위해 살아가는 삶일 수도, 아니 어쩌면 그 대답으로서의 삶인지도 모르겠다. 그러나 우리는 평소 죽음과 무관하다는 듯, 그것은 나와 상관없는 이야기라는 듯 살아간다. 가능하면 먼발치에서 관망하는 관찰자로서, 자신은 결코 그 세계에 발을 들이지 않을 사람처럼…. 이반 일리치의 사망 소식에 '어쩌겠어, 죽었는데. 하지만 난 이렇게 살아 있잖아'라고 외치는 그의 동료들처럼….

사망 소식을 듣고 가장 먼저 머리에 떠올린 생각은, 이 죽음으로 인해 발생할 자신과 동료들의 자리 이동이나 승진에 대한 것이었다.

결국엔 우리 모두가 시한부 인생을 살아가고 있다. 다만 그 끝이 언제인지를 모를 뿐이다. 언젠가 먼발치서 관망했던 죽음의 순간들을, 언제고 나의 삶으로 직면해야 한다. 이 평범한 진리를 외면하는 이들은, 측근의 죽음에서조차 자신의 잇속을 챙기기에 여념이 없거나, 지인으로서의 예의를 다해야 하는 아주 귀찮은 의무들을 떠올릴 뿐이다. 그리고 그것이 이반 일리치가 살아온 삶에 대하여, 죽음이 내놓은 대답이었다. 그가 추구했던 삶의 품격이란 게 그토록 저열한 그 뒷모습이었다. 이반 일리치에게 죽음보다 더 고통스러웠던 사건은, 이처럼 삶의 마지막 순간을 기만하는 주변인들이었다.

남부럽지 않은 성공을 이루어 낸 이반 일리치의 삶. 그 정점의 '품위'에서 맞이한 원인 모를 병. 그가 할 수 있는 것이라곤 무력하게 죽음을 기다리는 일뿐이다. 그가 처음 죽음의 공포를 맞닥뜨렸던 날, 죽음이 그에게 안겨 준 가장 큰 걱정은 그것으로 인해 격하될 삶의 품위였다. 이제 그에겐 초라하게 죽어 갈 날들만이 남아 있다. 삶을 옥죄어 오는 죽음의 공포 속에서 지나간 날들의 위선들을 되돌아보기도 하지만, 쉽사리 죽음을 인정하지 못한다. 그러나 최후의 순간이 다가왔을 때, 모든 것을 내려놓고 죽음을 받아들이자 그를 엄습하던 죽음의 공포가 사라진다. 그는 죽음에 대한 완벽한 통찰로 삶을 완성할 수 있었다.

독자들은 톨스토이가 건네는 주제를 충실히 곱씹으며, 자신의 삶과 죽음을 되돌아볼 것이다. 삶의 시간을 부여받은 모든 생명들이 결코 피해 갈 수 없는 최후의 사건이지만, 또한 누구와도 함께 공유할 수 있는 성질이 아닌, 홀로 직면해야 하는 외로운 순간이기도 하다. 하이데거의 표현을 빌리자면, 죽음은 가장 몰교섭적인 삶의 순간이다. 인생의 의미를 찾기 위한 노력으로 평생을 보낸 톨스토이의 깊은 성찰이 잘 드러나 있는 《이반 일리치의 죽음》. 이 작품을 쓰는 시기에 정신적 위기를 겪고 있었다는 사실로 미루어 본다면, 어느 작품보다도 작가 자신의 체험적 인문이 잘 녹아 들어간 경우인 듯싶다.

이반 일리치의 죽음 앞에서 진정성 있는 위로를 건넨 이는, 그의 집에서 일하는 하인 게라심뿐이었다. 게라심은 '인간은 모두 죽는다'는 평범한 진리 정도는 염두에 두고 사는 인물이다. '메멘토 모리(Memento mori)'라는 경구, 이미 삶 속에 자리하고 있는 죽음을 기억하라는 의미이다. 죽음은 어느 날 불쑥 찾아오는 것이 아니라 삶의 매 순간이 지닌 뒷모습이다. 죽음이 생각보다 가까운 곳에서 우리를 지켜보고 있다는 사실을 인정하는 순간, 이 시한부의 삶을 어찌 살아야 할 것인가에 대한 보다 절실한 성찰이 다가온다. 죽음은 삶에 대한 성찰을 가능케 하는 그 또한 삶의 일부인 것이다. '죽음을 기억하라!', 톨스토이가 독자에게 전하고자 했던 메시지는 이 말로 대리할 수 있지 않을까?

# 공자 — 《논어》

## 삶을 사랑한 철학자

"서양의 2000년 철학은 모두 플라톤의 각주에 불과하다."

화이트헤드가 만년의 강연에서 했다는 이 한마디가 아직까지도 많은 인문학자들에 의해 인용이 되고 있을 정도로, 플라톤의 철학은 오랜 시간 동안 서양의 지식계가 지켜 온 하나의 문법이었다. 그렇다면 서양의 플라톤과 동등한 포지션을 지니고 있는 동양의 사상가가 누구인가는, 그다지 어려운 대답을 요하지 않는 질문일 것이다.

서양철학의 역사가 관념에서 점점 실존으로 흘러온 것과 달리, 극동의 유학은 실존에 가까운 담론에서 관념으로 흘러온 역사이다. 지금까지도 적통으로 여겨지고 있는 주자(朱子)는 시끄러운 논쟁을 감내하면서까지 도가와 불교의 관념을 받아들여 유교적 우주관을 발전시켰고, 한층 더 업그레이드가 된 관념의 논쟁은 동방예의지국에 살다 갔던 '포스트 주자'들의 몫이었다. 그러나 발전이 곧 진보를 의미하지는 않는다. 공자의 사상이 도리어 성리학의 역관성으로만 해석되고, 다각적인 해석을 거부했던 역사는 퇴보를 의미하기도 한다. 정작 주자 자신은 당대에 유행하고 있던 관념의 코드를 받아들인 열린 체계였다는 점을 상기한다면, 조선의 사상계는 적어도 '정체'였던 셈이다.

주자의 철학을 좋아하는 성향이 잘못은 아니다. 다만 주자와 공자의 사상을 동일시한다는 것에 이견을 제기할 뿐이다. 유학이 일부 대중들에겐 구체적인 삶의 담론이 아닌 공허하기 짝이 없는 관념론쯤으로 인식되고 있는 현실을 주자에게 책임을 물을 수는 없지만, 그렇다고 면책의 위치도 아니다. 안타까운 점은 대중들은 그 책임을 고스란히 공자에게 따져 묻는다는 사실이다. 일부 대중들에게 공자는 여전히 주자로 대리되는 사변적 이미지를 떠안고 있는 표상이다. 그 표상을 대하는 대중들의 인식, 흔히들 '공자왈, 맹자왈'이라고 표현하는 희화코드 속에는 공자와 맹자가 아닌 주자가 자리하고 있다.

근대까지 서양철학의 관심사는 언제나 '이성(logos)'이었다. 경험론과 합리론의 논쟁도 결국에는 어떤 방법론이 더 타당한 이성적 사고인가에 대한 각자의 주장이었다. 그러나 역사의 어느 순간부터 이성은 기득권층을 변호하는 권력적 지식으로 변질되어 버린다. 살아 있는 동안에는 육체의 제약 때문에 도달할 수 없다는 이데아의 설정은, 차안에서의 삶 자체를 한낱 '허상'으로 치부해 왔다. 죄로 가득한 '여기'로부터 구원의 시간인 '저기'로 인도해 주겠다던 당대 기독교와 진리의 도식을 공유하고 있었던 것이다. 즉 철학이 종교의 조력자에 불과한, '신학의 시녀'로 전락했던 시절.

때문에 니체는 기독교를 '대중을 위한 플라톤주의'로 규정하며 신에게 사형을 언도하기에 이른 것이다. 니체는 '여기'가 아닌 '저기'에서 진리를 찾고자 했던 모든 철학자들을 '죽음의 설교자'라고 비난한다. 니체의 공격을 준비라도 하고 있었다는 듯 소크라테스는 일찍이 철학을 '죽음을 위한 준비'라고 정의하기도 했다. 플라톤의 이원적 사유는 당연한 '술이(述而, 《논어》에서 계승이란 의미로 쓰임)'이었다. 소크라테스와 달리 니체는 철학이 죽음을 위해서 쓰일 게 아니라 바로 삶을 위해 쓰여야 한다고 생각했다. 니체에겐 차안에서의 삶 그 자체가 곧 이데아였다.

서양의 역사에서는 니체를 현대철학의 기점으로 본다. 서양의 시간을 기준으로 한다면, 누구보다 현대적인 사유를 표방했던 철학자가 바로 공자이다. 실존철학의 거장이었던 야스퍼스가 독일어로 번역된 《논어(論語)》를 읽고 큰 감화를 받았을 정도. 야스퍼스는 공자의 철학에서 '진정한 삶의 주체가 되려는 의지'를 발견했고, 이것은 니체 이후에 등장하는 현대철학자들의 공통된 주제이기도 하다. 일부 학자들은 여전히 공자를 보수의 굴레 속에 가두어 두고 있지만, 그도 공자가 살았던 시대의 패러다임과 함께 살필 일이며, 항상 時中(시중, 때에 맞게)을 말했던 공자였다는 사실을 감안한다면 다 들어맞는 주장도 아니다.

공자는 성리학자들처럼 성(性)과 정(情), 이기(理氣)의 관념들을 늘어놓지는 않는다. 그의 주제는 그저 인간의 삶에 관한 것들이다. 관념으로 삼라만상의 이치를 설명하고자 했던 철학들과는 달리, 공자는 언제나 인간의 삶을 고찰한 '인문'을 말하고 있었다.

未能事人 焉事能鬼 未知生 焉知死
(미능사인 언사능귀 미지생 언지사)

사람도 섬기지 못하면서 어찌 귀신을 섬기고,
삶도 모르면서 어찌 죽음을 알리요.

《논어》〈선진(先進)〉편에 나오는 이 구절이 삶을 사랑한 성인(聖人)의 정신을 대변하는 한 줄이라고 할 수 있겠다. 흔히들 유학을 현세주의적 학문이라고 평하기도 하지만, 공자가 여타 종교에서 말하는 내세를 부정한 적도 없다. 성인에게 있어서도 하늘은 늘 두려운 존재였다. 때문에 함부로 단언할 수 없는 것들에 대해서는 말을 아꼈을 따름이다. 공자는 우리가 알 수 있는 것들에 대해서는 다 알고 있는가를 되묻는다. 알 수 있는 것들도 다 알지 못하면서, 알 수 없는 것들을 알고자 하는 노력들이 삶에 대한 성실도라고 할 수는 없지 않겠는가? 하여 신과 죽음을 운운하기 이전에, 인간으로서 할 수 있는 도리를 다하고서 하늘의 뜻을 기다린다는 '진인사대천명'의 모토가 공자의 정신이다.

## 공자를 위한 변론

페미니즘에 대한 비판으로 구설수에 오른 한 철학자가, 그 논거로 《논어》를 제시한 적이 있었다. 그가 '여자의 가치를 부정하다시피 하는 공자'로 언급한 구절은, 실제로 《논어》에 기록되어 있는 경우이다. 그러나 비트겐슈타인의 지적처럼, 말이란 게 그 맥락적 조건과 함께 따져 보아야 할 문제이다. 또한 당대의 패러다임과 함께 당시의 문법으로 해석할 일이지, 오늘날의 상식으로만 접근한다면 단군신화에서 환웅과 웅녀의 역학관계를 어찌 해석할 것이냐 말이다. 또한 왜 모성의 숭고함에 관한 더 많은 이야기를 쏟아 내는 공자에 대해서는 조명하지 않는 것일까?

니체와 라캉의 어록 중에서도 페미니스트들에게 여성비하의 단초로 지적받는 애매한 구절들이 발견된다. 그런데 단지 그 구절들이, 여성이 니체와 라캉을 공부해선 안 되는 명분일 수 있는 것일까? 반박을 하기 위해서라도 일단은 읽어 봐야 하는 것이 아닐까? 여자로서 공자를 연구하는 사람들을 이해할 수 없다는 그 철학자의 소신은 다소 독단적이다. 학계에서 주류가 되기 위해 공자를 전공한다는 발언도 어느 시절의 이야기를 하고 있는 것인지 잘 모르겠다. 포스트모던의 철학으로 노자의《도덕경》을 해석하는 유행도 옛말이 되어 가고 있는 시절에 말이다.

공자는 계급질서를 부정하진 않았다. 그러나 시대의 한계를 인정한 것이지, 옹호했다고 볼 수 있는 구절들도 보이진 않는다. 또한 이도 당대의 패러다임과 함께 살필 일이지, 그런 맥락으로 몰아세울 것 같으면, 노예제를 당연시했던 플라톤과 아리스토텔레스의 철학에 대해서는 대체 누가 연구를 해야 하는 것일까?

가르침에 신분의 차별을 두지 않았고(有教無類), 아랫사람에게 배우는 것도 부끄러워하지 않았던(不恥下問), 공자의 신조로 보아 계급을 곧 질서의 명분으로 인식했다고 보기는 힘들지 않을까 싶다. 공자는 유가의 시조로 여겨지고 있지만, 유가가 상층부의 이데올로기로 자리 잡게 된 것은 동중서(董仲舒) 이후의 후학들에게 따져 물을 수는 있어도 공자에게 그 책임을 물을 수는 없다. 공산주의의 몰락을 마르크스의 '혁명'에 따져 물을 수 없고, 파시즘을 헤겔의 '절대정신'과 니체의 '권력의지'에 따져 물을 수 없는 것이나 마찬가지다. 물론 같은 《맹자》를 읽고서도 누군가는 정몽주가 되었고, 누군가는 정도전이 될 정도로, 해석의 차이는 있을 수 있다. 그러나 공자가 죽어야 나라가 산다는 식의 개진은 개혁개방 이전의 마오주의자들이 견지하던 입장이다. 맞고 틀림을 떠나서 그다지 젊은 감각의 사유는 아니다.

**君子之德風 小人之德草 草上之風 必偃**
(군자지덕풍 소인지덕초 초상지풍 필언)

군자의 덕은 바람과 같고, 백성의 덕은 풀과 같다.
풀 위로 바람이 불면 반드시 그 바람결에 눕는다.

〈안연(顔淵)〉 편에 등장하는 이 구절을 지배층의 선동에 미혹당하는 민초들에 대한 지적으로 해석해야 할까? 지도자들의 각성을 촉구하는 발언으로 이해해야 할까? 제자백가는 기본적으로 정치철학이다. 상류 계급의 위정자들에 관한 이야기가 다수 포함되어 있는 것도 당연하지 않은가. 그도 공자 자신이 편찬을 한 것이 아니라, 후학들이 자신들의 필요에 따라 갈무리한 기억의 파편이다. 그 갈무리 안에서도 공자의 방점은 계급보단 역할에 있다. 공자는 노블레스 오블리주(noblesse oblige)를 말하고 있었을 뿐이다.

# 아리스토파네스 – 《구름》, 《리시스트라테》

## 구름

고대 그리스에서도 청소년 교육의 중요성에 대한 관심이 높았다. 아리스토파네스의 《구름》은 교육의 문제에 대한 관심을 문학으로 표출한 경우이다. 아테네가 스파르타와 에게해의 G1을 놓고 각축을 벌이기 시작할 즈음, 경제적 풍요와 교류가 가져온 결과는 합리적 사고의 저변이 확대된 일이다. 차츰 신화의 문법에서 벗어나기 시작한 아테네는 소피스트들의 전성시대였다. 타인을 설득할 목적의 논변으로 생계를 이어 가던 소피스트들은, 진리에 대한 상대주의를 표방했다.

　반면 구세대의 가치를 견지하고 있던 아리스토파네스는, 이들의 학문을 도리에 어긋나는 사론(邪論)으로 폄하하며, 올바른 시민 교육이 무너져 가고 있던 당대의 세태를 성토한다. 아리스토파네스가 《구름》에서 조롱하고 있는 대상은 당대 최고의 철학자인 소크라테스이다. 그는 소크라테스를 무신론자이며 궤변론자라고 비판하면서 허황된 이론으로 젊은이들을 타락시키는 주범으로 몰아세웠다.

　주인공 스트레프시아데스는 아들 페이디피데스의 낭비벽으로 빚에 시달리던 소시민이다. 스트레프시아데스는 빚을 탕감하기 위해 옳건 그르건 말싸움으로 무조건 이기게 해준다는 사론의 대가, 소크라테스에게 아들을 보내 배우게 하려던 차, 아들보다 먼저 소크라테스를 만나게 된 그는 소크라테스의 현란한 궤변에 감화를 입게 된다. 박약한 근거를 가지고서도 오로지 논변력 하나로 상대의 우월한 이론을 꺾을 수 있는 사론을 터득하고 나온 아들. 덕분에 스트레프시아데스는 채권자들을 쫓아낸다. 그는 아들이 그지없이 자랑스럽다.

　"당신도 내가 어렸을 때 나를 때리지 않았느냐?"
　"그건 너를 위한 것이었다."
　"나도 아버지를 위해 때리는 것이다."

　어느 날 스트레프시아데스는 아들에게 폭력을 당한다. 아들을 꾸짖지만 막무가내로 사론을 늘어놓는 그를 어떤 논리로도 꺾을 수 없다. 궤변을 무기 삼아 패륜을 일삼는 아들에게 분통이 터진 스트레프시아데스는, 이 사태의 원흉인 소크라테스의 학교에 불을 지른다.

　이 작품에서 소크라테스는 궤변론자로 조롱을 받는다. 소크라테스를 부허한 진리를 좇는 비현실적인 소피스트로 매도하고 있다. 작품 제목인 '구름'은 그런 상징이다. 물론 철학사에서 소크라테스는 여느 소피스트들과는 다른 좌표선상에 놓인 소피스트이다. 소크라테스에 대한 아리스토파네스의 조롱은 많은 부분이 사실과는 다르다. 그러나 구세대적 가치로 새로 도래한 시대정신과 척을 지는 입장에선, 소크라테스나 소피스트의 변별이 무의미하기도 했을 것이다.

## 리시스트라테

"이라크 전쟁을 지지하는 남편과 잠자리를 하지 않겠다!"

2003년 3월, 미국이 이라크를 공격하기 직전 신문에 실린 파격적인 기사, 요지는 제목 그대로다. 세계 각국의 여성들이 잠자리를 거부하는 방식으로 진행된 반전시위였다. 이는 현시대에 새롭게 등장한 시위 방식은 아니다. 《리시스트라테》의 정신을 잇는 '섹스 스트라이크'라고 볼 수 있다.

여러분은 애아버지들이 그립지도 않나요? 그들이 집을 떠나 군에서 복무하고 있을 때 말예요. 여러분 중에 남편이 집을 떠나 있지 않은 사람은 한 명도 없다는 걸 내가 잘 알기 때문에 하는 말예요. … 사랑하는 남편은 코빼기도 볼 수가 없어요. … 우리에게는 가죽으로 된 원군(援軍)이라 할 모조 남근도 나는 구경하지 못했다니까요. 그래서 내가 한 가지 계책을 생각해 낸다면 여러분은 나와 함께 전쟁을 끝낼 용의가 있나요? … 앞으로 우리는 남근을 삼가야 해요.

기원전 411년, 그리스 아테네와 스파르타 간의 오랜 기간 진행된 펠로폰네소스 전쟁으로 양국 모두가 지친 상황. 주인공 리시스트라테는 이 지루한 갈등의 국면을 타개하고자 아테네 여자들을 불러 모아 적국인 스파르타의 여자들과 단합해야 한다고 주장한다. 그녀가 낸 묘안은 다름 아닌 '섹스 스트라이크', 남자들이 전쟁을 중단할 때까지 잠자리를 거부하기로 결의한 것이다.

난 어떻게 되는 거지? 가장 예쁜 상대를 빼앗기고 어디서 상대를 구하지? (자신의 남근을 가리키며) 이 고아는 누가 돌보지?

남자들은 처음엔 대수롭지 않게 여겼다. 남성들은 아내들의 슬픔과 분노를 돌아보지 않았고, 그저 말도 안 되는 처사라며 성토만 해댈 뿐이었다. 그러나 그간 채워지지 않았던 것은 남편들의 성욕뿐만이 아니라 화목한 가정에 대한 가족들의 욕망이기도 했다는 사실을 깨달은 남성들은 아내를 되찾기 위해 협상 테이블에 앉는다. 결국 여성들의 주장은 관철되었으나, 리시스트라테는 이에 멈추지 않고 전쟁을 잇대어 온 남자들의 역사에 질타를 쏟아 낸다.

아리스토파네스 특유의 풍자와 익살로 가득 찬 희극 《리시스트라테》. 이 작품에서는 전쟁이 일상이던 시절의 여성으로서 감내해야 했던 삶의 고통을 그리고 있다. 리시스트라테는 여성들에게 수동적으로 기다리기만 할 것이 아니라 주체적으로 남성들에게 요구하고 제시할 것을 강권하고 있다. 이 작품의 풍자가 궁극적으로 향해 있는 지점은, 어리석은 욕망들로 전쟁을 부추기는, 부패한 정치였다.

# 신화 서사시 —
## 《니벨룽겐의 노래》, 《마하바라타》


## 니벨룽겐의 노래

게르만 신화의 영웅 서사시인《니벨룽겐의 노래》는 지크프리트-시구르드 설화를 모티브로 만들어졌다. 이는 고대 바빌로니아의《길가메시》, 고대 인도의《마하바라타》와 어깨를 나란히 할 만큼 빼어난 수작으로 꼽힌다.《니벨룽겐의 노래》를 소재로 한 이야기는 오늘날 문학과 미술, 음악, 영화, 만화, 게임 등 다양한 영역에서 재해석되고 있다. 그중 가장 유명한 니벨룽겐의 이야기는 오늘날까지 가장 널리 구전되는《니벨룽겐의 노래》와 바그너의 오페라〈니벨룽겐의 반지〉다.

　《니벨룽겐의 노래》는 지크프리트의 신화와 실제 역사이기도 한 게르만족의 대이동(migration of nations) 시대의 훈족에 관한 이야기이다. 구전의 스토리텔링이 약 1200년 전후에 정리된 것으로 알려져 있는데,

구체적인 저자에 대해서는 논란이 분분하다. 독일 문학에 있어 중요한 변곡점에 위치한 이 서사시는 이후 수백 년 동안 큰 인기를 누려 왔으나, 16세기 들어서는 사람들의 뇌리 속에서 잊혀졌다. 그러다 1644년 포라를베르크(Vorarlberg, 오스트리아)에 있는 호헤넴스 백작의 성에서 새로운 형태의 문헌이 발견되면서 다시금 현대적 각색이 이뤄졌다.

《니벨룽겐의 노래》는 1부의 신화적 이야기와 2부의 비신화적 이야기가 공존한다. 신화의 문법이 존속하는 시대에 창작된 이야기가 신화의 서사 구조를 보존한 채, 신화의 문법이 사라진 시대까지를 포괄한다. 이는 구비문학에서 문자문학으로의 전환 과정이 담겨 있는 고고학적 의의이기도 하다. 기록의 수단이 존재하지 않던 시절에는 기억하기 쉬운 스토리텔링 속에 상징들을 채워 넣는, 신화나 민담의 방식으로 구전이 된다. 때문에 구비문학은 문자문학과 달리 텍스트가 고정적인 형태가 아니다. 말하는 화자가 어느 인물에 감정이입을 했는가에 따라 쉽게 이야기의 변주가 시도된다.

문자문학의 경우에는 변형을 가하는 경우는 있을지언정, 그 내용 자체의 맥락은 변하지 않고 비교적 온전한 형태로 후대에 전승된다. 《니벨룽겐의 노래》 2부는 중세 시대부터 다양한 이들에 의해 필사됐다. 총 34종의 필사본이 존재하는데, 이 중 10여 종은 텍스트 전체를 담고 있고 나머지 24종은 단편적인 이야기만이 필사되어 있다. 필사 과정에서 필사본들의 내용은 조금씩 다르게 각색이 되었기에 원전이 어느 것인가에 대한 판단은 여전히 논란이 있다.

게르만 민족의 영웅전설에서 최고의 인물을 꼽으라 한다면 단연 《니벨룽겐의 노래》의 주인공 지크프리트다. 그는 게르만 신화의 최고

신 오딘의 혈통을 타고난 인물로, 보물을 지키던 용을 죽이고 그 피로 목욕을 해 불사의 육체를 얻게 된다. 1부의 서사를 이끄는 그가 지닌 힘의 원천은 '욕망'이다. 신의 혈통을 타고 난 지크프리트의 욕망은, 니벨룽겐의 보물들과 크림힐트라는 여인을 향한 원초적인 본능을 갈구하는 지극히 인간적 면모를 드러내고 있다.

지크프리트와 궤를 함께 하는 인물로는 부르군트 왕국의 왕자이자 크림힐트와는 남매 사이인 군터이다. 그러나 군터는 지크프리트와 달리 초자연적인 힘을 지니고 있지 않았다. 군터는 브륀힐트라는 여인을 갈구한다. 군터는 브륀힐트에게 청혼하기 위해서 먼저 해결해야 했던 난제들에 지크프리트가 소유하고 있던 능력을 빌린다. 그 신뢰를 바탕으로 지크프리트 또한 크림힐트와 맺어질 수 있었던 것이다.

그러던 어느 날, 지크프리트의 아내 크림힐트와 군터의 아내 브륀힐트 사이에는 남편의 서열로 인한 갈등이 빚어진다. 브륀힐트는 군터가 지크프리트의 도움으로 이루어 낸 그간의 이야기를 크림힐트로부터 전해 들은 이후, 시기심에 사로잡혀 지크프리트를 살해할 음모를 꾸민다. 지크프리트는 용의 피로 목욕을 한 덕에 불사의 육체를 얻을 수 있었지만, 아킬레스의 발목처럼 불사의 운명에 빗겨 선 부분이 있었다. 지크프리트는 결국 평소 그를 시기하던 군터의 부하에게 창을 맞고 쓰러진다.

지크프리트의 죽음에 분개한 크림힐트는 남편에 대한 복수를 위해, 그의 유산인 니벨룽겐의 보물을 이용하여 전사를 모으고자 했다가 이 보물마저 강탈당하게 된다. 복수를 맹세한 크림힐트는 에첼왕과 재혼한다. 에첼은 5세기에 활동했던 훈족의 왕 아틸라를 모티브로 한 인물로, 《니벨룽겐의 노래》가 1부의 신화적 세계에서 2부의 역사적 세계로 넘어가는 전환점이기도 하다. 실제 역사에서도 부르군트족은 훈족에 의해 멸망당한다.

## 마하바라타

《베다》와 《우파니샤드》와 더불어 힌두교의 3대 경전이라고 하는 《바가바드기타》는, 고대 인도의 대서사시 《마하바라타》의 한 부분으로, 종교와 철학에 관한 파편들을 따로 독립된 텍스트로 정리한 경우이다. 이야기는 판다바 족의 왕자 아르주나가 전쟁터에서 친족들을 대적해야 하는 도덕적 딜레마로부터 시작된다. 스승인 크리슈나의 질문은, 만약에 적이 남의 친족이었다면 죽여도 되는 것인가이다. 그렇다고 크리슈나의 초점이 비폭력에 맞춰진 것은 아니다. 사사로움에 얽매이는 사유가 얼마나 이기적인 결과를 초래하는지에 대해 깨우쳐 주고 있는 것이다.

《마하바라타》에 대한 간디의 해석은, 인간의 마음속에서 빈번히 갈등을 빚는 여러 성격들이 인격화된 스토리텔링이다. 《바가바드기타》의 서사를 이끌어 가는 크리슈나 역시 인격화된 진리이다. 힌두교 신화에 따르면, 질서의 신 비슈누는 인간 세상에 많은 관여를 한다. 그때마다 자신의 모습을 영물의 형상으로 바꾸어 이 땅에 강림을 했는데, 그 형상을 일러 '아바타'라고 했다. 비슈누의 8번째 아바타가 크리슈나가 된다. 참고로 9번째 아바타가 석가모니이다. 아르주나에게 사사로움에 얽매이지 말라고 이른 크리슈나의 가르침은, 인간의 내부에서 일어나는 자아와 비아(非我)의 갈등에 대한 상징적 비유일 뿐, 결코 폭력을 조장하고 있는 것이 아니다.

간디는 악의 존립 근거가 '선의 지지'라고 말한다. 최고의 권력자에게는 갖은 아양을 떨며 온갖 비리를 자행하는 정치인들이, 대중의 투표로 다시 신임을 얻는 부조리는 어찌 설명해야 하는 현상일까? 부조리한 정치인들은 대개 그 아양과 비리로 자신의 지역구에 대한 예산은 많이 확보한다. 적어도 자신의 폴리스 내에서는, 민의를 충실히 대변하는 성실한 일꾼이다. 정의보단 이익이 먼저다. 아니 이익이 곧 정의인지도 모르겠다. 저들의 가족을 희생시켜 내 가족을 지킬 수만 있다면야, 그것은 얼마든지 선의 가치일 수 있다. 내 부모만 부모이고, 내 자식만 자식이다. 그들을 위해 사는 나는 착한 자식이고 착한 부모이다. 그렇듯 때로 악은 선의로 점철되어 있다.

인도의 산스크리트어가 중국어 성조의 성립에 영향을 미쳤다는 사실을 상식으로 알고 있는 사람들도 있겠지만, 조금 더 구체적으로 설명하자면 불교문학과 관련이 있다. 리듬감을 특징으로 하는 중국의 초창기 불교문학은, 민초들도 따라 '부르기' 쉬운 운문으로 부처의 설법을 전하고자 했던 작법이다. 불교의 민중적 성격이 한 나라의 언어적 특징으로 자리하게 된 것이기도 하지만, 문학사에도 영향을 미쳤다. 명청 시대 이전까지는, 오늘날 발리우드 영화의 전형처럼, 소설 장르에서도 등장인물의 대사를 시로 처리하는 경우가 흔했다.

고대 인도사회의 정신문화인 《베다》는 철학사상을 담은 종교의례에 관한 문헌이다. 그리고 철학적 사색이 집약되어 있는 마지막 장이 〈우파니샤드〉인데, 베다(Veda)의 끝(anta)에 있다는 의미에서 '베단타'라고 불린다. 그러나 이는 브라만(승려) 계급을 위시한 지배계급을 위한 철학이었다고 한다. 이에 대한 반동이 크샤트리아(귀족) 계급에서 잉태되기 시작하는데, 그 한 사례가 민중에게로 나아가 진리를 설한 석가모니이다.

불교의 민중적 성격은 우파니샤드의 질서에도 영향을 미친다. 아울러 인도사회를 하나의 체제로 묶는 문학 장르가 등장하니, 바로 서사시이다. 광활한 영토에 모여 사는 다수의 문화들에게 인도인이라는 동질의 민족의식을 심어 준 서사시가 바로 《마하바라타》와 《바가바드기타》이다. '마하바라타'는 '위대한 바라타족의 이야기'란 의미라고 한다. 인도인들은 오늘날에도 자신의 나라를 일컬을 때 바라트(Bharat)라고 한다.

《바가바드기타》는 《마하바라타》의 일부로 편입되어 있으나, 원래는 한 종파의 경전이었다. 즉 종교에서도 새로운 통합의 시도가 있었던 것이다. 그 결과가 힌두교이며, 여러 민족의 신들을 주재하는 새로운 질서가 등장하게 되니, 그 유명한 브라흐마와 비슈누 그리고 시바이다. 이 새로운 질서에 밀려나 불교 쪽에서 거듭나게 되는, 우리에게도 익숙한 이름의 구세대가 바로 인드라이다.

우파니샤드에서 말하는 브라흐만(Brahman)이란 우주자연의 궁극적 원리로, 브라흐마(Brahmā)는 그 궁극의 힘이 인격화된 신이다. 비슈누와 시바는 원래 지방부족이 모시던 신이 전국구가 된 형태이다. 이런 과정은 그리스 신화도 마찬가지인 경우이다. 브라흐마와 비슈누 그리고 시바는 창조, 질서, 파괴라는 시간의 인격화이기도 하다. 고로 여러 부족신들 위에 자리하는 유일신적 성격이기도 하다. 일신교적 운동의 귀결처인 최고신들, 그들의 토대가 바로《마하바라타》와《바가바드기타》이기도 했다.

# 스토아철학, 교부철학, 스콜라철학


## 아우렐리우스

팍스 로마나(Pax Romana)를 이끌었던 마지막 주자격인 마르쿠스 아우렐리우스는, 영화 〈글래디에이터〉에서도 그 면모를 잠깐이나마 확인할 수 있다. 오현제 시대를 특징짓는 사안은 황제의 친아들이 아닌 제국이 인정하는 고결한 인성의 청년을 양자로 삼아 후계자를 지명하는 방식이다. 아우렐리우스 그 자신도 이전 황제로부터 지명된 양자였다. 영화는 죽음을 앞두고 있던 아우렐리우스가 불초한 자신의 아들 대신 막시무스 장군에게 황제의 권한을 넘기려다 벌어지는, 막시무스와 코모두스의 갈등에 초점을 맞추고 있다.

아우렐리우스는 가장 화려했던 로마 전성기의 황제이자 스토아 철학자였다. 내성적인 성격으로 평소 독서와 명상을 즐겼던 그에게, 황제로서의 삶이 그리 달가운 일만은 아니었다. 황제로서 감당해야 했던 정무의 번잡함을, 내적 평화를 추구하는 철학으로 극복한다. 그 결과물이 《자성록》이기도 하다.

《걸리버 여행기》의 〈휴이넘〉 편에서, 이성을 지니고 살아가는 말들은 인류가 욕망에 시달리며 살아가는 이유를, 자연이 부여한 이성을 잘못 사용하기 때문이라고 말한다. 휴이넘의 견해로는, 이성은 자연이 부여하는 섭리 그 자체로, 그것에 따라 살아가는 삶이라면 부도덕이 발생할 이유가 없다. 휴이넘은 이성의 개념을 단지 지력의 근원에 머무는 것이 아닌 도덕적 가치를 내포한 사유로 정의하는데, 플라톤의 이데아 이론도 이런 전제이다.

《자성록》곳곳에서 아우렐리우스는 이성을 공동체적 가치로 규정한다. 그만큼 보편적 도덕가치를 지녔다는 의미이기도 할 것이다. 즉 자연의 섭리로부터 부여받은, 자연과 동일 모델의 심적 원리는, 동양철학으로 치환하자면 성(性)의 범주이기도 하다. 그래서일까? 아우렐리우스의 《자성록》은 조선 시대의 성리학자들이 자신의 마음을 다스리고자 써내려 간 '자경문'들과 그 느낌이 비슷하다.

금욕을 표상의 키워드로 지고 있는 스토아학파이지만, 실상 금욕보다는 절제라는 표현이 더 맞을 것이다. 흔히 그 대척으로 구분되는 에피쿠로스학파이지만, 실상 쾌락이란 단일 주제만 놓고 본다면, 욕망의 절제와 정신적 쾌락이라는 방점의 차이로 인한 방법론의 차이가 있을 뿐, 뭐가 크게 다른 것도 아니다. 철학에서 '정념'이란 단어는, 이성적 판단에 영향을 미치는 감정으로 인해 발생하는 실존적 상황을 이른다. 후대가 이것을 본질에 앞서는 전제로 삼은 것과 달리, 당대의 철학은 정념의 방해를 받지 않는 정신상태를 영점으로 잡은 것이다.

이는 조선의 성리학도 마찬가지였다. 그래서 그토록 절제를 미덕으로 삼았던 것이나, 끝내 '양반 체면'이라는 이데올로기로 미끄러진 것을, 연암의 《양반전》과 같은 텍스트들이 풍자하고 있는 것이다. 조선에서 율곡에 의해 정(情)의 가치가 재발견된 사건은, 훗날 반주자학적 기치를 내건 실학자들의 명분이 되어 준다. 서양철학은 스피노자에 의해 감정의 가치가 재해석된 이후, 훗날의 니체를 기다리고 있었다.

예컨대 빵 표면의 갈라진 틈은 빵 굽는 사람이 의도한 것이 아니지만 묘하게도 흐뭇한 느낌을 주며 무엇보다 식욕을 돋운다. 무화과도 한창 익었을 때 갈라지고, 올리브도 썩기 직전에 묘한 아름다움을 발산한다. 깊숙이 고개 숙인 이삭, 사자의 험악한 표정, 멧돼지 입가의 거품 등은 그 자체로 떼어 놓고 보면 아름다울 것이 전혀 없지만, 자연 사물의 본질에 수반되는 것들이기에 본질을 더욱 돋보이게 하고 그 나름의 매력도 있다. 그러므로 아무리 부수적 현상일지라도 우주에서 발생하는 모든 것은 더 깊은 이해력을 갖추고 있는 사람에게는 거대한 전체와 조화를 이루지 않고 나타나는 것이 거의 없다.

아우렐리우스의 전제는 자연의 필연적 성질이다. 당대의 신앙과 지식 안에서는 자연의 어떤 현상도 계획 없이 우연적으로 발생하지 않는다. 자연의 섭리가 정신의 형태로 내재화된 이성을 지니고 있는 인간의 삶 역시, 이성에 관한 필연적 인과를 따져야 할 문제이다. 진리를 분별할 수 있는 능력을 이미 자연으로부터 부여받았기에, 진리에 어긋나는 정념의 문제들은 우주의 법칙과 상충되는 현상이다. 훗날 플로티노스는 이런 스토아의 관점에서 플라톤 철학을 재해석함으로써 이른바 신플라톤주의의 기초를 확립한다.


## 아우구스티누스

아리스토텔레스는 국가의 규모가 과도하게 커지는 것을 경계했다. 그러나 알렉산더 대왕의 야망부터가 스승의 철학에서는 빗겨 가는 방향성이었다. 도시국가에서는 시민들이 정치로부터 소외되지 않는다. 제국으로 발전한 단계에서는 시민들이 정치에 직접 참여하는 방식이 불가능하다. 도시를 대변하기 위한 창구로서의 정치인 계급이 등장하지만, 어느 순간부터 시민으로부터 분리된 권력적 계급으로 존재하게 된다.

여러 민족이 거대 국가로 통합되면서 발생하는 문제 중 하나가, 사회의 질서 구현을 위한 법의 보편성에 관한 것이다. 다양한 가치들을 모두 납득시킬 수 있는 보편적 정의란 게 존재할 수 있는 것일까? 서로 다른 법이 공존하는 오늘날의 연방국가가 그 대답인지도 모르겠다. 또한 직접 민주주의가 가능하지 않은 상태에서 제정된 법이 과연 민심을 반영하고 있는지, 아니면 법률을 제정하는 계층의 이익을 대변하고 있는지를 먼저 따져 물어야 할 판이다. 공정함의 최후 보루라는 희망으로 법에 기대지만, 정의의 문헌조차도 정의의 편이 아닌 경우가 비일비재한 현실이 아니던가.

국가의 규모가 확장되면서 사회의 부조리 또한 늘어났다. 더 이상

철학이 진리를 해명해 줄 수 없는 지경에 이른 것이다. 정치로부터 그리고 삶으로부터 소외된 시민들은 체념에 익숙해진다. 이 부조리한 삶을 해명해 줄 수 있는 초자연적 수단에 대한 갈망이 날로 커져 간다. 이 종교적 갈망에 부응하고자 하는 철학 사조가 등장하니, 플로티노스로 대변되는 신플라톤주의였다.

플로티노스의 유출 이론은 플라톤의 이데아 이론을 빛과 어둠의 위계적 상호작용으로 설명하는 방식이다. 만물은 그 근원인 일자(一者)로부터 뻗어 나온다. 이 광원(光源)으로부터 방사된 신의 빛은 존재하는 모든 것을 비추는 동시에 존재케 한다. 단 빛이 닿는 조도의 차이에 따라 우열이 나뉜다. 빛이 닿는 곳에 영혼이 존재하고, 빛이 사그라드는 곳에 물질이 존재한다.

이 도식은 물리적 원근으로 이해할 게 아니라 관념적 원근으로 이해해야 한다. 인간에게는 영혼이 있다. 그 영혼이 지닌 이성은 우리를 신의 빛으로 인도한다. 그러나 우리를 둘러싸고 있는 어둠의 물질이 바로 신체이다. 이 물질의 굴레에서 벗어난 후에야 신에게 도달할 수 있다.

플로티노스의 이론은 잘 이해가 되지 않더라도 상관없다. 보다 중요한 것은 그의 이론이 기독교에 끼친 영향력이다. 초기 기독교 이론을 정리했던 이들이 대부분 플라톤주의자들이었다. 플라톤의 이데아 이론이 헤브라이즘의 천상과 지상을 설명하는 데 적합한 철학이었기 때문이다. 훗날 니체가 기독교를 대중화된 플라톤주의라고 표현한 것도 이런 이유에서이다.

플로티노스의 철학으로 해석되어진 교리는, 대중들의 삶을 위로하며 희망을 제시하려 했던 취지였다. 이 삶은 그저 육체의 굴레에 갇혀 있는 과정적 시간에 지나지 않는다. 때가 되면 이 세상에서의 부조리를 보상해 주는 영원의 천상이 도래할 것이라는…. 문제는 역사의 어느 순간부터 전도된 해석으로 교회가 지상의 헤게모니를 쥐게 되었다는 점이다.

로마가 기독교를 공인하기 이전부터, 기독교는 로마가 공인하고 말고의 문제가 아닐 정도로 이미 시대의 정신이었다. 도리어 불안정한 상황의 로마가 기독교를 등에 업어야 하는 상황이었다. 그러나 교회의 권위가 점점 커져 가면서 불거진 또 다른 불안정은, 천상의 질서와 지상의 질서 간의 충돌이었다. 세속적 권위는 황제에 있었고, 영적인 권위는 교황에게 있었지만, 영적 권위도 하느님의 사업을 추진하기 위해선 세속의 도움이 절실한 입장이다. 즉 교회는 일정 부분 세속적 권력일 수밖에 없었던 것이다. 백성들 입장에서는 독립적인 두 권위를 향해 이중의 충성심을 발휘해야 하는 형국, 이런 상황에서 신학자들은 초월적 신앙과 더불어 세속적 지혜도 말해 주어야 하는 의무를 지게 된다.

가장 좋은 방법은 세속적 지혜로 초월적 신앙을 설명하는 경우이다. 교리가 그렇기 때문에 일단 믿고서 이해하라는 교조주의 전략보다는, 왜 믿어야 하는지를 합리적으로 설명해 주는 방식이 보다 최선이었다. 때문에 신학에 철학을 도입해야 하는 필요성이 대두됐던 것이다. 더군다나 로마제국은 붕괴에 직면하고 있던 반면, 기독교의 제도는 발전을 거듭하고 있었던 상황에서, 교회의 권위가 국가의 쇠퇴를 초래했다는 비판에도 어떤 식으로든 세속적인 문법의 해명을 내놓아야 하는 입장이었다.

이에 플로티노스의 플라톤주의를 수용함으로써 기독교 신앙에 대한 합리적 해석을 내놓은 이가 바로 아우구스티누스이다. 그는 플로티노스가 제시한 영혼의 속성으로부터 영원한 진리로서의 신을 증명한다. 그가 인용한 대표적 지식은 수학과 논리학이다. 그 형이상의 논증들이 물질적 현상보다 고차원적이듯, 정신적 신앙이 외부적 현상보다 본질적이고 실재적인 것이라는 주장. 플로티노스의 유출 이론은 기독교인들에게 빛의 원천이 어디인지를 설명할 수 있는 적절한 비유였다. 인간이 빛의 근원인 신을 향할 때야 비로소, 빛은 세속적 지혜에까지 와 닿는 것이다. 《성서》는 그 빛을 감지할 수 있는 내적 감각을 일깨워 주는 진리이다.

도대체 뭐가 어떻다는 것인지, 이해가 쉽지만은 않을 것이다. 기독교의 대표적인 성인으로 꼽히지만, 목회자의 설교처럼 편하게 접근할 수 있는 신학만도 아니다. 현대철학의 페이지에서도 간간이 아우구스티누스와 마주치게 되는 이유는, 그의 철학적 논증 방식 때문이다. 인식과 존재의 상관을 설명하는 부분은 데카르트를 연상케 하며, 악과 국가의 상관을 설명하는 부분은 홉스에 앞선다. 이성으로 설명되지 않는 실존의 문제를 신앙으로 돌파했다는 점에선 키에르케고르의 선구이다. 신의 예정설에 모순되는 인간의 자유의지 문제는 스피노자와 라이프니츠의 단초이다.

그의 저서 중 대중들에게 가장 많이 알려진 《고백록》은, 그의 젊은 시절에 대한 반성을 담아 놓은 책이다. 방탕한 생활로 보냈던, 이교도에 심취해 있었던, 동시에 진리에 대한 회의론자였던 자신의 경험을 근거 삼아 뒤늦게나마 귀의하게 된 기독교의 신앙을 변호한다. 자신이 직접 겪은 세속의 문제들이었기에, 철학의 도움을 입은 신앙적 반론도 설득력 있게 적어 내려갈 수 있었겠지만, 이 역시 신앙의 문법으로만 이해하기에는 다소 난해한 부분들이 적지 않을 것이다.


## 토마스 아퀴나스

로마가 기독교를 공인하게 된 이유에는, 분열된 로마를 통합할 수 있는 이데올로기로서의 목적도 있었다. 이 과정에서 당연히 로마제국에 협조적이었던 분파가 정식으로 인정을 받았고, 나머지는 이단으로 몰린다. 정파와 이단을 가르는 기준이 된 담론 중에 하나가 과연 예수 그리스도는 신적 존재인가, 위대한 인간인가에 대한 문제이다. 정파는 성자와 성부를 성령으로 잇는 해결책을 플라톤 철학에서 찾은 이들이었다. 그에 반해 그리스도의 인간적 면모를 부각시켰던 이단은 로마에서의 입지가 위태로울 지경이었다.

철학을 '죽음을 위한 준비'라고 말했던 소크라테스의 입장이 그대로 반영된 플라톤주의였으니, 여기에서 자신들의 나아갈 방향을 찾은 정파의 관심사는 당연히 이데아적 내세였다. 그에 비해 그리스도를 위대한 인간으로 받들고 있는 분파에게 관심사는 현세였다. 그들의 교리를 논리적으로 지원할 수 있는 철학적 근거는 아리스토텔레스였다. 그러나 이단으로 몰린 후 그들은 로마를 떠나 이슬람 세계로 넘어간다.

이슬람교의 '알 라 (al-ilāh)'는 'The God'을 의미하는 대명사이지, 특정 신을 지칭하는 말이 아니다. 또한 아브라함의 배다른 아들인 이삭과

이스마엘로부터 갈라져 나온, 따지고 보면 형제의 종교이다. 따라서 기독교의 모든 선지자들을 인정하며, 그리스도 역시 다른 선지자들과 같은 지위이다. 신격화를 정당화하지 않는 것은 마호메트 역시 마찬가지 경우이다. 때문에 이슬람 세계가 아리스토텔레스의 철학을 견지하는 신학에 대해, 다시 말해 위대한 인간으로서의 그리스도를 추종하는 신학에 대해 거부반응을 일으킬 이유가 없었다. 아리스토텔레스의 철학이 급격하게 퍼져 나간 이슬람 세계는 인문 전반에 걸친 발전을 거듭하게 된다.

기독교 사회가 십자군 전쟁을 걸쳐 깨달은 것도 이슬람 사회가 영위하고 있던 높은 인문 수준이었다. 이슬람의 영향으로 기독교 사회에서는 상업도시가 발달하기 시작한다. 역사를 돌아보면, 경제의 발전은 언제나 인문 수준의 고양으로 이어졌다. 점차 교양을 갖춘 시민계급들이 확산되면서, 이전의 내세적 패러다임으로 그들을 설득하기란 어려운 일이었다. 신학은 새로운 패러다임으로 진일보할 필요가 있었고, 로마의 신학자들은 그 방향성을 이슬람으로부터 역수입된 아리스토텔레스의 철학에서 찾는다.

첫 주자는 알베르투스 마그누스였다. 그는 신학이 신에 대한 담론을 늘어놓기 이전에, 신이 내린 피조물에 대한 이해로부터 시작해야 한다는 신념으로, 자연을 깊이 연구하고 그 속에 담긴 원리를 알아내는 일에 몰두한 과학자이기도 했다. 하여 사람들에게 '연금술사'라고도 불리기도 했으니, 훗날《파우스트》의 모티브가 되기도 한다. 괴테의 표현을 빌리자면 '모든 자만으로부터의 완전한 포기' 상태의 신앙이었다. 그의 제자가 바로 토마스 아퀴나스로, 스승만큼이나 아리스토텔레스의 철학을 지지한 신학자이다.

아퀴나스는 아우구스티누스 전통에서 빛의 담론으로 세계를 설명하는 '유출 이론'에 다른 관점의 빛으로 맞선다. 인간은 태양이 비추고 있는 세계를 관찰할 수 있지만, 태양 그 자체를 바라볼 수 없다. 그렇듯 인간의 지평으로 설명해 낼 수 있는 범주는 자연의 영역을 넘지 못한다. 때문에 인식은 관찰 가능한 범주 내에서 이루어진다. 아퀴나스가 근거로 인용한 텍스트는 《출애굽기》이다. 모세는 신에게 모습을 보여 달라고 재촉하지만, 신은 자신을 바라본 인간은 살지 못한다고 말한다. 그러나 모세의 간곡함을 외면할 수 없어서 모세의 뒤쪽을 지나치면서, 모세에게 등 뒤로부터 자신을 바라보라고 말한다. 아퀴나스의 요지는 인간의 지평 내에서 이루어지는 인식의 방법론을 신에게 똑같이 적용할 수 없다는 것이다.

아퀴나스의 《신학대전》은, 철학의 문법에 익숙하지 않는 이들은 다소 난해할 수 있는 인식론과 존재론으로 정치학, 심리학, 사회학 등을 아우르는 저서이다. 중세 시대에는 신학이 곧 천상과 지상을 아우르는 질서였다. 아퀴나스의 철학은 신학을 세속으로부터 분리해 내고자 하는 노력이었다. 세속에까지 천상의 질서를 들이밀 것이 아니라, 세속에는 세속에 합당한 철학이 필요하다는 것. 그리고 철학의 경계를 넘어선 신의 영역은 종교의 임무이다.

'스콜라 철학의 집대성'이란 수식은 어찌 보면 신앙과 이성의 융합이라기보다는 '절충' 정도의 수준이며, 아퀴나스에게 제기되는 비판이기도 하다. 아퀴나스는 철학으로 설명되어야 하는 현세의 담론도 결국엔 종교인들의 권한이라고 말한다. 해석하기에 따라 아퀴나스의 결론은 권력을 지닌 자들이 자성의 목소리를 내야 한다는 주장으로 받아들일 수 있으나, 훗날 권력의 담론으로 오용이 되기도 한 역사이다.

　　정치의 관점에서 본다면, 또한 아퀴나스 자신이 당대 권력의 담론에 참여하고 있는 신학자였다는 사실을 감안한다면, 아퀴나스의 한계는 다소 현실적인 면도 있다. 대중들은 필히 자기 수준에 부합하는 정부를 갖는다. 또한 대중들 개개인의 각성이 부조리한 권력을 견제할 수 있는 힘이기도 하다. 아퀴나스가 천상의 질서와 지상의 질서를 나누어 설명한 것은, 지상의 질서가 각성을 해야 천상의 질서도 바뀐다는 취지는 아니었을까? 이는 아퀴나스 스스로가 증명을 해보이기도 한 경우이다. 플라톤의 패러다임에서 아리스토텔레스의 패러다임으로 전환되어 가던 유럽에는, 르네상스의 인문주의 토대가 마련되고 있었다.

# 몽테뉴 - 《수상록》

## 미니멀리즘

미니멀리즘은 꼭 필요한 최소의 것들만을 소유하는 생활방식이다. 미니멀리스트인 미국 청년 조슈아 필즈 밀번은 쇼핑중독자였던 어머니의 유품들을 살펴보다가, 살림의 방향을 스스로에게 돌려 보기로 했다. 자신의 물건을 정리하면서, 자신이 어떤 사람이며, 앞으로 어떻게 살아가야 할지에 대한 진지한 고민 끝에, 밀번은 불필요하다 싶은 것들을 미련 없이 버리고 당장에 효용 가치가 증명될 수 있는 물건들만을 남겨 놓기로 결심했다. 미니멀리스트가 되어 가는 이 과정은, 자신이 사용하는 물건들로 삶의 방식을 고찰해 보는, 스스로에 대한 객관화의 작업이기도 하다.

몽테뉴의 《수상록》은 요샛말로 매우 미니멀하다고 할 수 있다. 법률가로서의 생활에 지쳐 있던 몽테뉴는 예속에서 벗어난 자유로운 삶을 꿈꾸며 37세의 나이에 은퇴를 한다. 그리고 이때부터 읽기 시작한 책들과 번잡스럽지 않은 라이프스타일 안으로 들어찬 신변잡기적 성찰들이 《수상록》의 토대가 되어 주었다. 실상 미니멀이란 표현을 갖다 붙이기에는 워낙 다양한 주제를 포괄하고 있는 텍스트이다. 때문에《수상록》을 요약하는 작업은 쉽지만은 않은 일이며, 차라리 '발췌'에 최적화된 구성이라고 해야 할 것이다. 그러나 어수선한 시대상에서 한 발자국 물러나 삶을 돌아보는 사상가의 글월들은, 그 모든 어수선한 관계를 덜어 내고 다분히 저 자신에게 전념하는 객관화 작업이다. 몽테뉴는 스스로에 대한 앎이 모든 앎에 우선되어야 한다고 생각했다

세상 사람들은 눈앞에 있는 것만 바라본다. 나는 내 안으로 눈길을 돌려 고정하고, 그 안을 부지런히 들여다본다. 사람들은 저마다 앞만 바라본다. 나는 내 안을 들여다본다. 나는 나만을 들여다본다. 끊임없이 나를 검토하고, 나를 분석하고, 나를 맛본다.

몽테뉴는 자기 자신을 직시하는 것으로 이야기를 시작한다. 이야기를 일반화하기 앞서 개인을 온전한 인간으로서 보편화시키는 사전작업이다. 그 작업은 그 유명한 크 세주(que sais-je, 나는 무엇을 아는가?)의 명제로 이어진다.

에세이 장르의 시초로 회자되는 간결한 필치부터가 그의 미니멀리즘 철학을 대변하는지도 모르겠다, 수필(隨筆)의 한자어를 해석해 보자면, 떠오르는 대로 적는다는 의미이다. 이보다 구체적인 조어가

《Essais》의 번역어인 '수상록(隨想錄)'이라고도 할 수 있겠다. 물론《수상록》이전에 시초의 단서가 존재하지 않았던 것은 아니다. 자신이 《Essay》라는 제목의 저서를 출간하기도 했었던 베이컨에 따르면, 그 기원을 세네카까지 거슬러 올라가야 한다.

그러나 몽테뉴가 하나의 전형을 제시했다는 점은 분명해 보인다. 그 전형이란 자신의 독서 경험에서 축적한 격언들을 인용하고, 자신의 생각을 덧붙이는 방식이다. 때문에 몽테뉴의《수상록》을 '세심하게 선택한 격언을 평하는 글'로 설명하는 학자들도 있다. 이런 인용 문학의 형식은 오늘날 논문 장르의 선구이기도 하다. 역사의 어느 기간 동안은 '에세이'라는 단어가 논문을 가리키는 의미로 사용되기도 했으며, 동시에 에세이와 논문을 구분하는 규준이 만들어지기도 했다.


## 낯선 익숙함

컴퓨터나 종이에 글을 적어 내리다 보면, 매일같이 사용하는 한글 단어들이 가끔씩 낯설게 느껴질 때가 있다. 'ㄴ'과 'ㅏ'가 만나 '나'가 된다는 사실이 가끔씩은 왜 그토록 신기하게 다가오는 것일까? 익숙할 때는 전혀 인지하지 못하다가 어느 순간 문득 낯설어지는 경우, 우리는 비로소 익숙하다고 생각하는 그것들을 자세히 들여다보곤 한다. 몽테뉴는 자기 자신에 대해 이렇게 느꼈다. 자신을 잘 파악하고 있다고 생각했지만, 오히려 보면 볼수록 내 스스로가 낯설고 어렵게 느껴졌던 것이다.

나는 이 세상에서 나 자신보다 더 이상하고 놀라운 것을 본 적이 없다. 온갖 기이한 것도 시간이 흐르고 습관이 들다 보면 익숙해진다. 그러나 나를 살펴보면 살펴볼수록 그리고 나에 대해서 알면 알수록, 그 기형적인 모습에 놀라고 나 자신을 이해하기가 점점 더 어려워진다.

객관화란 결국 나 자신을 돌아보는 성찰이기도 하지만, 스스로를 낯설게 바라보는 노력이기도 하다. 아무리 객관의 노력을 기울여도 결국엔 주관이겠지만, 그런 노력을 통해서 조금이나마 우리는 스스로에 대한 반성적 거리를 확보할 수 있다. 몽테뉴에게 객관화는 단순히 객관화하는 과정에서 그치는 것이 아닌, 자신의 실체를 겸허히 받아들이고 인정하는 성찰 그 자체이다. 그리고 이런 과정으로서의 삶은 종착지인 죽음까지 이어져야 함을 아울러 말하고 있다.

죽는 법을 배운 사람은 노예 상태에서 벗어난 사람이다. 생명의 상실이 나쁜 것만은 아님을 깨달은 사람에게 인생에서 나쁜 것이란 아무것도 없다. 죽는 법을 알면 모든 예속과 속박에서 벗어난다.

몽테뉴는 다분히 회의주의적 성향을 띠는 사상가이다. 세상 모든 것을 불확실하고 불분명한 것으로 간주하며, 이는 인간의 불완전함에서 기인하는 것이라 말한다. 우리가 보고 느끼는 것들이 지식과 진리의 전부가 아니며, 완전함으로 규정할 수 있는 것들은 아무것도 없다. 그러나 몽테뉴의 결론이 곧 회의주의인 것은 아니다. 세상의 진리와 올바른 삶의 방식을 결정하는 것은 어차피 개인의 몫이다. 같은 것을 보더라도 개인의 상황에 따라 다르게 판단하는 것처럼 말이다. 때문에 몽테뉴는 차라리 자기의 안을 들여다봄으로써 자신의 밖에 대한 단서를 찾고자 했던 것이다. 그렇듯 간결한 필치로 써내려 간 자기성찰의 성격이지만, 단순히 은둔자의 한가로운 글은 아니다.

# STEP 4

# 밀턴 - 《실낙원》

## 욥기

철학을 공부하는 입장에서는 성경을 신앙의 텍스트로 취급할 수만도 없다. 그 텍스트의 안과 밖을 연계하고 있는 조건들이 유럽의 사상사이기도 하기 때문이다. 잔혹할 정도로 기독교에 대한 비판을 퍼부은 니체이지만, 유일한 기독교인은 그리스도 자신이라 했을 정도로, 그리고 그 자신이 그리스도의 환생이 아닐까를 의심했을 정도로, 그리스도에 대해서는 경의를 표하는 편이다. 니체에겐 바울이 문제다. 그리스도의 후학들에 의해 기독교가 정치적으로 왜곡이 되었다는 것. 이는 동양도 마찬가지의 문제를 안고 있다. 《논어》가 공자의 친필로 써내려 간 강의록이겠는가? '적통'의 명분으로 증자 계열들에 의해 편집이 이루어진 경우이다.

이런 연유로 니체는 신약이 혐오스럽다며 장갑을 낀 채로 집어 들어 페이지를 넘겼다고 한다. 그 혐오스러운 걸 그렇게라도 읽었다는 사실 자체가 인문학적 의의를 반영하는 사례인지도 모르겠다. 그에 반해 구약은 니체도 그 풍요로운 인문학적 요소들을 인정하는 바이다. 그중에서도 가장 풍요로운 지점은 단연《욥기》로, 철학사에서는 '실존'의 페이지에 많이 언급이 되는 경우이다.

《욥기》는 이스라엘인들에게만 국한된 이야기도 아니며, 무게중심이 신보다는 인간에게 쏠려 있다. 부유하지만 경건한 사람이었던 욥은 사탄의 시험으로 가족과 재산을 모두 잃는 고난을 당한다. 그런데 과연 사탄이 욥이 겪어야 했던 재앙의 원인이었을까? 아니면 욥의 결과로 사탄이 다가온 것이었을까? 사탄은 신의 시험으로 다가온 신의 사자인 것인가? 그렇다면 사탄은 신과 협력의 관계인가? 욥은 그 신실함으로 인해 시험의 대상으로 선택받은 자인가? 아니면 저 자신은 경건하다고 생각하나, 실상 생각보다는 신실하지 못해 사탄을 맞닥뜨린 것일까? 그렇다면 사탄은 신이 내린 형벌인 것일까?

결국엔 시험을 견뎌 내고, 잃었던 것들을 모두 되찾은 욥은 신에게 묻는다. 왜 때로 선한 사람이 고난을 당하고, 악한 사람에는 운이 따르는가에 대한…. 신의 대답은 질책의 성격이었다. 네가 신도 아니면서 내 마음을 어찌 아느냐는 식의…. 그리고 다소 엉뚱하게 신 자신의 전능함을 늘어놓는다. 나는 이런 것도 할 수 있다는 식의…. 결국엔 섭리는 신 스스로가 알아서 할 일이고, 인간의 지평으로는 결코 이해시킬 수 없다는 이야기. 신의 뜻을 함부로 재단하는 일부 기독교인들의 문제점은, 정작《성서》도 제대로 읽지 않는다는 점에 있다.

## 잃어버린 낙원

사탄은 본래 천사의 지위였으나, 신과 동등해지고자 하는 교만의 죄를 짓고서 천상에서 쫓겨난 존재이다. 사탄은 신에 대한 보복으로, 그의 피조물인 인간을 유혹하기에 이른다. 최초의 인류는 고통과 죽음이 없는 낙원에서의 모든 권리를 누리며 행복하게 살아가고 있었다. 그들에겐 한 가지 금기사항이 있었으니, 바로 '지혜의 나무'에 열리는 열매를 먹지 않는 것이다. 사탄은 뱀의 모습으로 낙원을 찾아가 이브를 유혹한다. 유혹에 넘어간 이브는 결국 금단의 열매를 입에 넣고야 만다. 아담마저 열매를 맛보게 되고, 신은 자신의 명을 거스른 죄로 고통과 죽음의 벌을 내린다.

그러나 또한 자신의 피조물들은 사랑했기에, 그들의 파멸을 마냥 지켜보지만은 않았다. 신은 천사를 보내어 아담과 이브에게 앞으로의 인류의 역사를 환영으로 보여 줌과 동시에, 그리스도가 죽음과 부활로써 인류를 구원할 것임을 예언한다. 이들은 신의 약속을 믿고 쓸쓸히 낙원을 떠난다.

밀턴은 '크라이스트 귀부인'이란 별명을 들을 정도로 조신하고 신앙심이 깊었다. 그는 문학을 통해 신을 찬양하고 그 영광을 세상 사람들에게 널리 알리는 것을 평생의 업으로 삼았다. 과도한 독서로 44세가 되던 해에는 실명을 하기에 이르지만, 그의 구술을 딸이 대신 받아 완성한 불후의 대작이 《실낙원》이다. 총 12편, 1만여 행에 이르는 방대한 분량의 대서사시, 그 첫머리에 밀턴이 작품의 목적으로 명시한 바는, 인류를 창조하고 타락으로부터 인류를 구원한 신의 위업을 기리기 위함이다.

최초의 인류는 한순간의 방심으로 사탄에게 미혹되어 신의 금기를 어기고 만다. 아담과 이브가 사탄의 유혹에 무너진 까닭은 무엇일까? 그 원인은 바로 '교만', 신이 가진 지위와 능력을 탐했던 그들은 사탄과 동일한 죄를 짓게 된 것이다. 《실낙원》에서는 죄의 근본적인 동기를 신에게 순종하지 않는 피조물의 교만이라 적고 있다. 신은 최초의 인간들에게 많은 것을 허락하였으나, 단 하나의 행위를 금하였을 뿐이다. 이를 어긴 벌로 여자는 해산의 고통을 겪게 되고, 남자는 가정의 생계를 위해 노동의 수고로움을 감내해야만 했다. 또한 무한의 시간을 살던 이들은, 이젠 언제 끝날지 모르는 유한을 두려워해야 했다.

그렇다면 한번 타락한 인간은 다시는 구원받을 수 없는가? 이에 밀턴은 답한다. 신의 중보자이자 독생자인 그리스도의 구원을 믿고, 기도하고 회개하여 의로운 삶을 살 때 죽음의 형벌로부터 구원을 받을 수 있다. 인간의 죽음은 곧 원죄의 결과이다. 그리스도는 이러한 인간의 죄를 대신하여 죽었다가 부활한 존재이다. 그를 따르는 사람들은 죽음으로부터 구원되어 영원한 삶을 살게 될 것이다. 이것이 밀턴이 전하는 복음의 메시지이다.

## 인간의 자유 의지

전지전능의 신은 이 선악과 커넥션에 대해 미리 알고 있었다. 그런데 신은 왜 사탄의 교만과 인간의 타락을 허여했던 것일까? 신이 인간에게 '자유로운 의지'를 부여하였기 때문이다. 뿐만 아니라 그 자유 의지를 올

바로 사용할 수 있는 '이성'까지 부여했다.

하나님께서 의지를 자유하게 하셨으니, 이성을 따르는 자는 자유로 우리라. 그는 이성을 바르게 만들어 항상 경계하고 주의하도록 하셨 으니, 그렇지 않으면 외형이 아름다운 것에 유혹받아 하나님이 금지 한 바를 행하도록 의지에 그릇 명령하고 그릇 전하리라.

선과 악 사이에서의 갈등은 신이 부여한 자유의지 덕분이기도 하 다. 그러나 이성을 바르게 따르기만 한다면 악을 행하지 않을 수 있다. 이성이 마비될 때 인간은 타락하고 만다. 아담과 이브가 금단의 열매를 따먹음으로써 죄를 짓게 된 것은 이성의 눈이 어두워졌기 때문이다. 자 유 의지로 이성을 회복할 때, 인간은 죄의 굴레에서 벗어나 진정으로 행 복한 존재가 될 것이다.

그렇다면 신은 왜 군이 인간에게 자유 의지를 허하고, 또한 시험에 들게 한 것일까? 강요된 상태에서가 아니라 자유로운 상태에서 선을 이 루어 가는 인간의 존엄성에 대한 배려였다. 자유로운 의지로 발현된 충 성과 신의가 보다 독실한 믿음의 가치이지 않겠는가? 이는 훗날 무신론 자 사르트르가 내린 사랑의 정의이기도 하다는 아이러니. 다른 것을 택 할 수도 있는 가능성이 열려진 상태에서의 절대적 선택, 그렇듯 진정한 사랑은 자유를 전제로 한다. 신을 향한 것이든, 사람을 향한 것이든….

# 단테 — 《신곡》

단테가 혼신의 힘으로 써내려 간 1만 4,233행. 괴테의 평생에 걸쳐 공을 들인 《파우스트》도 이보다 못 미치는 1만 2000여행 정도다. 《신곡》은 단테에게 인간이 들일 수 있는 무한의 노력을 요구했으며, 단테는 그런 《신곡》의 부름에 기꺼이 응하였다. 꼭 신앙의 이유에서가 아니더라도, 인류사의 최정상급 문학이라는 점에서도 《신곡》을 읽는다는 것은 무한의 세계와 접하는 영적 체험이기도 하다. 작가가 혼신의 힘을 기울여 쓴 작품이라면, 독자에게도 최소한의 자세는 필요한 법이다. 《신곡》을 음미할 권리는 아무에게나 주어지는 것이 아니다. 반드시 일정한 시간과 노력을 들인 이들에게만 허락된다.

## 지옥 편

나를 거쳐서 고통스러운 마을로 가고 나를 거쳐서 영원한 고통 속으로 가며 나를 거쳐서 저주받은 무리 속으로 간다.

    단테가 묘사한 지옥문은 이후로 많은 사람들에게 영감을 불러일으켰으니, 대중들에게 가장 널리 알려진 경우가 로댕의 작품일 것이다. 이 구절로부터 시작되는 지옥의 묘사는, 문학의 소산(所産)이 기독교의 내세관을 결정지었다는 종교사적 의의까지 지니고 있는 부분이다. 인간은 누구나 한 번쯤은 사후 세계를 상상해 보기 마련이다. 삶의 시간으로는 결코 알 수 없는 미지에 대한 불안이, 그것을 위로하기 위한 종교와 철학을 발생시켰다는 점에서, 죽음에 대한 불안만큼이나 인문적 보편성인 문제도 없을 것이다. 수많은 이들이 죽음에 질문을 던졌고 스스로가 그 해명이 되고자 했던 삶의 역사. 단테의《신곡》역시 그런 삶과 죽음에 관한 해명의 노력 중 하나이다.
    《신곡》은 단테가 망명길에 오르면서 기획된 작품으로, 행동하는 지식인으로서 처한 현실의 절망과 희망이 투영되어 있다. 그 단적인 예가 지옥에서 만난 교황들일 것이다. 단테의 신앙에서 보자면, 당대의 교황들은 황제와의 권력투쟁에만 몰두해 있는 죄악들이었다. 단테가 현실에서 이루지 못한 이상의 정치, 그 정치적 패배를 다독이는 위로가 스스로 상상해 낸 지옥이기도 했다.
    단테에게 저승세계를 안내하는 이는 로마의 시인 베르길리우스이다. 단테가 존경했던 문인이기도 했지만, 지옥으로의 여행이라는 포맷

자체가 베르길리우스의 《아이네이스》를 떠올리게 한다. 《오디세이아》의 표절로 비난을 받기도 하는 《아이네이스》의 지옥 여행 장면은, 신화에서는 종종 삶의 해법으로 제시되는 클리셰이다. 삶에 대한 오류를 범한, 먼저 살다 간 이들의 뒤늦은 성찰을 들을 수 있는 곳으로 지옥만 한데가 없지 않겠는가.

단테는 아리스토텔레스의 《니코마코스 윤리학》, 키케로의 《의무론》, 토마스 아퀴나스의 《신학대전》을 바탕으로 그 이전에 결코 볼 수 없었던 자신만의 지옥도(地獄圖)를 완성한다. 지옥은 아홉 개의 위계가 있으며, 밑으로 내려갈수록 공간이 점점 좁아지는 깔때기와 같은 구조이다. 죄의 등급에 따라 머물게 될 자리가 달리 정해지는데, 아래로 내려갈수록 죄질이 무겁다.

단테가 완성한 지옥도에서 우리의 주목을 끄는 곳은 두 군데가 있는데, 첫 번째는 림보라는 장소이다. 림보에 있는 이들은 지옥의 다른 장소에 있는 이들처럼 고통은 겪지 않는다. 여기에 있는 이들은 지옥에 갈 정도의 죄를 짓지는 않았지만, 그리스도를 알지 못하고 죽은 사람들이다. 소크라테스, 아리스토텔레스, 세네카, 키케로 등등 고대의 현자들이 이곳에 있다. 단테에게 저승세계를 안내하는 로마의 시인 베르길리우스도 여기에 머물고 있는데, 그 역시 그리스도 이전에 태어나고 삶을 마감한 탓이다. 지옥에서 영원한 고통을 당하는 영혼들에 비해 처지가 낫기는 하지만, 림보도 엄연히 지옥의 일부이다. 고대의 현자들은 영원히 그곳에 살아야 하는 끔찍한 운명이다. 지극히 기독교 중심의 사고방식이라는 비판이 빗발칠 수 있겠지만, '당대를 풍미한 어떤 천재도 그가 처한 역사적 조건을 뛰어넘을 수는 없다'던 마르크스의 지적을 감안해야 할 일이다.

　주목을 끄는 또 다른 지옥은 그야말로 지옥의 끝이라고 할 수 있는 단계이다. 여기에는 친족, 조국, 지인, 은인을 배반한 이들과, 한때 천사였다가 신을 배반한 죄로 천상에서 쫓겨난 루시퍼가 있다. 이는 루시퍼가 천상에서 쫓겨나던 날에 추락의 운동에너지로 여기까지 뚫어 놓은 것이기도 하다. 단테는 인간이 저지를 수 있는 어떤 죄악보다 배반을 무거운 죄로 간주한다. 이곳에서 가장 혹독한 형벌을 받는 이는 은전 30냥에 그리스도를 팔아넘긴 가롯 유다이다. 지옥은 단테 식의 인과응보와 권선징악이 지배하는 세계로, 이 세계를 지배하는 근본적인 힘은 단테가 생각한 '정의'이다.


## 연옥 편

연옥은 천국과 지옥의 중간쯤인데, 지옥에 갈 정도의 죄를 지은 것은 아니지만 천국에 오르기에는 어딘가 부족한 이들이 배정되는 곳이다. 자크 르 고프의 저서 《연옥의 탄생》에 따르면, 연옥은 그리스도 교리의 전통에서 익숙한 개념은 아니다. 그것은 기껏해야 단테가 태어나기 백 년 전쯤인 13세기에 알려진 것이었다. 지옥과 천국의 개념은 그리스도 교리나 문학의 바탕이 있었지만, 연옥은 단테 자신이 어디에도 기대지 않고 홀로 창조해야 했던 곳이었다.

　연옥은 정죄(淨罪)의 장소로, 본인이 죄를 씻거나 현세의 사람들이 그를 위해 기도해 주면, 언젠가 천국으로 올라갈 수 있다는 희망이 자리한 곳이다. 이것이 지옥과 연옥의 가장 뚜렷한 차이이다. 단테 자신은 이 작품에 'Commedia'라는 제목을 붙였는데, 단테에 관한 최초의 평전을 쓴 보카치오가 이 작품은 단순히 희극으로만 일컬을 수 없다 하여 형용사인 '신적인(Divina)'을 붙이면서 '신적인 희극'이라는 의미인《신곡》이 탄생하게 된 것이다. 그 신성한 해피엔딩은 이 연옥에서의 희망이 방점인지도 모르겠다.

실낱같으나마 존재하는 희망과 아예 희망이 부재하는 절망의 차이, 그 상징성이 연옥의 하늘에 떠 있는 별이다. 단테가 지옥에서 벗어나자마자 마주친 광경은 별이 떠 있는 영롱한 하늘이었다.

맑디맑은 하늘의 얼굴 속에 엉기어 있던 동방의 푸른 수정의 감미로운 색채가 다시금 나의 눈을 기쁘게 하였다. 사랑을 재촉하던 아름다운 유성은 그걸 에워싸고 있는 물고기자리를 덮어 동방의 온 천지를 웃음 짓게 하였다.

지옥과 연옥의 구조 역시 이런 차이를 대변하는 상징이다. 앞서 살펴보았듯 지옥은 아래로 내려갈수록 죄와 벌의 크기가 커진다. 그에 비해 연옥은 위로 올라가면서 천국으로의 희망을 키워 가는 구조이다. 인간의 가장 큰 죄악인 교만, 질투, 게으름, 분노, 탐식, 육욕, 인색을 씻어내며, 끊임없이 정죄의 산을 오르는 노고. 이것이 영화〈세븐〉의 모티브이기도 했다. 연옥에서는 본인이 죄를 씻는 노력도 중요하지만, 그를 위해 기도해 주는 다른 사람의 기도가 필요하다. 기도를 해주면, 정죄의 기간이 짧아지기 때문이다.

오, 형제여, 올라가면 무슨 소용인가? 문 위에 앉아 있는 하느님의 천사가 나를 정죄하도록 허락하지 않을 텐데. … 성총 안에 사는 마음에서 일어나는 기도들이 먼저 나를 도와주지 않는다면 천국에서 들어주지 않는 다른 기도가 무슨 소용 있겠소?

이런 설정은 어떻게 이해해야 하는 것일까? 결코 혼자서만은 살아갈 수 없는 사회적 존재. 우리는 어떠한 형태로든 타자와 관계를 맺고산다. 그러나 신앙을 빌미로 인간에 대한 예의를 다하지 못했던 종교의역사, 망명길에 올라야 했던 단테 자신이 그 역사의 증인이기도 했다. 스피노자에 따르면, 우리가 신의 절대성을 직접적으로 마주할 길이 없기에, 신의 표현으로서 뻗어 나온 인간을 사랑하는 방식으로 신을 향한사랑을 증명해야 하는 것이다. 그리스도의 정신 역시 본질적으로 인본주의이다. 공자를 빌리자면, 사람도 제대로 사랑하지 못하면서 어찌 신에 대한 사랑을 운운하느냐 말이다. 천국과 지옥이 여기 있다 저기 있다할 것이 아니요(도마복음), 심판의 날은 이미 도래해 있다(니체). 스스로지은 업으로부터 갈라지는 천국과 지옥, 그 사이를 잇고 있는 것은 결국인간에 대한 사랑이다.


## 천국 편

단테가 묘사한 천국은 이해하기 어려운 텍스트로 알려져 있다. 르네상스를 특징짓는 아리스토텔레스와 아퀴나스의 사상이 융합된 철학을 바탕으로 하는 이유도 있겠지만, 그만큼 유럽사의 기반인 헬레니즘과 헤브라이즘에 걸쳐 있는 정수임을 증명하는 측면이기도 하다.

천국 역시 등급이 나뉘어져 있는 구조이다. 모든 영혼이 수평적인 권리를 누리는 게 아니라, 등급에 따라 신의 빛을 많이 받느냐 적게 받느냐의 조도 차가 존재한다. 신이 자리한 정점의 하늘로 향해 올라가면서, 기독교에서 받드는 주요 성인들과 만나게 되는데, 이 성인들은 한없이 자애로우면서도 엄한 존재이기도 하다. 지옥과 연옥에서의 여정은 고통받고 죄를 씻는 영혼들을 살펴보는 관찰자 정도의 입장이었다면, 천국에서는 단테에게 참여자의 자세를 요구한다. 단테가 확인한 천국은 우리가 생각하는 것과는 달리 시험의 장소였다.

천국의 설계자와 관리자들은 단테에게 천국의 모습을 구경시켜 준 뒤, 본격적으로 교리에 관한 질문을 던진다. 질문에 제대로 된 답을 내놓지 못한다면, 단테는 더 이상 나아갈 수 없다. 영원히 그 상태에 머물러야 한다. 그렇듯 천국은 입성 자체로 끝나는 것이 아닌 계속해서 정진해야 하는 곳이다.

천국에 당도한 단테는 베르길리우스와 헤어진다. 그리고 성녀 베아트리체의 안내를 받는다. 베아트리체는 단테가 어린 시절부터 흠모해 온, 단테에게 있어선 신의 허여 이전부터 성녀의 지위였던 여성으로, 단테 문학의 근원이기도 했던 열정이었다. 베아트리체가 실존인물인지, 아니면 단테의 이상을 상징화한 가공의 존재인지에 대해서는 이견이 있다. 그녀의 신분은 이탈리아 최고의 가문이었고 단테는 몰락한 귀족의 처지였다. 그녀는 단테의 존재를 알지도 못했고, 단테 혼자만이 '끝내 이루지 못한 사랑'으로 기억할 뿐이다. 그나마도 꽃다운 나이에 신의 부름을 받게 된 그녀는, 신의 곁에서 성녀가 되어 있었다.

결국 천국이란 곳은 단테가 피안에 그려 넣은 차안의 이상이었다. 단테가 겪은 지옥과 연옥 역시 신의 심판이기 이전에 단테가 생각하는 인간세의 도덕이다. 그렇듯 단테는 내세를 통해 현세를 말하고자 했던 것이다.

# 뉴턴과 아인슈타인

## 프린키피아

스쿨(school)이란 단어는 '스콜라(schola)'에서 유래하는데, 본디 '여유'라는 뜻으로, 오늘날로 치면 교양교과의 의미이다. 스콜라 철학은 아리스토텔레스의 철학과 밀접한 관련이 있다. 플라톤 철학과 신학이 결합한 아우구스티누스의 전통에선 자연과학이 취약했다. 일찍이 아리스토텔레스의 체계를 받아들여 신학을 비롯한 인문학 전 영역에서 기독교 사회를 앞서고 있었던 이슬람 문화도 자극제였다. 유럽은 아리스토텔레스를 역수입하게 되고, 수도원을 중심으로 이루어진 학문적 연구가 오늘날 대학의 전신이다.

대학에서 의학을 공부 중이던 갈릴레이는, 어느 날 우연히 피사 대성당의 천장에서 흔들리고 있는 램프를 지켜보다가, 자신의 맥박을 이용하여 그 진동주기를 측정해 본다. 진폭이 클수록 왕복시간이 더 많이 걸릴 것이라는 당시의 상식을 뒤집는, 진폭과는 무관하게 진동주기가 일정하다는 '진자의 등시성'을 발견한 후, 갈릴레이는 의대를 중퇴하고 과학자의 길로 들어선다.

갈릴레이의 연구 결과들은 당시만 하더라도 절대적 권위였던 아리스토텔레스와 신학에 반하는 결론들이었다. 아직은 과학이 종교의 구속에서 자유로울 수 없었던 시절, 결국 종교재판에 회부된 갈릴레이는 자신의 주장을 철회한다. 극형은 면했으나 대신 평생 가택에 연금된 채 여생을 보내야 했다. 로마 교황청은 360년이 지난 1992년에서야 갈릴레이의 유죄 판결에 대해 사과했다.

익히 알고 있듯, 단초가 된 사건은 지동설이다. 갈릴레이의 반박은 천동설뿐만이 아니라 천동설을 견지하던 당시 과학계 전통 전반에 관한 것이었다. 뉴턴과 관련해서 살펴볼 근거는 바다의 조석현상이다. 아리스토텔레스-프톨레마이오스의 전통에서는 설명되지 않는 조수현상을 갈릴레이는 지구의 공전과 자전으로 증명하고자 했다. 문제는 갈릴레이의 계산과 실제의 조석주기가 일치하지 않았다는 점. 훗날 이 현상은 뉴턴의 중력이론으로 해명이 된다.

흔히들 뉴턴이 떨어지는 사과를 보고 중력을 발견했다고 알고 있지만, 중력 개념은 고대에도 있었다. 뉴턴의 공로는 지상의 현상으로 천상을 설명해 냈다는 점이다. 아리스토텔레스-프톨레마이오스의 전통에서는 천상계와 지상계의 운행법칙이 달라야 한다. 즉 그 시절의 하늘은 여전히 신앙의 토대 위에서 관찰이 되고 있었던 것이다. 갈릴레이가 다 허물지 못했던 구시대의 패러다임은 뉴턴에게서 여지없이 무너지게 된다.

가치 전환의 신념을 지녔던 계보는 코페르니쿠스로부터 갈릴레이로, 그리고 케플러로 이어진다. 케플러는 그전까지 원이라고 믿고 있었던 행성의 공전 궤도가 실상 타원이라는 사실을 공표하기에 이른다. 그러나 케플러를 지지하는 과학자들도 왜 타원 궤도인지에 대해서 설명을 해내지 못했다. 이걸 뉴턴이 증명해 냈고, 이 사건을 계기로 역학과 천문학의 전반적인 내용을 정리해 보라는 권유와 원조 속에 탄생한 저서가 《프린키피아》이다.

저서의 원제목은 《자연철학의 수학적 원리(Philosophiae Naturalis Principia Mathematica)》, 후대 사람들은 이 긴 제목 중 원리라는 뜻의 'Principia'만 따서 줄여 불렀다. 《프린키피아》는 총 3권으로 구성돼 있다. 첫 번째 장에서는 우리가 학창시절에 배운 교과지식으로도 익숙한 관성의 법칙, 힘과 가속도의 법칙, 작용과 반작용 법칙이 등장한다. 제1법칙과 제3법칙은 이미 갈릴레이와 데카르트의 역학 체계를 간단명료한 수학적 공식으로 종합한 것인데 반해, 제2법칙은 뉴턴이 창안해 낸 것이다. 이는 훗날 뉴턴을 반박한 새로운 패러다임 속에서도 살아남은, 현재까지도 인류가 가장 많이 활용하는 공식 중 하나이다. 그러나 실상 뉴턴의 창안이라고 볼 수만도 없다.

뉴턴의 3대 발견이라 하면, 중력과 미적분 그리고 빛의 입자적 성질이다. 그러나 그 모든 발견에 과연 뉴턴이 최초인가를 묻는 논쟁이 얽혀 있다. 가장 유명한 논쟁은 뉴턴의 수학적 완성도의 기반이 되는 미적분으로, 그 대상은 라이프니츠이다. 중력의 문제에 관해서도 로버트 훅과 시비를 가려야 하는 입장이다. 훅은 빛의 파동설을 지지하면서 뉴턴에 맞섰는데, 이전에 견지했던 입자설도 자신의 창안이라는 주장으로 뉴턴을 곤혹에 빠뜨린다. 뉴턴 이전과 이후를 나누는 '힘' 개념도, 항상 논적의 입장이었던 훅이 화해의 제스처로 뉴턴에게 검토를 요청했던 아이디어에서 착안한 것이다. 그러나 뉴턴은 끝내 훅의 공로를 언급하지 않았고, 두 사람은 평생 화해하지 못한다.

《프린키피아》제3권에서는 본격적으로 만유인력에 대해 다룬다. 여기서 갈릴레이가 지구의 자전과 공전으로 설명하려 했던 조석현상을 해와 달의 인력으로 해명한다. 이는 천상과 지상이 동일한 자연의 원리로 돌아간다는 사실을 천명한 사건이기도 했다. 중세는 Dark Ages라고 명명될 만큼 지적 발전이 더뎠던 시기였다. 르네상스에 이르러 역사는 전환의 대명사인 코페르니쿠스를 마주쳤지만 끝내 외면했다. 기존의 권위로부터 자유로워지고 싶었던 과학의 노력은, 갈릴레이와 케플러를 거쳐 뉴턴에게서 완수된다. 물론 그 역시 다시 후학들에 의해 전환되어야 하는 구시대적 권위의 운명이었지만….

천상과 지상을 화해시킨 뉴턴의 과학은 신학과의 화해이기도 했다. 영화 〈다빈치 코드〉의 결말이 뉴턴이었던 것처럼, 뉴턴이 지닌 과학자로서의 신념은 신을 부정하진 않는다. 《프린키피아》의 말미에서도 그는 신을 언급한다. 우주는 신의 섭리가 충만한 공간이고, 신의 뜻대로 작동하는 질서가 우주 그 자체이다. 인류는 과학을 통해 적어도 인간의 세계에서 관철되는 신의 섭리는 이해할 수 있다. 그렇듯 과학이란 신이 인간에게 허락한 지평 안에서 최선을 다해 알고자 노력하는 분야이다.

자연과 자연의 법칙은 어둠에 잠겨 있었는데,
신이 "뉴턴이 있으라!" 하자 세상이 밝아졌다.

뉴턴의 장례식을 주관한 알렉산더 포프는《창세기》구절을 인용해 뉴턴을 칭송했다. 이제 최대의 출력으로 지구의 중력에서 벗어나 신에게로 닿고자 하는 뉴턴을….

## 상대성 원리

중학교 시절 과학교과서에서 봤을 법한, '관성의 법칙'을 설명하는 그림 자료. 움직이는 트럭 위에서 공을 공중으로 던지면, 트럭에 탄 실험자에게는 공의 운동은 직선이지만, 트럭 밖에서 보는 관찰자에게 공의 운동은 곡선이다.

이 장면으로 상대성이론을 설명해 본다면, 주목할 지점은 공이 움직인 거리이다. 트럭의 관성과 함께하는 이에게는 직선의 거리이지만, 트럭의 관성 밖에 있는 이에게는 곡선의 거리이다. 같은 시간동안 같은 속도로 다른 거리를 움직였다면, 트럭의 안과 밖에서 흐른 시간이 다른 것이다. 이것이 상대성 이론을 설명하는 가장 쉬운 사례이지 않을까 싶다. 운동에 직접 참여하는 입장과 운동을 관찰하는 입장, 즉 서로 다른 '관성계'에 놓인 상황은 서로 다른 시간을 매개한다.

우주여행을 떠난 쌍둥이 형이 다시 지구로 돌아왔을 때, 지구에 있던 쌍둥이 동생이 더 늙어 있을 것이라는 담론이 이런 상대성 원리에 관한 것이다. 그런데 이 특수상대성 이론에 의하면, 우주선의 입장에서는 지구가 멀어지는 것, 즉 상대적으로 지구가 운동을 하고 있는 것이기도 하다. 때문에 우주선의 입장에서는 되레 지구의 시간이 더 느리게 흐르게 된다. 이 역설에 관한 해명이 중력과 시간의 상관을 설하는 일반상대성 이론이다.

결론부터 말하자면 우주선의 빠른 속도가 만들어 내는 관성력은 중력과 같은 힘이며, 그 중력의 세기에 따라 시간은 다르게 흐른다. 관성력이란 엘리베이터가 위로 올라가면 일시적으로 느낄 수 있는 그 압력을 말한다. 우주여행을 가능케 할 정도의 속도라면 그 관성력이 얼마일까? 적어도 지구의 중력보다는 클 것이다. 중력이 클수록 시간은 느리게 흐른다.

우리의 감각이 뉴턴의 역학을 상식으로 받아들이기에, 상식적으로 이해가 힘들만도 한 이 이론은, 일식기간에 태양 뒤편에 있는 별을 관찰함으로써 증명됐다. 태양에 뒤에 있다면, 태양에 가려져 있을 텐데, 어떻게 관찰을 했다는 것일까? 태양 뒤에 있는 별의 빛은 태양의 중력에 휘어진다. 즉 별빛이 커브의 형태로 지구에 도달하는 것이다. 지구에서는 이 별이 태양의 옆에 위치한 별로 보인다. 그런데 그 별빛이 태양의 특정부분을 거치면서 휘는 것이 아니기에, 여러 잔상으로 흩어져 있는 모습으로 관찰이 된다.

지구본에 직선을 그은다면, 그 직선은 실상 지구의 곡면에 그어진 곡선이다. 별 주위의 중력장은 별의 모양대로 굽어져 있는 공간이다. 다른 별의 빛이 그 공간을 통과한다면 어떻게 될까? 별빛 자신은 직진의 성질대로 나아갔을 뿐인데, 중력에 의해 굽어지는 것이다. 중력의 세기가 아주 크면 별빛 또한 큰 각으로 휘게 된다. 블랙홀처럼 강한 중력장 안에서는 휘다 못해 소용돌이처럼 말려들어 가는 것이다.

중력장을 지나는 빛이 일정한 면적을 지니고 있다고 가정해 보자.

그러니까 마치 무지개 모양을 지닌 빛이 휜다고 가정을 한다면, 빨간색 부분과 보라색 부분은 길이가 서로 다르다. 그런데 빛의 속도는 언제나 일정하다. 하여 빨강과 보라의 길이 차는 시간 차를 의미한다. 별에 보다 가까운, 중력의 힘이 더 강하게 미치는, 길이가 짧은 보라의 지점에서 시간은 더 느리게 흐르는 것이다. 때문에 블랙홀 안에서는 시간은 거의 흐르지 않는다고 한다. 영화 〈인터스텔라〉에서의 연출된 중력과 시간의 상관도 그런 원리이다.

플라톤과 데카르트의 표상에 머물러 부단히도 현학적 관념만을 늘어놓는 철학인 듯싶지만, 실상 철학은 시대의 사조와 경향에 민감한 편이다. 뭘 알아야 그 사조와 경향에 끼어들어 썰을 늘어놓을 수 있기에…. 하여 철학과 과학 그리고 문학과 예술은 항상 그 궤를 함께해 온 역사이다. 아인슈타인에 의해 '시간' 개념이 재조명되던 시기에, 철학이 중점을 두는 주제 역시 '시간'이었다. 물론 그전에도 시간을 다룬 철학자가 없었던 것은 아니지만, 시대를 앞서 온 선구적 가치는, 제 시간에 찾아와 영광을 누리는 후학들에 의해 재발견되기 마련이다. 대표적인 경우가 시간의 철학자 하이데거에 의해 재발견된 니체이다. 각자가 지닌 시간에 따라 저마다 겪고 있는 현상도 다르다는 사실이 '과학적'으로 증명된 이후, 니체의 관점주의가 재해석되면서, 무시간적 절대 진리의 담론을 거부하는 현대철학이기도 하다.

# 아이스킬로스 ―《사슬에 묶인 프로메테우스》

## 비극의 탄생

아리스토텔레스의 《시학》을 읽어 본 이들이라면 겪었을 의구심은, 현대의 상식으로는 다소 이해할 수 없는 '시' 개념일 것이다. 신화를 모티브로 한 판타지 소설을 '대서사시'라고 표현하는 경우가 있듯, 지금의 상식으로 이해할 수 없는 경우의 시는 대개 무대 상연을 전제로 하는 각본에 가깝다. 그리스의 시가 본격적으로 연극의 면모를 갖추기 시작한 계기가 바로 '비극'의 장르이며, 이는 디오니소스에 대한 제식으로부터 비롯되었다는 것이 일반적인 설이다.

그리스 비극은 대개 운명극이다. 주인공의 의지와는 상관없이 잇대어지는 운명의 결대로 방랑하고 방황하는 드라마, 그러나 주인공은 결코 그 운명에 굴복하지 않는다. 비록 그 결말이 장르의 속성에 충실한 비극일지라도, 결코 신의 결정대로 멈춰 있지만은 않았던, 그리스인들이 표방한 인문주의라고 할 수 있겠다. 대표적 사례가 바로 프로메테우스와 시시포스의 이야기이다.

아리스토텔레스의 《시학》에 적혀 있는 비극의 존재의의는 '공포와 애련의 감정을 일으키는 사건을 통해 카타르시스를 이루어 내는', 심리학 용어로 치환하자면 일종의 소거법이다. 불안의 정서를 긍정의 힘으로 회피하는 것만이 능사는 아니다. 차라리 과잉으로 차오르게 하여 분출시켜 버리는 배설의 방법론이 더 효과적일 수 있다. 또한 두려움에 대한 저항력을 높여 주어 달관의 경지로 나아가게 한다. 예나 지금이나 인간에게 있어 가장 큰 두려움은 알 수 없는 미래에 관한 사안이다. 그리스인들은 비극적으로 전개되는 운명의 시뮬레이션을 통해 저 자신들의 앞날에 무엇이 기다리고 있을지 모를 불확정성에 대한 내성을 기른 것이다.

신에 대한 제식에서 비롯된 장르이기에 초창기에는 주로 신화를 다루는 것에 그쳤다. 때문에 그리스인들이 익히 알고 있는 소재 내에서 어떤 구성으로 변별될 것이냐가 관건이었다. 그 구성력의 차이를 위한 다채로운 시도들이 극의 발전을 도모한 결과를 가져온 것이다. 그 첫 제네레이션에 해당하는 작가가 바로 아이스킬로스와 소포클레스이다.


## 문명의 시작

근심의 신 쿠라가 흙을 질료로 인간의 형상을 빚었고, 제우스는 인간의 형상에 숨결을 불어넣었다. 이후 인간의 소유권을 두고 관계가 틀어진 두 신 사이에 땅의 신인 호무스(homus)까지 끼어든다. 심판의 신인 사 튀르의 판결은, 인간이 살아 있을 동안에는 쿠라의 소유로 하고, 인간 이 죽은 후에는 호무스가 흙으로 돌아간 육신을 소유하고, 영혼은 제우 스가 소유하는 것이었다. 살아 있는 동안 모든 인간은 근심의 신 쿠라의 것이다. 때문에 인간의 삶에서 근심이 떠나지 않는 것이라고…. 또한 인 류의 학명에 붙는 'Homo'의 접두사는 '흙'이라는 뜻의 라틴어 'homus'가 어원이다.

그런데 흙과 인간의 상관에 대한 또 다른 버전이 있으니, 그 주인공 은 프로메테우스이다. 제우스가 권좌에 오르기 이전에 프로메테우스에 의해 인류가 창조되었다는 설정, 인류의 창조주를 찾아간다는 주제의 영화 〈프로메테우스〉가 이 파편에서 비롯된 것이기도 하다. 상징의 기 능이 중요한 신화이기에, 어떤 것이 정설인지를 따지고 드는 경우만큼 무의미한 작업도 없을 것이다. 차라리 그 상징성들에 대한 해석을 살피 는 일이 더 중요하다.

프로메테우스가 천상에서 불을 훔쳐다 인간에게 선사한 사건은, 인 류의 문명에 대한 상징이다. 인간은 열로 음식을 익혀 먹기 시작하면 서부터 턱이 작아지고 뇌의 용량이 늘어나기 시작했다. 더불어 빛으로 뇌 의 활동 시간을 늘려 버렸다. 이후 자기 존재에 대한 자각이 찾아들면 서, 인간은 신의 의지보단 저 스스로의 의지를 믿기 시작한다. 때론 자 신의 의지를 굴복시키려드는 신의 의지에 저항하기도 한다. 쇠사슬에 묶여서도 제우스에게 굴복하지 않았던 프로메테우스의 의지처럼….

니체의 해석에 의하면, 불을 건네준 사건은 신과도 같은 정신 능력을 인간에게 선물해 주었다는 의미이다. 이제 인간의 삶은 신이 정해 놓은 필연대로 살아가는 것이 아니라, 인간 스스로의 주체적인 결단으로 헤쳐 나가는 여정이다. 니체는 이 거인족의 절도를 인류가 최초로 경험한 철학적 문제의식으로 보고 있다. 인간이 자유자재로 불을 다룰 수 있게 되었다는 건, 신의 능력을 나누어 가진 신에 대한 모독이기도 했다. 때문에 제우스의 심기가 괜찮을 리 없었다.

니체가 바라본 프로메테우스는, 자신을 소멸시킴으로써 긍정을 이루어 내는 숭고의 존재이다. 자신이 사랑하는 인간을 위해 감내한 고결한 희생이며, 신에게 굴복하지 않는 주체적인 결단이다. 자신이 창조해 낸 인간들이 '절대'와 '필연'으로 강요되는 신의 담론에 굴복하지 않고, 주체적인 인간상으로 살아가기를 바라며 스스로 보인 모범이었다는 해석이다.


## 먼저 생각하는 자


크로노스는 아버지인 우라노스를 권좌에서 밀어내고 천상의 권력을 쟁취한다. 그러나 자신의 자식들 역시 자신을 폐위시킬 것이라는 우라노스의 저주에, 크로노스는 자식들을 태어나는 족족 먹어 치운다. 크로노스가 그토록 두려워했던 예언은 막내 제우스에게서 실현된다. 할머니 가이이와 어머니 레아에 의해 비밀리에 양육된 제우스는, 아버지의 뱃속에 있던 형제들을 구출하고 아버지 형제들에게 대항하는 반란을 주도한다. 올림포스 신들에겐 당숙의 항렬에 해당하는 타이탄족이 바로 크로노스의 형제들이었으니, 프로메테우스는 동족의 폭력성에 회의를 느끼고 올림포스 쪽으로 전향한 타이탄이다.

그러나 타이탄에게 승리한 제우스 역시 크로노스와 같은 독재자의 폭력성을 드러내기 시작한다. 제우스는 이전 세대가 창조한 인류를 멸하고 새로운 세계를 만들 계획을 세우고 있었다. 그 어떤 저항으로도 제우스를 막을 수 없었던 프로메테우스는 인간에게 불을 훔쳐다 주는 것으로 인간을 각성시킨 것이다. 불의 도난 사건에 화가 난 제우스는 판도라로 하여금 프로메테우스가 감추어 두었던 비밀상자를 열게 한다. 결국 문명의 시작과 동시에 욕망의 봉인이 풀리게 된 것이다. 그리고 그 욕망들이 극에 달한 인류는 대홍수와 같은 비애를 책임져야만 했다.

아이스킬로스의 《사슬에 묶인 프로메테우스》는, 제목 그대로 헤파이스토스에 의해 프로메테우스가 쇠사슬에 묶이는 장면을 다루고 있다. 프로메테우스 그 자신도 죽음을 겪을 수 없는 신족의 지위이기에, 제우스가 용서하기 전까지는 영원히 천형을 짊어져야 하는 신세였다. 독수리에게 쪼아 먹히는 간이 매일같이 재생되고, 간이 도려내지는 고통을 날마다 반복된다. 그러나 결코 제우스에게 굴하지 않았던 프로메테우스의 풍모는, 민초들을 각성시키며 독재정권에 맞서는 싸우는 지식인을 연상시킨다.

후반부에 등장하는 이오는, 권력의 부당한 폭력에 시름하는 민초처럼 그려진다. 신화 속에서는 난봉과 오입의 신으로 통하는 제우스, 그의 욕정이 한창 이오를 향해 있던 시기에, 헤라의 질투가 걱정되어 이오를 암소로 변하게 했다. 이미 모든 내막을 알고 있었던 헤라는 제우스에게 일부러 그 암소를 선물로 요구했고, 온몸에 눈이 박힌 아르고스로 하여금 암소를 감시하게 한다. 제우스가 헤르메스를 보내어 아르고스를 처단하지만, 헤라는 다시 쇠파리들로 하여금 이오를 쫓아다니게 하면서 끈질기게도 괴롭힌다. 이오에겐 별다른 선택권이 없었다. 제우스가 나중에야 헤라에게 사건의 전말을 고백하고서, 이오는 다시 인간의 형상으로 돌아올 수 있었으나, 이오가 암소의 모습으로 오랜 세월을 방황하도록 제우스는 자신의 과오를 밝히지 않는다.

암소로 변한 이오를 알아본 그녀의 아버지는 모든 것이 신의 뜻임을 직감한다. 그리고 다른 가족에게 멸문의 화가 미칠까 두려워 눈물을 흘리며 이오를 고장에서 쫓아낸다. 하염없이 세상 끝을 향해 걷고 있던 이오는 쇠사슬에 묶여 있는 프로메테우스를 발견하고 자신의 미래에 대해서 묻는다. 이오와의 만남은 프로메테우스가 쇠사슬에 결박된 직접적인 이유이기도 했다. 제우스 역시 자신의 아버지처럼, 언제고 자신의 자식들에게 왕좌를 빼앗길 운명이었고, 신의 운명까지도 미리 알 수 있는 능력을 지닌 이가 바로 '먼저 생각하는' 프로메테우스였다. 제우스는 프로메테우스에게 자신의 미래를 물었지만, 프로메테우스가 알려 주지 않자 사슬에 결박을 시킨 것이다. 그런데 제우스의 미래를 낳는 자가 바로 이오였다. 프로메테우스는 이오가 결국 제우스와의 사이에서 자식을 낳고 그 후손 중에 태어난 영웅 하나가 자신을 쇠사슬의 굴레에서 벗어나게 해줄 것이라고 말한다. 일설로는 그 영웅이 바로 헤라클레스이다.

# 세르반테스 — 《돈키호테》 1부

## 그 꿈 이룰 수 없어도

스페인 라 만차 지방의 시골 귀족인 알론소 키하노. 기사소설을 지나치게 탐독한 나머지 현실과 환상을 구분하지 못하는 지경에 이른 그는, 결국 스스로 '돈키호테 데 라만차'라는 이름의 기사가 된다. 그의 환상 속에서 낡고 녹슨 갑옷과 늙고 지친 로시난테는 최고 사양의 아이템이다. 이웃에 사는 농부의 딸 알돈사 로렌소는 자신이 목숨을 바쳐 지켜야 하는 둘시네아 공주이다. 기사소설 속 '훌륭한' 기사의 자격 요건은 모두 갖춘 돈키호테. 악한 자는 물리치고 약한 자는 보호하는 기사로서의 임무를 수행하기 위한 무모하고도 뜬금없는 여정이 시작된다.

출발부터가 비정상적으로 설정된 모험의 서사들이 정상일 리 만무하다. 여관은 성으로, 여관주인은 성주로 여기며 여관주인에게 자신의 기사 임명식까지 요구한다. 고향으로 돌아오던 중 만난 상인들에겐 환상 속 둘시네아 공주가 이 세상에서 가장 아름답다는 사실을 강요하다 몰매를 맞기도 한다. 다행히 지나가던 농부의 도움으로 집으로 다시 돌아오게 되지만, 이에 쉽게 굴할 기사도가 아니다. 어수룩한 농부 산초를 섬의 성주로 만들어 주겠다 꾀어 하인으로 삼고 또 다시 길을 나선다.

풍차에게로의 정면 승부를 펼치다 크게 다치는가 하면, 수도사들을 공주를 납치해 가는 마법사로 성토하며 싸움을 벌이기도 한다. 양 떼를 적군으로 여기며 공격 모드를 취했다가 양치기들에게 이가 부러지도록 얻어터진다. 일반인의 입장에서 보기엔 괜한 것에 시비를 거는 미치광이의 일상다반사. 결국 산초와 동네 이웃들의 모의 끝에 그를 집으로 데리고 오는 것으로 강제 종료된 모험. 그러나 한 달이 채 안 되어 다시 길을 떠나는 것으로 제1부가 마무리 된다.


## 환상 속의 그대

길에서 책을 읽고 있는 한 남자, 배꼽이 빠져라 웃다가 눈물을 흘릴 지경이다. 그를 본 스페인의 국왕 필리프 3세는 이렇게 말했다.

"저건 미친 놈 아니면, 《돈키호테》를 읽는 놈이로군."

《돈키호테》의 인기가 어떠했는지를 방증하는 일화이지 않을까? 16세기 당시 스페인에서는 기사소설이 대중들 사이에서 크게 유행하고 있었다. 세르반테스는 이 세태를 풍자할 목적으로 기사소설을 패러디했는데, 원제는 '재기발랄한 시골 기사, 라 만차의 돈 키호테'였다.

책이 골풀처럼 말라비틀어지고, 독창적이지도 않고, 문체도 빈약하며, 사상이라고는 찾아볼 수도 없고, … 이러한 책을 라 만차의 낡은 문서 보관소에 파묻히게 내버려 두기로 마음먹었네.

그가 책 앞머리에 밝힌 독창적이지 않은 빈약한 문체는 결국엔 반어적 표현이다. 그 어떤 미사여구가 없이도 독자들은 이 책에 매혹될 준비가 되어 있었다.

《햄릿》편에 이은 반복, 러시아의 문호 투르게네프는 행동의 적극성 여하에 따라 인간을 햄릿형과 돈키호테형으로 구분했다. 우유부단의 상징인 햄릿에 반해, 과감한 추진력의 소유자인 돈키호테. 그는 선택의 갈림길에서 주저함이 없다. '미치광이'라는 조롱과 함께할지언정, 꿈과 이상을 향해 있는 마음의 소리에 귀를 기울인다.

프로이트에 의하면 정신이상자들이 겪는 환상은 본질적으로 꿈과 다르지 않다. 감당할 수 없는 현실로 인해, 꿈으로 도피를 하는 증상이다. 기사소설 속의 주인공이 되고 싶어 했던 환상으로의 열망은, 역설적으로 환상으로라도 견뎌 내야 했던 만족스럽지 못한 현실을 반영하기도 한다. 당대 유행했던 기사소설이 정의와 사랑에 대한 대중들의 열망은 현실에 존재하지 않는 환상에 대한 열정이었다는 점에서, 세르반테스가 풍자하고 있는 지점은 환상이 아닌 현실이다.

기사도에 대한 환상이 아닐지언정, 우리에게는 이런 환상이 없을까? 상품의 소비로서 자기 존재감을 확보하려드는 자본주의적 환상이, 돈키호테가 달려든 풍차와 크게 다르지 않다는 게, 현대사회에 대한 정신분석의 진단이기도 하다. 그런 점에서 우리의 삶은 《돈키호테》의 확장판이다. 그러나 다른 한편으로 《돈키호테》는 희망을 선사하는 환상이기도 하다. 돈키호테에겐 타인으로부터 공증된 사실 따위가 중요한 것이 아니다. 진실로 존재하는 것은 저 자신의 믿음뿐이다. 그로써 그는 행복하다. 단지 '생각하고 믿으면 충분한 것', 실재는 거들 뿐이다.

돈키호테의 중증이 아닐망정, 우리 모두는 현실 속에서 어느 정도의 환상을 겪으며 살아간다. 어차피 환상인 삶일 바에는 어떤 꿈을 꿀 것인가. 세르반테스는 우리에게 '현실과 이상을 어떻게 융화시킬 수 있는가'라는 문제를 제시한다. 《돈키호테》가 독자들에게 선사하는 그런 통시적 카타르시스가, 여전히 많은 사랑을 받는 이 소설의 환상의 요소는 아닐까?

# 스피노자 ─ 《에티카》

## 신이 써내려 간 소설

화장실 갈 때 마음 다르고 나올 때 마음 다르다는 표현은, 스피노자의 철학을 '대변'하는 비유일 수 있겠다. 마음으로만 세상을 관조할 수 있다면 그 얼마나 이상적인 인식론이겠냐만, 우리의 마음은 결코 몸으로부터 자유롭지가 못하다. 동양 고유의 사유방식에서는 몸과 마음을 굳이 이분법적으로 나누어 생각하지 않는다. '몸'이라는 표기가 우연이 아닐 정도로, 맘이 곧 몸이고, 몸이 곧 맘이다. 스피노자가 이전의 서양철학과 구분되는 가장 큰 특징은, 인식의 훼방꾼이라는 굴레를 지고 격하되어 있던 몸의 가치를 재발견한 일이다. 이로써 서양철학의 한줄기는 다소 동양의 일원론에 가까워진다.

플라톤에 의하면 우리가 사는 현상계는 감각으로 왜곡된 세계이다. 감각의 방해를 받지 않는 순수 인식의 세계가 바로 이데아이다. 그러나 부단히 감각의 왜곡을 겪는 현상계를 딛고서, 현상계의 패러다임 안에서, 그 경계 너머를 설명하고 있다는 점이 이데아 이론이 지니는 모순이기도 하다. 스피노자는 우리의 지평이란 게 어찌 됐건 감각 내의 한계일 수밖에 없다는 사실을 분명히 하고 있는 것이다. 따라서 신체를 벗어난 순수 인식이란 있을 수 없다. 이 영혼과 신체의 상관이 스피노자 철학의 대전제이기도 하다. 인식이란 결국 어떤 정황적 조건 내에서의 인과일 뿐이다.

스피노자는 묻는다. 신이 세계를 창조했다면, 신은 세계의 밖에서 세계를 창조한 것인가? 그렇다면 신이 딛고 있는 세계 밖은 과연 누가 창조한 것일까? 그 역시 신 그 자신일 것이다. 그럼 신이 딛고 있는 곳은 어디를 딛고 창조한 것일까? 그렇다면 신은 세계 밖에 존재하는 인격적 개념이 아닌, 세계 밖의 그 자체라는 설명이 보다 논리적이지 않겠는가? 이 논리를 다시 세계의 안쪽에 적용한다면, 신은 곧 우리가 살아가는 세계 그 자체라는 설명도 가능한 것이 아닐까? 혹 말장난에 불과하다고 따져 묻는 이들도 있을 것이다. 그런데 스피노자는 이런 논리적 모순에도 제대로 된 답변을 내놓지 못하는 지평으로, 어찌 논리 밖의 존재에 대한 이런저런 이야기를 떠들어 댈 수 있는가를 따져 묻고 있는 것이다.

우리는 창조주의 모습대로 창조된 것이 아니라, 우리의 모습대로 창조주를 상상하고 있을 뿐이다. 우리가 경험하고 말할 수 있는 성질은 신의 속성으로 뻗어 나온 피조물에 대한 것일 뿐, 결코 신에 대한 것일 수 없다. 때문에 스피노자의 철학을 범신론으로 해석하는 것도 비판의 여지는 있다. 자연 그 자체가 곧 신이라는 말은, 자연이 신과 등가의 자격이라는 의미라기보단, 우리의 인식으로 가닿을 수 있는 신의 표현물이 자연이라는 의미이다.

비유하자면 우리는 신이 쓴 소설 속을 살아가는 캐릭터들이다. 우리에겐 이 소설이 앞으로 어떻게 전개될지 모른다는 사실이 불안이다. 우리는 창작자에게 저마다의 해피엔딩을 약속받고자 하는 기도를 드린다. 그 기복신앙이 잘못인 것은 아니다. 소설 안의 캐릭터들이 창작자가 어떤 식으로 구원을 할 것이라는 서사까지 미리 정해 놓고 있다는 사실이 어처구니가 없을 뿐이다. 창작자가 보기엔 소설 안을 살아가는 캐릭터들이 창작자에 대한 소설을 쓰고 있는 셈이다. 물론 그 또한 이미 창작자가 구상해 놓은 얼개 안에서 일어나는 어리석은 자들의 어리석은 이야기이겠지만…. 그렇다고 스피노자가 인간의 자유의지를 전혀 부정하고 있는 건 아니다. 소설 속의 캐릭터들은 자신의 의지대로 살아가고 있다고 생각할 것이다. 신의 소설은 우리의 의지대로 쓰여지는 것이기도 하다. 그 의지 너머에서 지켜보고 있는 신의 의지를 인지하지 못할 뿐이다.

우리에겐 원인으로서의 신을 인식할 수 있는 방법론이 알려지지 않는다. 따라서 우리가 신을 이해할 수 있는 방법은, 신의 결과물인 자연을 이해하는 것뿐이다. 그리고 그 자연의 일부로 살아가는 인간을 이해하는 것뿐이다. 따라서 우리에게는 인간 사이에서의 윤리학이 곧 신학일 수밖에 없다. 《에티카(윤리학)》는 이런 사연을 지닌 제목이다. 타인에게 피해를 입히면서까지 섬기는 신이 과연 신이겠는가? 아니면 인간의 욕망이 투영된 이기주의이겠는가? 소설 속에서 그런 캐릭터들은 대개 자신의 신념으로 주인공을 핍박하는 악의 속성들이다. 신의 소설이라고 뭐가 다르겠는가?

## 신체의 윤리학

10층 높이의 난간에서 느끼는 공포심은 추락에 대한 것이다. 그런데 우리는 그 높이에서의 추락을 경험한 적이 없다. 실상 그 높이에서 추락하면 죽는다고 봐야 하기에, '적'이 성립할 수 있는 성질도 아니다. 그런데 왜 우리는 경험이 없는 것들에 대해 공포를 느끼는 것일까? 선험적인 본능일까?

그런데 정작 높이의 공포를 마주한 이에게, 그것이 선험이냐, 경험이냐의 문제가 그렇게 중요하진 않을 것이다. 그것이 무엇인가보다는, 당장에 그것을 마주하고 있는 내가 어떻게 대처해야 하는가가 더 중요하다. 이런 '기분'의 문제를 다루고 있는 철학이 바로 스피노자의 계열이며, 가장 활발했던 논의가 바로 실존철학의 계보들이다. 즉 기분에 따라 주체의 성질이 달라지며, 주체가 마주하는 세계가 달라지는 것이다. 스피노자가 '정념'의 문제를 제기한 궁극적인 목적은, 정서 개념의 적확한 해독이라기보단, 그 정서들을 매개로 하는 삶의 해석이다.

철학과 종교에 관심이 없는 이들은 스피노자의 생각이 도대체 뭐가 중요한 것일까 싶겠지만, 서양사에서는 정신으로부터 소외되었던 육체가 재평가된 사건이기도 했다. 도대체 정신과 신체가 어떻게 연결되어 있는가에 대한 철학자들의 고민에, 스피노자는 일종의 '공명'의 패러다임을 제시한 것이다. 스피노자의 이론대로라면 신과 자연이 창조주와 피조물의 입장으로 명확히 구분되는 것이 아니다. 자연은 신의 속성으로 뻗어 나온 표현물이며, 신은 자연 안에 거한다. 마찬가지로 정신과 신체는 공명의 범주 안에서의 하나이다. 과연 뇌가 신체의 영역인가 마음의 영역인가를 따로 분리해서 생각할 수 없듯이 말이다. 따라서 플라톤주의가 견지하는 주장처럼 신체가 정신의 하위범주인 것이 아니다.

《에티카》 2부 정리16 따름정리2
우리가 외부 물체에 대해 갖는 관념은 외부 물체의 본성보다는 우리 신체의 상태를 더 많이 가리킨다.

즉 우리의 인식은 신체의 상태로부터 많은 영향을 받는다. 신체에 대한 관념, 즉 정서로부터 우리가 인식하는 세계가 달라지는 것이다. 이를테면 눈이 피로한 상태에서는 실상 마음의 눈도 제대로 뜰 수가 없다는 이야기이다. 스피노자에 충실하자면 모든 문제의 해답을 마음으로 제시하는 현학의 레토릭들은 원인과 결과를 잘못 살피고 있는 경우들이다. 이런 신체의 담론이 극동아시아가 이미 오래전부터 취하고 있었던 일원론적 관점이기도 하며, 서점가에 출간되는 스피노자 철학 관련 서적이 '감정'을 다루는 이유이기도 하다.
신체가 느끼고 있는 감정은 정신에 반영된다. 그리고 이 정서가 판단에 영향을 미치는 심리적 동요이다. 《에티카》의 중심이 되는 정서는 기쁨과 슬픔이며, 그 이외의 정서들은 이 두 감정의 변주적 맥락이다. 선호의 성질은 선악의 판단으로까지 이어진다. 한자 惡은 스피노자가 말하는 선악의 기원을 담지하고 있다. 악한 것(악)의 시작은 싫어하는 것(오)으로부터였다.

# 헤겔 —《역사철학》

## 절대 정신

장예모 감독의 〈영웅〉에서는 진시황을 암살하려는 협객들의 첨예한 갈
등을 그려 내는 장면이 있다. 진시황에 의해 사멸된 조나라의 후예인 파
검(양조위) 역시 애초에는 복수심에 들끓는 무림고수였지만, 진시황을
암살할 수 있는 절호의 기회 앞에서는 이내 칼을 거두고 만다. 예상치
못했던 파검의 행동은, 이후 동지들 사이에서의 반목을 유지하는 원인
이 된다.

　또 다른 협객 무명(이연걸)이 진시황의 근거리로 다가설 수 있는 기
회를 잡았다. 진시황의 목숨을 노린 협객들에게 걸려 있는 포상을 명분
으로 진시황 앞에 다가선 계책, 즉 무명은 다른 동지들의 희생을 등에 업
고서 대의의 완수를 책임지는 마지막 주자였던 것이다. 그러나 진시황

을 암살하기 위해 길을 떠나려던 무명을 가로막아 선 이는 파검이었다. 서예가로도 활동하고 있었던 파천은 칼을 빼들어 땅 위에 '천하(天下)'라는 두 글자를 새기는 것으로, 무명에게 넌지시 자신의 뜻을 전한다.

만약 진시황을 암살한다면, 다시 분열된 전국(戰國)은 백성들을 도탄에 빠뜨릴 것이며, 중국은 훨씬 더 많은 피를 흘려야 한다. 진시황의 천하 통일과 조나라의 사멸은 역사의 뜻에 따른 사건일 뿐, 진시황 개인의 야망이나 호승심 때문이 아니라는 변호가 '天下'라는 두 글자에 담긴 파검의 대의였다. 진시황 앞에서 다가선 무명은 진시황에게 파검의 말을 대신 전하고, 암살의 계획을 포기한다. 진시황은 자신의 뜻을 진정으로 이해해 준 단 한 사람이, 도리어 자신을 죽이려 했던 협객이었다는 사실에 눈물을 떨군다.

나는 황제를 보았다. 저 세계영혼을…. 그는 시가지를 지나 도시 밖으로 정찰을 나가고 있었다. 확실히 그것은 경이로운 느낌이었다. 여기 한곳에 집중된 채 말 위에 앉아 세계를 향해 나아가 그것을 지배하는 이런 개인을 본다는 것은….

주변 약소국을 점령해 나가던 나폴레옹의 군대가 거리를 행진하고 있었다. 나폴레옹에 의해 점령된 한 약소국의 청년이 그를 가리켜 저기 '절대정신'이 지나간다고 외쳤다. 청년은 조국이 나폴레옹에 의해 침탈당했음에도 나폴레옹을 찬양했다. 나폴레옹이 개인의 의지가 아닌 '절대정신'에 의해 새로운 역사를 써내려 가고 있다고 굳게 믿고 있었기 때문이다. 당시 청년이 살고 있던 조국은 유럽에서 가장 별 볼일 없는 후

진국이었다. 아니 국가라고 부르기도 민망할 정도다. 아직까지 봉건제의 그늘 밑에서 수백 개의 약소국들이 난립해 있는 조국의 미래를 걱정했던 청년의 이름은 게오르그 빌헬름 프리드리히 헤겔이다.

영화 〈영웅〉에서 파검이 쓴 두 글자는, 나폴레옹을 보며 환호했던 헤겔의 '절대정신'을 함축적으로 보여 주는 단어이다. 헤겔은 나폴레옹을 바라보며 봉건시대의 잔재를 털어 내고 근대화를 이룬 단일 국가를 상상했다. 헤겔에겐 독일의 역사적 진보를 실현해 줄 이가 바로 나폴레옹인 듯 보였다. 때문에 자신의 조국이 무참히 짓밟았음에도, 그에게서 독일이 나아가야 할 역사의 방향성을 발견한 것이다.


## 철학적 역사

난해하기로는 손에 꼽히는 헤겔의 철학인지라, 쉽게 풀어 써놓은 해설서를 읽는 것조차 결코 쉽지만은 않은 작업이다. 그나마 《역사철학》은 헤겔의 저작 중 가장 쉬운 글로 알려져 있다. 《역사철학》에서 헤겔이 주목한 바는 '철학적 역사'다. 철학적 역사란 이성을 주체로 하는 역사이다. 헤겔이 말하는 이성이란 자연과학을 지배하는 법칙이자 신의 섭리를 포괄한다. 이성은 역사 속에서 하나의 정신을 구현한다. 이 정신 개념은 개개인이 지닌 정신의 범주를 넘어 인류 전체의 기저를 이루고 있는 보편적 속성을 의미한다. 혹자는 이 정신 개념을 '문화'와 등치해서 읽는다면 보다 이해하기 쉬울 것이라 말하기도 한다. 헤겔이 바라본 역사에서, 정신은 자유를 확장하는 힘을 지닌다. '역사가 철학적으로 반성한다'는 헤겔의 어록은 곧 철학적 반성을 통해 자유의 외연적 확장을 이룬다는 것, 현대적 어휘로 다시 쓰자면, 시대정신이 역사의 방향을 결정한다는 의미이다.

유럽사에서 프랑스 혁명은 자유와 평등에 관한 상징적 사건이었다. 얼마 후 쿠데타를 통해 나폴레옹이 황제에 등극한다. 나폴레옹과 프랑스 혁명을 지켜본 수많은 지식인들은, 특권적 지배질서를 타파하고 절대 왕정의 구체제를 무너뜨린 계기라는 점에서, 프랑스 혁명과 나폴레옹을 찬양했다. 헤겔 또한 다르지 않았다. 그러나 헤겔의 찬양과는 달리, 나폴레옹의 침공을 받은 후 독일은 민족성에 심각한 훼손을 입게 된다. 독일에서도 구체제가 몰락하는 사건들은 열광할 만한 일이었으나, 식민지 국가의 청년들은 프랑스군에 복무해야만 했고, 점령지에서는 프랑스 언어를 사용해야만 했다.

아이러니는 헤겔의 예측대로 이런 시련을 통해 독일의 민족의식이 크게 신장되기도 했다는 점이다. 그 역사 뒤에서 파쇼를 시대의 절대정신으로 해석한 히틀러가 기다리고 있었다는 또 하나의 아이러니. 헤겔의 철학이 숱한 오해와 비난을 불러일으킨 지점이기도 하다. 루소의 페이지를 빌려 설명하자면, 헤겔에게 있어 국가는 '일반의지'의 성격을 지닌 집단이성의 상태이다. 다시 말해 모두가 추구하는 공동의 선에 대한 합의점이다. 문제는 이 집단이성이 일반의지의 명분으로 잘못된 신념을 정당화할 시, 전체주의의 명분이 되기도 한다는 점이다. 물론 헤겔의 의도와는 전혀 다른 방향성으로 나아간 역사이지만, 그렇다고 헤겔이 면책의 입장인 것도 아니다. 헤겔은 역사가 진보의 방향으로 나아간다고 믿었다.

# 찰스 다윈 ─《종의 기원》

## 신의 미학

2012년 2월, 세기의 토론이 진행됐다. 무신론의 대가인 영국 옥스퍼드 대학교 명예교수 리처드 도킨스와 영국 성공회의 최고 성직자인 로완 윌리엄스 대주교가 '신은 존재하는가?'라는 주제로 설전을 벌인 것이다. 언론은 무신론과 유신론의 '헤비급 타이틀전'이라고까지 표했고, 대중들은 오랫동안 논쟁을 빚은 진화론과 창조론의 승부가 날 것이라고 기대했다.

먼저 입을 뗀 이는 '최고의 다윈주의자'로 불리는 도킨스 교수였다. 그는 윌리엄스 대주교에게 '생명이 무(無)에서 비롯됐다는 비범한 미학을 왜 이해하지 못하는가?'라는 질문을 던졌다. 대주교는 '당신이 말하는 미학에는 동감하지만, 신은 모든 것을 꿰맞춰 주는 부수적 존재가 아니며, 신은 사랑과 수학의 결합체'라고 대답했다. 그 후 1시간 반가량 몇 차례 더 질문과 대답이 오갔지만, 토론을 지켜본 많은 사람들은 실망했다. 기대하는 것과는 달리 그다지 불꽃 튀는 논리 대결이 아니었기 때문이다. 두 사람의 대화는 토론이라기보다는 담화에 가까웠다. 공손하고 우호적인 분위기에서 서로 생각의 차이를 인정하고 그 경계만 확인하는 수준이었다.

## 진화의 시작

지금으로부터 2백여 년 전에 태어난 찰스 다윈은 조울증이 있었던 것을 제외하면 남부러울 것 없는 환경에서 자라났다. 시골의 농장에서 많은 것을 자유롭게 보고 느낄 수 있었고, 학교의 여러 현자들로부터 최상의 교육을 받았다. 이윽고 더 넓은 세상과 조우하기로 마음먹은 다윈은 1831년부터 5년간 세계를 유랑한다. 우연히 들른 갈라파고스 섬에 5주 동안 머무르며 여러 표본들을 채집한 다윈은, 몇 해 뒤 표본 상자들을 정리하던 중 핀치 새의 부리가 사는 섬에 따라 모양이 조금씩 다르다는 사실을 발견한다. 다윈은 인간이라는 '종(種)' 또한 동물과 마찬가지로 자연선택에 의한 진화의 산물이 아닐까 하는 의심에 사로잡힌다. 20여 년 동안 다량의 증거를 확보한 다윈은 세상에 한 권의 책을 내놓기로 결정한다. 다윈이 내놓은 저작은 신을 모독하고 인간을 하찮은 존재로 전락시켰단 비난과 인간의 기원에 대한 명쾌한 해설서라는 호평을 동시에 받는다. 그 세기의 문제작이 바로 《종의 기원》이다.

《종의 기원》은 창조론을 당연시하게 받아들여지던 서구 사회에 큰 충격을 몰고 왔다. 그도 그럴 것이 《종의 기원》에서 다윈은 인간을 철저하게 동물계의 일원으로 분류한다. 그는 인간이라는 종(種)을 다른 동물처럼 그저 자연 질서의 일부로 간주한 것이다. 당시까지만 해도 인간은 만물의 영장이자 신의 선택을 받은 유일한 존재라는 생각이 당연시되던 시절이었다.

논란이 계속되자, 케임브리지 대학은 이 책을 도서관에 소장하지 않기도 했다. 종교계 또한 하느님의 가르침을 거역하는 못된 궤변이라며 다윈을 비판했다. 반면 합리적인 학자들은 이 책의 내용에 수긍하며 찬사를 보냈다. 마르크스는 '이 책이 내 견해에 대해 자연사적인 근거를 제공해 주고 있다'고 반색하며, 18년 뒤 출간한 《자본론》을 다윈에게 헌정하기도 했다.

다윈은 《종의 기원》에서, 종(種)들은 '변이를 수반한 상속'을 통해 오랜 시간에 걸쳐 진화했으며, 이는 공통의 조상으로부터 시작되었다는 주장을 체계적으로 증명한다. 이 과정에서 진화의 수단으로 '자연선택'을 주된 동기로 설명하며, 아울러 부적합한 형질이 도태되는 '적자생존의 원리'를 부연한다. 그가 '변이를 수반한 상속'의 근거로 제시한 사례는 집단 내 각 개체들이 지니는 다양성이다. 다양성의 일부는 세대를 거쳐 전달되며, 한 세대 내에서도 생존과 번식에 보다 유리한 개체의 형질이 구분된다.

《종의 기원》은 변이, 유전, 경쟁이라는 세 가지 핵심단어로 간추려 말할 수 있다. 생물의 형질에는 변이 가능성이 존재한다. 생존 경쟁을 거쳐 주어진 환경에 더 잘 적응한 변이가 도태를 빗겨 가고, 그 형질이

다음 세대로 유전된다. 진화가 일어나려면 이 세 가지 조건을 반드시 충족해야 하며, 진화는 자연 선택의 결과라는 것이 다윈의 요지이다.


## 진화론의 진화

《종의 기원》은 코페르니쿠스적 전환 그 이상으로 인간과 자연에 대한 인류의 생각을 진화시켰다. 먼저 인간이 생명의 최고 위치를 점하고 있으며 다른 동물들과는 본질적으로 다르다는 인간중심주의를 배격했다. 다윈은 신의 존재를 증명하려던 자연신학의 전통을 비판하고, 자연 세계는 정확하게 구획되어 있으며 각 구획마다 고유한 본질을 지니고 있다는 본질주의 또한 거부한다.

　진화론은 자연 세계에서 인간의 지위를 최고의 자리에 놓을 수 없게 만들었다. 다윈은 자신의 이론이 인간의 위치에 대한 전통적인 견해와 함께 갈 수 없음을 분명히 알고 있었다. 하지만 후폭풍을 두려워한 나머지 인간의 진화에 대해서는 의도적으로 말을 아꼈다. 그가 《종의 기원》을 출간한 지 10년 뒤에야 인간의 진화를 본격적으로 다룬 《인간의 기원》를 내놓은 것은 이런 연유에서였다.

　다윈의 진화론은 수많은 논란 속에서도 여러 학자들에게 수용되었다. 그리고 '진화론' 그 자체가 다윈이 주장한 바와 같이 변이, 유전, 경쟁을 통해 또 다른 변종으로 진화한다. 인간 또한 기본적으로 평등하지 않으며 우수한 종이 따로 있다는 차별의 논리에 단초를 제공하기도 했다. 사회적으로 강한 인종이 살아남는다는 우생학은 독일에서 사회인류학으로 발전하며 히틀러라는 희대의 변종을 만들어 냈다.

'진화론'의 진화는 여기서 그치지 않는다. 인간이 만든 사회 또한 하나의 종(種)으로 분류한 학자들은 사회도 진화한다고 주장한다. 이를 사회진화론(Social Darwinism)이라 한다. 사회진화론에서는 사회적 약자가 도태되고 강자가 살아남는다. 때문에 강대국이 약소국을 침략하는 식민주의를 자연스럽고 불가피한 현상으로 규정한다. 적자(適者)는 강대국이기에 부적자인 약소국을 수탈하고 억압하는 것은 자연의 이치이며 역사가 발전하는 원리라고, 사회진화론은 역설한다. 다윈이 의도했건 의도하지 않았건 간에, '진화론'은 저 자신의 논증에 의거해 아직까지도 진화하고 있는 중이다.

# 헨리 제임스 ─ 《나사의 회전》

## 미끼

감독 스스로 자신의 의도조차 하나의 댓글이라고 인터뷰를 했을 정도로, 많은 논란과 해석을 낳은 영화 〈곡성〉. 나홍진 감독은 관객들에게 미끼를 던졌다. 미끼를 문 관람객들은 미끼에 대한 저마다의 해석을 늘어놓는다. 흥미롭게도 영화의 포스터에는 '절대 현혹되지 마라'라는 글귀가 적혀져 있는데, 관객 입장에선 그 글귀에서부터 자발적 추리가 시작될 수밖에 없다.

대중과 평론가들의 해석은 분분했지만, 관통하는 주제는 〈곡성〉안에 짙게 깔려 있는 '악의 그림자'다. 곡성에 깔려 있던 '악의 그림자'의 실체를 쫓는 내러티브는 그리 참신한 것은 아니다. 오히려 진부하다는 표현이 맞을 것이다. 〈곡성〉은 여러 스릴러물들의 서사를 중첩해 흥미

롭게 버무렸다. 김지운 감독의 〈장화, 홍련〉이나, 니콜 키드먼 주연의
〈디 아더스〉, 길예르모 델 토로 감독의 〈판의 미로〉도 중첩돼 보이는 것
은 결코 우연이 아닐 것이다. 이 영화들은 다양한 미끼를 통해 관객들을
현혹한다는 공통분모를 지닌다. 이 공포장치의 원형은 19세기 말 미국
의 헨리 제임스가 쓴 《나사의 회전》까지 거슬러 올라가 살펴볼 수 있다.


## 맥거핀

스릴러 영화에서 자주 사용하는 기법인 '맥거핀(Macguffin)'은 작품상에
서 이야기를 역동적으로 풀어 나갈 수 있게 하는 일종의 페이크 장치다.
그 자체로는 큰 의미가 없지만, 관객들은 의미를 부여하며 따라가다가
그것이 미끼였음을 깨닫는다. 임팩트는 그 미끼로부터 돌아서는 순간
에 기다리고 있다. 제임스의 《나사의 회전》은 유령을 소재로 한 소설로
다양한 맥거핀 장치들이 등장한다.

　대강의 줄거리는 이렇다. 영국의 한 저택에서 가정교사로 일하고
있던 젊은 여성이 유령을 목격했다. 혼자 걷던 산책길의 오래된 탑 위
에, 촛불이 꺼진 어둠 속 계단 꼭대기에, 아무도 없는 주방의 창밖에, 한
적한 오후 호수 건너편에, 무언가가 있다. 가정교사는 그 무언가를 유령
이라고 확신한다. 자신이 돌보는 아이들을 유령으로부터 보호하기 위
한 여교사의 고군분투가 이어진다.

　스릴러 콘텐츠가 넘쳐나는 요즘의 시각에선 전형적인 클리셰들을
모아 놓은 소설처럼 보일 수도 있지만, 출간 당시에는 큰 화제를 모은

작품이다. 이 소설이 이목을 끌었던 이유는 유령을 다루는 색다른 기법에 있다. 먼저 이 소설은 가정교사가 쓴 수기를 제자가 읽는 형태로 진행된다. 화자는 제자이지만, 사건들은 글을 쓴 가정교사의 시점으로 전개된다. 그런데 가정교사는 다소 억압된 가정환경에서 자랐고, 정신의 문제를 앓고 있던 상황이었다. 또한 '유령'의 실체에 대한 진정성에 의심이 가는 몇몇 정황들이 발견된다. 소설을 읽는 독자들 입장에서는 어디까지가 객관적인 기록이고 어디까지가 가정교사의 주관적인 환상인지가 애매해진다.

이야기가 전개될수록 이것은 유령에 대한 이야기가 아닌 가정교사의 집착이 낳은 과잉의 상상일지도 모른다는 의구심이 커져 간다. 가정교사뿐만이 아니라 등장인물들 모두가 수상쩍어 보인다. 무언가 안 좋은 일이 일어날 것만 같은 상황은 계속해서 반복되지만 그뿐이다. 이런 반복은 결국 어떤 진실을 알려 주지 않은 채 끝이 나버린다. 다양한 해석의 여지를 남겨 둔 소설이란 사실 하나만이 확실한 허무의 순간, 내가 어떤 미끼에 걸렸는지조차 불투명해진다. 아니 이 소설 자체가 미끼는 아니었는지를 의심해야 할 상황이다. 각종 매체와 평론 영역이 발달한 지금에야 〈곡성〉에 관한 각자의 해석을 비교해 볼 수 있는 바로미터들이 존재하지만, 제임스가 살던 19세기 말에는 다양한 해석론이 전개되기도 어려웠다. 독자들은 자신이 도대체 뭘 읽은 것인가를 알 수 없었다.

## 헐거운 나사

〈곡성〉이 평론가와 대중들의 입에 많이 오르내렸듯, 당시 《나사의 회전》도 수많은 사람들에게 회자되었다. 심지어 프로이트와 같은 수많은 심리학자들까지도 이 《나사의 회전》의 정신병리학적 해석에 관심을 기울였다. 제목이 《나사의 회전》인 이유에 대해서는 나사를 조이는 것과 같은 긴장감에 대한 상징성, 한 가지 생각에 사로잡혀 계속 깊게 파고들어가는 심리에 대한 비유라고 한다. 그러나 이 책을 다 읽고 난 후의 입장에서라면, 어쩌면 이가 잘 맞지 않아 이내 헛바퀴만 돌리고 있는 헐거운 나사의 느낌인지도 모르겠다. 〈곡성〉의 유명한 대사처럼, 《나사의 회전》에서 '뭣이 중헌지'는 마지막 책장을 넘기는 순간까지 알 수 없기에….

# 보에티우스 ─ 《철학의 위안》

## 운명에 관하여

베아트리체를 잃은 슬픔에 잠겨 있던 단테를 치유하였다는 미담을 지닌 저작답게, 보에티우스의 《철학의 위안》은 삶에 관한 격조 있는 통찰들로 가득하다. 울분(鬱憤)의 정서가 글쓰기의 좋은 동기부여임은 동서고금이 예외가 없지만, 이 철학서는 개인의 불행을 인류의 보편적 고민의 수준까지 끌어올린 문학이라고 할 수 있다.

지배자시여, 어찌하여 불확실한 운명은 그토록 크게 바뀌는 것입니까? 죄인이 받아야 할 처벌은 결백한 자들에게 내려지는데, 그릇된 습속은 높은 옥좌에 앉아 있고 사악한 자들은 부당한 운명으로 고귀한 자들의 목을 짓밟고 있습니다.

로마의 귀족가문에서 태어나 사회지도층의 신분으로 온갖 영화를 누리다가, 권력 다툼에서 밀려나 사형 판결을 받게 된 저자의 심경이다. 감옥에 갇혀 비탄에 잠긴 보에티우스 앞에 나타난 한 여인. 이 여인은 철학의 의인화(擬人化)인데, 철학을 여성으로 인격화하는 설정은 심심치 않게 들어 쓰는 비유법이다. 대표적인 경우가 제우스의 머리에서 태어난 아테나 여신이다. 어찌 보면 남성중심의 역사관에서 비롯된 문학적 수사이기도 하다. 니체는 묻는다. 진리가 여자라면…. 만약에 진리가 자신이 욕망하는 여성상이라면, 그 진리를 자신의 것으로 쟁취하기 위한 노력을 멈추지 않을 것이다. 철학자들에게 진리란 그런 에로스적 욕망이다. 실상 플라토닉이란 단어도 지혜에 대한 에로스적 지향성을 의미한다.

## 철학과의 대화

《철학의 위안》은 운문과 산문으로 이루어져 있는데, 운문은 보에티우스와 여인이 각자 부르는 노래이고, 산문은 둘의 대화로 구성되어 있다. 여인이 건네는 고상한 위로는 처음엔 보에티우스를 감화시키지 못한다. 보에티우스는 여전히 자신이 당한 무고함이 억울할 뿐이다.

> 만일 네가 진리를 바라보기를 원한다면
> 그리하여 갈팡질팡하지 않고 확고한 길을 따르고자 한다면
> 네 자신에게서 기쁨과 두려움을 없애고 희망을 몰아내고 슬픔을 쫓

아 버려라

그러한 것들이 지배하는 곳에서 정신은 흐려지고 사슬에 묶이게 된
다.


여인, 즉 철학은 보에티우스를 '어떠한 상황에서도 내적인 평온을
유지하라'는 경구로 이끌며 침착히 다독인다. 이런 철학의 노력 끝에 보
에티우스의 울분과 비탄이 서서히 해소되기 시작한다. 철학이 건네는
위안은, 태어나면서부터 누구나 빗겨 서 있을 수 없는 운명이니, 그것을
부정만 하고 있는 것도 어리석음이라는 이야기이다. 또한 어찌 되었든
간에 그 운명이란 것도 자신의 선택으로 야기된 결과가 아니던가. 이 세
상을 딛고서, 세상의 일부로 살아가는 자신이, 이 세상을 부정하기만 하
고 있는 체념도 그다지 효율적인 삶의 태도는 아니다. 세상이 틀린 것인
지도 모른다. 그렇다면 이제껏 그 세상의 담론으로 문제없이 살아왔다
가, 이제사 그 세상에 발이 걸렸다고 세상을 성토하는 일은 맞는 것이냐
말이다. 철학이 보에티우스 앞에서 취하는 달관의 제스처는, 사뭇 무위
자연적이다. 동양철학의 언어로 바꾸자면, 아무리 극한 상황이고 설사
죽음에 직면한 부당함일지라도, 그저 도리를 다하며 순리를 따르라는
것.


## 이성적 행복

철학의 여인은 아울러 인간의 진정한 행복이 무엇인지에 대해 말한다.

여인이 권고하는 행복은, 플라톤과 아리스토텔레스가 전하는 행복론과도 같은, 이성에 따라 살아가는 삶이다. 성리학에서 성(性)개념은 이(理)가 심화(心化)가 된 경우이다. 즉 자연의 이치가 인간의 마음으로 존재하는 방식이다. 그렇듯 性은 자연의 한 결이다. 유럽 관념론의 역사에서도 이성은 이런 자연성을 전제하는 개념이었다. 다시 말해 이성에 따라 살아가는 삶은, 섭리로서의 내적 평온을 따르는 삶이다.

자연으로부터 부여받은 이성은 누가 빼앗을 수도 없고 누구에게 양도할 수도 없는 개개인의 절대적 권리이다. 바깥에서 도래하는 쾌락의 조건들은 헛된 것으로, 그것은 결코 참다운 행복이라 할 수 없다. 인간에게 행복은 결국 자신의 내부에서 일어나는 작용이며, 진정한 행복을 위해서는 자신을 아는 일이 무엇보다 중요하다. 즉 너 자신을 알라던 소크라테스 식의 진지한 숙고가 선행되어야 한다는 것.

《철학의 위안》은 중반부를 넘어서면서, 플라톤의 사상을 통해 그동안 논의해 온 내용에 심도를 더하는데, 형이상학적인 서술이 많은 탓에 읽어 나가기가 쉽지만은 않다. 보에티우스와 여인과의 대화는 얼핏 플라톤의 《대화》편을 연상케 하는 구성이다. 여인이 보에티우스를 대하는 방식은 흡사 《대화》편에 등장하는 소크라테스의 면모이다.

중세 유럽의 기독교 정신은 플라톤과 아리스토텔레스 철학에 기반한다. 보에티우스는 그리스 철학뿐만 아니라 교부철학의 이론체계를 확립하는 일에도 열정을 쏟았던 시대정신이었지만, 그 열정이 빌미가 되어 사형을 언도받게 된 것이기도 했다. 감옥에 갇혀 그 열정의 방향성을 재정립한 결과로서의 《철학의 위안》은, 스콜라철학의 선구적 시점에 놓인 철학서의 입지이기도 하다.

# STEP 5

# 라이프니츠 — 《형이상학》

## 실체의 속성

'철학사'를 이름으로 내건 텍스트의 열에 아홉은, 첫 페이지의 주제가 밀레투스학파의 탈레스이다. 탈레스가 세계의 실체를 '물'로 상정했다는 사실이 그렇게까지 중요한 이유는, 현상과 변화에 대해 '왜?'라는 질문을 던지고서 그 대답으로 찾아낸 하나의 원리를 통해 세상을 분석했다는 의의에서이다. 바로 뒤페이지에는 탈레스와 더불어 '원소'를 세상의 실체로 파악한 다수의 철학자들이 이어지는 구성이 일반적이다.

개중에서도 피타고라스는 만물의 기원을 '수'로 파악한다. 현상의 기저에 흐르고 있는 섭리에 공식 형태의 정리(定理)가 시도되기 시작한 것이다. 서양철학사에서 오랜 세월 동안 비교우위를 점했던 플라톤주의는, 현상 이면에 존재하는 원리와 공식을 찾아내어 서구문명을 발전시킨 원동력이기도 했다. '플라톤의 철학을 분석해 보면 본질적으로는 피타고라스의 철학'이라던 버틀란트 러셀의 견해대로라면, 플라톤의 관성이 오늘날의 수학으로 이어지고, 플라톤에서 갈라져 나온 아리스토텔레스의 연장이 오늘날의 과학으로 이어진 셈이다.

수학과 과학의 차이는 무엇일까? 수학이 현상 이면에 존재하는 형이상의 원리 그 자체로서 발전된 학문이라면, 과학은 그 원리로써 형이하의 세계를 해명하는 작업이다. 그렇다면 과연 신의 존재는 형이상의 원리일까? 형이하의 현상일까? 오늘날의 상식으로는 굳이 제기할 필요도 없는 질문이지만, 천상의 질서로 살아가던 당대 유럽에선 어떤 식으로든 해명이 되어야 할 문제였다.

신이 그저 섭리로서의 추상적 개념이라고 생각하는 신자들도 없을 테지만, 구체적 현상이라고 하기에는 그 자신이 창조한 만물과 동급이 되어 버리는 모순에 봉착한다. 미봉적으로나마 이 문제를 해명하기 위해 창안된 개념이 '실체'이다. 저 스스로에겐 어떤 원인도 필요로 하지 않으며, 그저 다른 것들의 원인이 되어 주는, '자기원인'으로서의 존재. 자연의 섭리는 그 실체의 속성으로 뻗어 나온 신의 표현이며, 우리의 감각으로 인식되는 범주까지가 현상계이고, 그 경계 너머가 이데아이다.

그러나 제대로 검증이 이루어진 것도 아닌 신의 '실체'가, 역사의 어느 순간부터는 도리어 신을 증명하는 전제로 자리매김하게 된다. 그냥 '원래 그런 것'을 전제로 하여 나머지 것들을 증명하고 있었던 근대까지의 철학사였으며, 합리론에 대한 경험론의 비판 역시 이 전도된 독단에 초점을 맞추고 있다. 그러나 하나의 징식으로 굳어져 버린 패러다임 안에서는 반박에 대한 해명도 패러다임을 벗어나지 못하기 마련이다. 문화인류학적 고증으로 성경 자체의 오류에 이의를 제기해 봐야, 다시 성경 구절을 예로 들어 반론을 제기하는 기독교 신자들의 순환 논증과 같은 경우이다.

데카르트가 명확한 대답을 내놓지 못했던 비판 중 하나가, 불완전한 존재인 인간이 어떻게 완벽의 존재인 신을 '생각'할 수 있느냐이다. 이에 대한 해명이고자 했던 라이프니츠 역시 시대의 한계를 극복하지 못한 면이 있다. 당대의 지식으로는 오로지 신의 존재만이 실체이다. 그러나 라이프니츠는 그 실체의 속성을 세상 만물이 다 나누어 지니고 있다고 생각했다. 신으로부터 부여받은 속성이기에, 신에 대해서도 충분히 사유할 수 있다는 것, 이것이 모나드 이론의 전제이다.


## 모나드

피타고라스 이외에 자주 언급되는 키워드를 지닌 철학자는, 세상의 구성요소를 '정신(누스, nous)'으로 파악한 아낙사고라스와 '원자' 개념으로 이해한 데모크리토스 정도이다. 훗날 이 정신적 원소와 물질적 원소의 콜라보가 이루어지는 사건이 발생하니, 지금부터 써내려 갈 라이프니츠의 '모나드(monad)'에 관한 이야기이다.

모나드는 개인의 실체이다. 이 정신의 원자로부터 개인의 모든 표현이 흘러나온다. 이 세계가 신이란 실체로부터 방사(放射)된 표현물인 것처럼 말이다. 타인과의 교류에도 결코 변질되지 않는 개인의 정체성인 동시에, 운명의 지도를 담지하고 있는 일종의 인생방정식이기도 하다. 라이프니츠 자신이 미적분을 발명해 낸 수학자라는 사실을 유념하면 보다 쉬운 이해가 가능하다. 우리의 인생은 곡선의 고차방정식이며 곡률을 지닌 각 지점마다 서로 다른 미분값을 지니고 있다. 그러나 어느 곳에서나 같은 방정식을 공유한다.

라이프니츠 당대에는 이미 뉴턴의 등장으로 인해 과학이 신학과 점성술의 범주에서 벗어나고 있는 상황이었다. 물론 자연과학이 신의 존재를 부정한 것은 아니었다. 신을 인간의 지평으로는 인식할 수 없는 숭고의 궁극처로 밀어냈을 뿐이다. 뉴턴과 미적분의 원조 논쟁을 벌일 정도로 자연과학에서도 일가를 이룬 라이프니츠이지만, 그의 신념이 포기할 수 없었던 주제가 신에 대한 철학적 해명이다. 물론 그가 증명코자 했던 절대존재는 기독교 전통과는 다소 차이가 있다.

당시는 유럽의 대중들에게 중국문화가 소개되던 시절이었고, 라이프니츠는 성리학의 텍스트에서 많은 영감을 얻었다고 한다. 그때까지만 해도 부동과 불변의 자기원인만을 좇고 있었던 유럽의 사유에서 찾을 수 없었던 역동성을《주역》에서 발견한다.

《주역》은 도(道)에 관한 정의를 다음과 같이 적고 있다.

一陰一陽之謂道 (일음일양지칭도)
음이 되었다가, 양이 되는 것을 일러 道라고 한다.

즉 변화를 전제하는 개념이다. 고착화된 규정을 거부하며 시대의 정신을 수용하는 열린 체계가 바로 道의 속성이다. 음과 양이 서로 맞물려 생성과 소멸을 반복하는 표상은 바로 태극이다. 이 궁극의 원인은 무한한 발생을 잠재한다. 이렇게 만물을 생성해 내는 섭리가 성리학에서 말하는 이(理)개념이다. 모나드는 신의 실체적 속성을 부여받은 정신의 원자 개념이다. 때문에 불완전한 인간의 지평으로도 신의 완벽성을 사유할 수 있다는 논리이다. 그런데 이 도식은 이(理)가 심화(心化) 된 상태가 성(性)이라는, 성리학의 논리와 유사하다. 즉 모나드의 모티브는 태극인 셈이다. 그렇다면 결코 변질되지 않는다는 정신의 원자 안에 잠재된 무한한 변화라는 모순이 발생한다. 이 모순은 의외로 쉽게 해명될 수 있는 문제이다. 그 변화조차도 이미 모나드에 적혀 있는 운명이면 그만인 일이다. 때문에 모나드 이론을 숙명론보다는 인생에 관한 방정식으로 이해할 일이고, 이것이 《주역》의 원리이기도 하다.


## 충족이유율과 예정조화설

라이프니츠의 '예정'과 '조화'는, 한 사건이 발생시킬 수 있는 여러 개의 가능성 중에서, 신이 보기에 가장 괜찮다고 생각하는 가능성을 인간의 선택으로 실현시킨다는 논리이다. 결국엔 개인의 의지가 곧 운명이라는, 결정론과 자유의지를 모두 충족하는 '이유율'이다. 불확정성의 역설은 모든 가능성이란 사실이다. 아무것도 확정되지 않은 미래는 모든 가능성이 잠재하는 시간대이다. 그중 어느 가능성을 택하느냐가 바로 나의 운명이다. 그런데 그 운명이 나로 하여금 수많은 가능성 중에서 최선의 길을 택하게 하는 것이기도 하다. 운명은 주체의 선택이기도 하지만, 운명이 주체로 하여금 선택을 하게끔 밀어붙이기도 한다. 이것이 라이프니츠의 충족이유율과 예정조화설의 간단한 개요이다.

'지금 여기'서 벌어지고 있는 사건의 성질이 어떠하든 간에, 그것이 최선의 조합이다. 원하고 바라는 대로 다가오지 않는 미래는, 당신에게 일어나선 안 될 최악의 비극을 숨겨 두고 있는 경우의 수이다. 이런 운명의 알고리즘이 내재되어 있는 정신의 원자가 바로 모나드이다. 라이프니츠는 스피노자와도 자주 교류했던 철학자이다. 때문에 신과 인간의 삶에 관한 해석 역시 비슷한 편이다. 우리는 신이 적어 내려가는 소설 속의 주인공이다. 소설 안의 주인공은 자신의 주체적 의지의 방향대로 살아간다고 생각하지만, 또한 신에 의해 미리 기획된 소설 속을 살아가는 주체이다.

철학은 진리를 탐구하는 영역이지, 진리 자체를 규정하는 영역은 아니다. 이 또한 그저 라이프니츠의 견해에 불과하다. 도저히 납득할 수 없는 개인의 불행을 굳이 저 예정조화의 낙관론에 끼워 맞출 필요도 없다. 그러나 어떤 탐구의 방법론을 모색하는가의 문제 또한, 각자가 지닌 모나드의 성향이라고 할 수 있진 않을까?

# 칸트 ─《실천이성비판》

## 순수이성비판

우주의 법칙이 정신에 알려져 있는 까닭은 그것들이 정신으로부터 나왔기 때문이다.

칸트의 어록대로라면 우주의 법칙과 우리의 정신은 동일 모델이다. 여기서 '우주의 법칙'은 성리학에서 말하는 이(理)에 해당된다. 인간도 자연의 일부이기에 그 理가 인간의 정신 상태로 존재하는 덕목이 성(性)이다. 반복하는 이야기이지만, 서양철학에서 말하는 이성 개념은 자연과 공명하는 선천적인 지력으로, 성리학의 性과 다르지 않다.

경험론이 지적했던 합리론의 문제점은 '독단'이다. 이를테면 정말로 이데아라는 것이 있느냐 없느냐의 질문은 허락되지 않는다. 그냥 있다는 전제로부터 그 이후가 설명될 뿐이다. 우리의 감각이 인식하는 현상으로는 천동설이 더 상식적이다. 그러나 이데아적 진리를 따지자면 지동설이 맞는 것이다. 그러나 플라톤 시대에는 천동설이 그 누구도 이의를 제기해선 안 되는 절대진리였다. 경험론은 이데아라는 진리의 자리가 이데아의 조건에 부합하는지를 어찌 증명할 것이냐를 따져 물었던 것이다.

경험론의 반박은 그 이데아라는 것이 결국 지평의 시대적 한계를 벗어나지 못하는 담론일 뿐이라는 요지이다. 그 중심에 합리론자들이 이성적으로 증명하고자 했던 신이 자리하고 있다. 신에 대한 논증이란 게 결국엔 인간의 지평 안에서 이루어지고 있는, 신이 아닌 인간에 관한 해석일 뿐이다. 지평의 한계는 곧 경험의 한계이기도 하다. 후대에 와서 과학으로 이어진 경험론이지만, 그 시작은 신을 인간의 해석 밖에 두어야 한다는 경건함으로부터 출발한 관점이다. 실상 요즘도 신학자보다는 과학자들에게서 더 겸손한 신앙이 발견되곤 한다. 신이 허락하는 곳까지만, 그러나 최선을 다해 알고자 한다는…. 도리어 그 한계 너머를 떠들어 대는 불경은 오히려 종교계에서 잦은 일이다.

우리가 별의 표상으로 애용하는 도형은 실제 별의 모양은 아니다. 모든 천체의 모양이 구(球)라는 사실이 알려지기 이전에는 밤하늘의 빛을 그런 모양으로 인식한 것이다. 별자리는 실상 서로 아무런 상관이 없는 별들의 묶음이다. 그러나 순전히 지구의 입장에서 그어 놓은 그 가상의 선분들이, 실제로 지구의 계절과 절기에 인과의 관계로 배치되어 있기도 하다. 제아무리 첨단의 선봉에 선 과학일지라도, 가정적 믿음 안에서의 인과일 가능성을 배제할 수 없다. 하여 여전히 명왕성이 태양계의 밖인지 안인지의 논쟁을 지속하고 있는 것이 아니겠는가. 경험론자 중에서도 극단의 회의론으로 치달은 흄의 주장은, 인과적 진리로 규정된 그 모두가 결국엔 인간 지평의 한계 내에서 성립된 '믿음'에 불과하다는 것이다.

합리론과 경험론의 종합이라는 칸트의 위상에 가장 큰 영향을 미친 철학자를 꼽으라고 한다면 단연 흄이다. 모든 인식이 경험에만 의존하는 것은 아니다. 가령 알에서 깨어나 처음 본 생명체를 엄마로 간주하는 새끼 오리의 각인은 경험의 산물이 아니다. 어떤 경험도 최초의 인식은 경험에 의존한다고 할 수는 없지 않은가. 그러나 최초의 인식 순간부터 이미 경험이 시작되고 있는 것이기도 하다. 인식의 원천은 분명 선험적 속성을 지니고 있다는 사실을 옹호하면서도, 다분히 흄의 경험론에 기울고 있는 칸트의 관념론이기도 하니, 그 키워드가 바로 '구성'이다.

우리가 인식하는 현상은 사실 그 자체가 아니다. 우리에게 내재된 선험과 우리가 겪은 경험을 통해 구성되는 해석일 뿐이다. 쉬운 예를 들자면, 쪼개진 박을 우리의 목적대로 '바가지'로 인식하지만, 그것은 바가지가 아니라 그냥 그렇게 쪼개져 있는 박의 조각일 뿐이다. 애초에 바가지라는 '사물 자체'는 존재하지 않으며, 그저 쪼개진 박에 우리 생활체계 내에서의 습득된 기능적 '개념'을 부여하는 것뿐이다. 또한 '박'이라는 명칭 자체도 경험의 산물이다. '박'이라는 개념 자체도 지우고 나면, 그저 그렇게 생긴 무엇이 있을 뿐이다. 우리는 그 무엇의 순수 존재를 인식할 수 없다. 거기에 무엇이 있다는 사실을 감지하는 데에는 굳이 경험이 필요하지 않지만, 그것을 개념으로 인식하는 경우엔 최소한의 경험을 매개하기 때문이다. 이 담론에서 단어만 몇 개 바꾸면 불교의 유식론에 다름 아니다. 우리는 우리의 개념을 던져 놓고서 그 개념을 인식한다는….

감각은 선천적으로 갖추어진 기관이지만 경험의 누적 여하에 따라 받아들이는 자극을 달리 해석한다. 이성 역시 자연으로부터 부여받은 선험적 판단력이지만 항상 경험의 영향권에 놓여 있다. 인간의 인식은 최소한의 시간이라도 매개하기 마련이다. 그 시간의 성질에 따라서 인식되는 세계도 달라진다. 따라서 인간의 이성으로는 사물의 순수한 본질을 인식할 수 없다. 이 순수 존재 개념을 '물자체(物自體)'로 번역하고 있는 것이다. 사물 그 자체라는 뜻이다.


## 정언과 가언

王 亦曰仁義而已矣 何必曰利 (왕 역왈인의이이 하필왈리)
왕께서는 또한 인의를 말씀할 것이지, 어찌 꼭 이익을 말씀하십니까?

《맹자》의 첫 챕터에 나오는 구절로, 왕의 인사치레에 대한 맹자의 다소 까칠한 반응이었다. 맹자는 양(梁)나라 혜왕(惠王)의 초빙에 응했고, 왕은 그 첫 만남에서 당신 같은 현자가 있는 한 장차 자국에 많은 이익이 있을 것이라는 기대를 표한다. 왕의 칭송을 기계적인 멘트로 느낀 것인지는 몰라도, 맹자는 다짜고짜 왕이 말한 '이익'의 부당성을 따지고 들기 시작한다. 일을 도모함에 있어 우선시 되어야 할 도리는 인(仁)과 의(義)일 뿐, 왕이 이익을 우선시하다 보면 나라의 모든 벼슬아치들이 이익을 위해서 못 할 짓이 없게 될 것이라는, 일장 연설을 늘어놓는다.

양혜왕인들 그런 의미로 했던 말이겠는가? 그저 첫 만남에서의 어색한 분위기를 환기시켜 보려다, 이 융통성 없는 맹자의 '정의란 무엇인가'를 듣고 앉아 있어야 했던 것이다. 결코 맹자의 직언을 흘려듣는 왕은 아니었으나, 결국엔 맹자의 직언대로 나아가지도 못한 왕의 의지는 결국 국가의 쇠락을 초래한다. 그렇듯 간언의 충직도는 왕의 피로도이기도 하다. 칸트의 용어를 빌리자면, 양혜왕의 과실은 맹자를 인의의 목적이 아닌 이익의 수단으로 대했다는 점이다. 국정을 묻기 위해 모신 현자를 그리 대할 정도이면, 그 이외의 사람들은 논할 필요도 없는 일 아니겠는가.

《순수이성비판》이 인식의 원천으로서의 이성에 대해 묻고 있다면, 《실천이성비판》은 우리의 의지를 규정하는 근거로서의 이성에 대해 논하고 있다. 자연의 섭리가 심화(心化)된 이성이 의지의 근거로 작용할 때, 즉 동기의 순수성이 우리의 자율적 의지일 때, 그것은 무조건적으로 보편타당한 정언(定言)의 명법이다. 그에 비해 가언(假言)의 명법은 특정 상황 하에서 타당한 조건부의 격률이다. 아무리 결과가 좋아도 동기가 순수하지 못하다면 그것은 도덕이라고 할 수 없다. 순수하지 못한 동기를 둘러싸고 있는 그 상황이란 것이 모두에게 적용되는 보편은 아니기 때문이다.

네 의지의 격률이 언제나 동시에 보편적 입법의 원리가 될 수 있도록 행위하라.

아주 유명한 칸트의 명제, 나에게 정의인 것이 너에게도 정의일 때, 그것이 도덕이다. 굳이 나와 너를 따지지 않는 순수한 동기로서의 정언이 도덕이다. 그러나 칸트는 반드시 정언만을 행해야 한다는 말을 하고 있는 게 아니다. 충분히 정언에 의거할 수 있는 상황에서조차 가언을 들먹이는 인간의 부조리를 성토하고 있었던 것이다.

# 괴테 ─ 《파우스트》

'순간이여, 멈추어라! 정말 아름답구나!'

내가 이렇게 말하면, 자네는 날 마음대로 할 수 있네. 그러면 나는 기꺼이 파멸의 길을 걷겠네. 죽음의 종이 울려 퍼지고, 자네는 임무를 다한 걸세. 시계가 멈추고 바늘이 떨어져 나가고, 내 시간은 그것으로 끝일세.

## 진리를 찾기 위한 여정

켜켜이 쌓인 책들 사이에서 머리를 감싸 쥐고 고민하는 한 남자가 있다. 많은 학식을 지니고 있음에도 불구하고, 늘 진리에 대한 갈증으로 허덕이는 파우스트이다. 어느 날 그에게 찾아온 악마 메피스토펠레스는, 그 고민을 단번에 해결해 주겠노라 그를 유혹한다. 악마가 제시한 단 한 가지의 조건은, 인생의 아름다움에 취해 그 순간에 멈추어 서지 말 것. 만일 이를 어긴다면 그 길로 저승으로 내려가 자신의 종이 되어야 한다. 그토록 갈망하던 진리에 가닿을 수만 있다면, 파우스트에게 저승에서의 종노릇쯤이야 그야말로 '그까짓' 것이었다. 그렇게 악마와의 위험천만한 거래가 시작된다.

메피스토펠레스는 인생의 끝자락에 서 있던 파우스트에게 젊음을 되찾아 준다. 시간이 거꾸로 흐른 '재청춘'의 파우스트는 그레트헨이란 어린 소녀와 사랑을 하고, 황제의 신하로서 불행에 빠진 세상을 구하기도 하며, 역사를 거슬러 올라가 고대 그리스의 절세미인 헬레나와 결혼을 하기도 한다. 다시 부여받은 삶으로 세상의 모든 부귀영화를 누려 본 파우스트는 자신만의 유토피아를 건설하고자 했다. 전쟁을 승리로 이끈 대가로 소유하게 된 해안가를 바라보며 메피스토펠레스에게 마지막 명령을 내린다. 바다를 흙으로 메워 그 위에 '자유로운 국가'를 건설할 것. 이때 불현듯 찾아온 손님 '근심'은, '오로지 욕망을 좇아 뜻을 이룬' 파우스트에게 경고의 메시지를 던진다.

온갖 보물을 주어도 소유하려 들지 않고, 행운과 불운이 덧없는 환상인 양 풍요 속에서 굶주린다. 환희도 괴로움도 내일로 미루고 오로지 미래만을 바라볼 뿐, 결코 뭔가를 이루는 법이 없다. … 인간들은 평생을 눈멀어 사는데, 파우스트 너도 결국엔 눈멀게 되리라!

신체의 눈이 먼 자는 외려 마음의 눈을 뜨게 되는 법. 이기적인 욕망에 몰두했던 파우스트는 시력을 잃고 나서야 세상의 진실을 바로 보게 된다.

비록 안전하진 않지만 자유롭게 일하며 살 수 있는 삶의 터전을 수백만 명에게 마련해 주고 싶네. … 나는 이 뜻을 위해 헌신하고 이것이 야말로 지혜가 내리는 최후의 결론일세. 날마다 자유와 삶을 쟁취하려고 노력하는 자만이 그것을 누릴 자격이 있네. 어린아이, 젊은이, 늙은이 할 것 없이 이곳에서 위험에 둘러싸여 알찬 삶을 보내리라. 자유로운 땅에서 자유로운 사람들과 더불어 지내고 싶네. 그러면 순간을 향해 말할 수 있으리라, '순간아 멈추어라, 정말 아름답구나!'

파우스트는 훗날 자신이 개척한 땅에서 자유의 꿈을 꾸며 살게 될 백성을 떠올리며 '순간의 아름다움'을 외친다. 메피스토펠레스는 자신과의 계약을 어긴 파우스트의 영혼을 지옥으로 데려가려 하지만, 천사들의 방해로 실패하게 된다. 뒤늦게나마 깨달은 헌신의 가치 앞에 신의 구원이 도래한 것이다.


## 진리의 유혹

괴테가 60여 년의 세월 동안 혼신의 힘으로 써내려 간 《파우스트》. 독일 문학 역사상 가장 위대한 작품이라 칭송받는 이 작품은 서유럽에 전해 내려오는 설화를 모태로 하며, 파우스트의 실존 모델은 중세 시대 철학자이자 토마스 아퀴나스의 스승인 알베르투스 마그누스다. 이전의 파우스트 설화에서는 악마의 유혹에 빠진 파우스트의 '쾌락과 악행'에 초점을 두었다면, 괴테의 《파우스트》는 저주스러운 삶의 끝에서 건진 '속죄를 통한 구원'에 중점을 두었다.

메피스토펠레스는 신이 창조한 세계를 '실패작'이라며 헐뜯는다. 악마는 그 근거로써 무엇에도 만족하지 못하고 방황하는 파우스트를 제시하지만, 악마에 대한 신의 반박 역시 그 근거는 파우스트이다. 비록 그가 지금은 불완전한 인간일지라도 미래에는 완전한 인간으로 거듭날 것이라고…. 메피스토펠레스는 신에게 내기를 제안한다. 메피스토펠레스는 신에게서 파우스트가 지상에 살고 있는 동안에는 무슨 유혹을 하든 말리지 않겠다는 동의를 이끌어 내는데, 여기서 그 유명한 '인간은 노력하는 한 방황하리라'라는 기이한 명제가 탄생한다.

파우스트는 왜 방황했을까? 그는 많은 사람들로부터 존경받는 지식인임에도 자신이 하고 있는 일의 의미와 가치를 확신하지 못했다. 지나온 인생이 헛된 것이 아니었을까 하는 회의감이 갈마들던 시기에, 메피스토펠레스가 찾아온 것이다. 그러나 역설은 파우스트가 그토록 찾아 헤맨 진리를 악마가 깨닫게 해주었다는 사실이다.

파우스트는 기꺼이 악마의 유혹에 넘어가 인생을 탕진했다. 그는 오로지 자신만을 위한 인생을 다시 살아 보지만 결코 행복하지 않았다. 방대한 지식도 파우스트를 행복하게 만들지 못했다. 다시 찾은 젊음도 영원하지 않았고, 그토록 갈망했던 사랑도 결국엔 비극으로 끝나 버렸다. 그 어떤 것도 삶의 진정한 가치라고 할 수 없었다. 결과론적으로 악의 꼬드김에 넘어가 그 유혹을 다 살아 보고 나서야 깨달은, 이것이 진리라면 진리였다.

그러나 진정한 인간은 결코 악마의 손아귀에 자신의 삶을 내맡기지 않으며, 끝내 악마의 유혹을 극복함으로써 자기 삶의 진정한 가치를 깨닫게 된다. 파우스트는 진정으로 중요한 것이 무엇인지를 깨닫는다. 타인의 행복을 위해 자신을 헌신할 때, 자신 또한 행복해질 수 있다는 것. 비록 삶의 순간순간마다에서 유혹에 흔들리는 불완전한 인간일지라도, 타인의 행복을 위해 헌신적인 삶을 살아 낸다면 결국 신의 구원에 이른다는 것이 《파우스트》의 주된 메시지다.

# 쇼펜하우어 – 《의지와 표상으로서의 세계》

## 표상으로서의 세계

장기를 두려고 하는데 졸(卒)이 모자란 경우, 바둑알을 대신 사용하기도 한다. 화투를 치려고 하는 흑싸리 껍데기가 한 장 비는 경우, 조커패로 대신하기도 한다. 바둑알과 조커패로 대신할 수 있는 이유는, 장기알과 화투패의 정체성은 그것들 자체가 지니고 있는 것이 아니라 우리가 부여한 개념에 있기 때문이다.

　이는 소쉬르의 언어철학을 설명할 때 빈번히 사용되는 예시이다. '개'의 어원을 소급해 보아도 왜 '개'라고 부르기 시작했는지에 대한 합리적인 이유가 밝혀지진 않는다. 그저 '소'와 '말'과 구분될 수 있는 발음이라는 의미 이외에는 아무것도 없다. 이는 '소'와 '말'의 경우도 마찬가지이다. 실상 '개'를 '새'로 불러도 상관없었던 것이다. 그것들의 정체성은 언어가 지니고 있는 것이 아니라 언어가 대리하고 있는 우리의 개념이다.

불교와 노자의 관념론이 언어에 대해 다소 부정적인 이유는, 그것이 본질 자체에 대한 이해가 아니라는 점에서이다. 우리는 만물에 우리가 지닌 개념을 던져 놓고서 그것을 다시 우리의 지평으로 이해한다. 명왕성의 입장에서는 인간이 정해 놓은 규정에 따라 자신이 태양계 안이었다 밖이었다가 하는 사실이 얼마나 우습겠는가? 사자는 자신이 호랑이와 같은 고양이과로 묶인다는 사실도 알지 못할 것이다.

칸트가 언급되는 철학의 페이지에서 빈번하게 따라붙는 키워드 중에 '물자체(物自體)'라는 것이 있다. 인식이란 대상으로부터 주어지는 이해가 아니라, 우리의 개념을 대상에 투영하는 행위이다. 영화가 처음 발명되었을 때, 관객들은 스크린으로부터 기차가 달려 나오는 줄 알고 몸을 피했다. 화장실을 집 안에 들이는 생활체계가 이해되지 않던 시절에는, 처음 접한 양변기를 가정용 우물로 오해했을지도 모를 일이다. 개념이 정립되지 않은 상태에선 이해도 되지 않는다. 개념을 이해한 후에야, 이해된 개념을 사물에 투영을 한 상태에서 다음 단계의 사유가 이루어지는 것이다.

물자체는 우리의 개념이 투영되지 않은 상태의 사물 자체를 일컫는 말이다. 그러나 우리가 사물을 이해함에 있어 최소한의 개념이라도 매개하기 마련이다. 무엇에 쓰는 물건인지는 몰라도, 이런 용도가 아닐까 하는 추측을 투영하듯 말이다. 때문에 칸트는 우리의 지평으로는 물자체에 대한 이해가 불가능하다고 말하고 있는 것이다.

불교와 노자, 그리고 칸트의 관념론 그 자체에 매력을 느끼는 이들도 있을 것이다. 그렇지 않은 이들에게는 이 관념론의 의의를 간단히 요약하자면, 우리는 세계 그 자체를 인식하는 것이 아니라, 우리의 내면이 투영된 표상들을 바라보고 있는 것이다. 인도철학에서 많은 영감을 얻었다고 알려진 쇼펜하우어는 이것을 '표상으로서의 세계'라고 표현한다.

그러나 우리의 개념이 투영되지 않은 물자체라고 해서 아예 감지조차 되지 않는 것은 아니다. 그 정체가 무엇인지 도통 이해가 가지 않아도 맹목적으로 끌리는 경우들이 있지 않던가. 가령 결코 내가 좋아하는 스타일이 아닌데도 심장이 먼저 반응을 하고 있는, 그 인과가 이해되지 않는 사랑 같은 경우이다. 이성이 결코 닿지 않는 물자체에 닿고 있는 본능, 쇼펜하우어는 이것을 '의지'라고 표현한 것이다.

쇼펜하우어는 의지를 이성보다 상위개념에 놓았으며, 불교에서 말하는 것처럼 이 본능적 욕망을 고통의 원인으로 지목한다. 내가 그 사람을 사랑한다고 해서 그 사랑이 꼭 이루어지는 것만은 아니듯, 우리의 욕망을 다 성취하며 살아갈 수만은 없는 세상이기 때문이다. 그러나 전 인류가 개인적인 욕망들을 모두 실현하려고 든다면 어떤 일이 벌어지겠는가? 이기적인 욕망들로 넘쳐 나는 세상은 지옥을 방불케 할 것이다. 때문에 그 의지를 다 실현하고 살 수만도 없는 삶은 결핍의 연속일 수밖에 없다.


## 의지로서의 세계

'의지' 개념은 쇼펜하우어가 창안한 것은 아니며, 칸트의 페이지에서도 등장한다. 또한 훗날 니체에게는 다소 긍정적 의미로 계승된다. 우리가 일반적으로 사용하는 '의지'의 개념보다는 포괄적인 의미이다. 때문에 그의 저서들을 읽다 보면 이 단어가 다소 애매하게 느껴질 수도 있을 테지만, 정신분석의 용어로 환언하자면 무의식적 충동에 관한 이야기이다. 그런데 인간뿐만이 아닌 생명을 지닌 모든 자연이 지니고 있는, 삶을 향한 본능적 욕망이다.

과연 욕망은 반드시 있어야 할 것들을 채우려 하는 속성일까? 아니면 없어도 되는 것을 굳이 갈구하는 습성일까? 쇼펜하우어의 관점으로는 어쨌거나 인간의 삶 중심에 위치하고 있는 문제이다. 석가모니의 가르침처럼 그 욕망이 결코 충족되지 않는 성질이기에 고통을 느끼며 살아가는 인간의 삶이기도 하지만, 결국엔 그 욕망을 원동력으로 삶을 영위하는 인간이기도 하다. 우리의 존재 자체부터가 성욕의 결과물이지 않던가. 쇼펜하우어의 표현대로, 우리는 애초부터 욕망이 구체화된 존재이다.

삶의 중심에 자리하고 있는 욕망을 제거한다면 어찌될까? 그것이 채워지지 않는 경우도 고뇌로 이어지지만, 그것이 사라져 버리는 경우에도 밀려드는 공허와 무료를 감내해야 하는 딜레마이다. 욕망을 버리면 그만인 손쉬운 방법을 몰라서 욕망을 버리지 못하는 것이 아니다. 만족의 상태이든 불만의 상태이든 그 욕망이 없으면 나의 존재감이 확인되지 않기에 문제인 것이다.

쇼펜하우어가 말하는 궁극의 결론 역시 욕망으로부터 자유로운 삶이다. 그러나 성인군자가 아닌 이상엔, 속세의 욕망으로 속세를 살아갈 수밖에 없는 중생들에겐, 어차피 인생은 고통이다. 그럴 바엔 무욕과 무소유를 입에 담을 게 아니라, 적어도 욕망의 바른 방향성에 대해서 고민하자는 것이다. 염세주의라는 멍에를 지고 있는 그의 철학이지만, 그가 전하는 냉소적인 위로는 좌절된 욕망의 고통을 느끼며 살아가는 인간의 삶이 지극히 정상적이라는 것이다.

쇼펜하우어는 욕망과 고통의 절충점을 예술적 자아로 제시한다. 원인이 명확히 규명되진 않지만, 부단히 끌려가고 있다는 사실 하나가 명확한 무의식적 충동, 인과로 설명되지 않는 답답함을 견디지 못하는 이성의 동물은, 기어이 욕망과 만족 사이에서 자의적 상관을 찾아내고 그 대리물들로 충족이 되었다고 믿는다. 그 대표적인 대리물이 바로 자본으로 환산될 수 있는 표상들이다. 왜 남자들은 그토록 차를 욕망하는 것일까? 여자들은 왜 그토록 명품백에 집착하는 것일까? 그것을 소유함으로써 해소가 된다고 믿는 것이다. 이는 정신분석으로의 보다 자세한 설명이 필요한 일이지만, 어찌 됐건 쇼펜하우어는 그 모든 게 부질없는 공회전일 뿐이라고 말하고 있는 것이다. 차라리 욕망과 고통을 승화시킬 수 있는 방편을 찾는 게 낫다. 쇼펜하우어가 그토록 예술을 사랑한 이유이다.

헌책방에서 집어 든 한 권의 철학책 때문에, 목회자에서 철학자로 진로를 변경하게 된, 너무도 유명한 니체의 일화. 낡은 풍경 안의 뽀얀 먼지를 뒤덮고 있었던 철학책이, 쇼펜하우어의《의지와 표상으로서의 세계》였다. 그러나 쇼펜하우어로부터 갈라져 나온 니체가 적지 않은 비판을 쏟아 낸 쇼펜하우어기도 했으니, 니체는 의지와 욕망의 같은 도식으로부터 다른 결론에 이른 것이다. 그 욕망의 결론이 고통이라면 기꺼이 그 고통까지 사랑할 수 있는 운명을 살겠노라는….

그러나 우리는 경험적으로 안다. 니체의 희망이 내일을 향한 믿음이라면, 쇼펜하우어의 절망은 지극히 현실적인 우리의 오늘이란 사실을…. 결코 쇼펜하우어를 부정할 수도 없는 솔직한 마음의 소리는, 니체역시 마찬가지였다. 여간해선 반론을 허락하지 않았던 미래의 철학자가, 끝내 넘어설 수 없었음을 고백한 단 한 명의 과거가 바로 쇼펜하우어이기도 했다.

# 키에르케고르 – 《철학적 단편 후서》

## 현기증과 구토

공중전화박스에서 딸의 이름을 부르며 스러져 가던, 가장 아름다운 시절의 장국영을 담고 있는 2편에 비해, 〈영웅본색〉 1편의 표상이라고 할 수 있는 장면은 얼핏 떠오르지 않는다. 1편의 임팩트가 약했다기보단 2편의 임팩트가 상대적으로 강했던 탓일 게다. 그러나 개인적으로는 강렬한 인상의 기억으로 간직하고 있는 장면이 있으니, 도덕과 윤리를 넘어선 내적 갈등을 담아낸 마지막 시퀀스이다.

정의를 수호하는 경찰이 되기까지, 자신을 애지중지 키워 왔던 형. 그러나 경찰이 되어 알게 된 진실은, 그동안 형이 저질러 온 범법의 행적과 그 범법이 창출해 낸 검은 돈으로 경찰이 된 자신이었다. 이 아이러니로부터 걷잡을 수 없이 멀어지는 형제의 인연과 깊어지는 감정의

골은, 공동의 적 앞에서 화해의 손길을 내민다.

부하의 배신으로 모든 것을 잃어버린 조직의 중간보스, 범법의 중심에 있었던 형이 배신자에게 사필귀정을 외치는 모순은, 법을 수호하는 경찰에게는 이해될 수 없는 인과율이었다. 윤리체계 속에서 바로잡혀야 하는 질서를 정의라고 굳게 믿고 있는 동생은, 저 나름대로의 정의를 구현하고자 배신자를 쫓는 형에게서 '현기증'을 느낀다. 목숨을 부지하겠노라 경찰에게 자수를 하러 걸어가는 저 배신자를 법의 심판대에 올리는 것이 과연 정의일까? 내가 생각하는 정의가 과연 올바른 것일까? 결국 경찰이 아닌 동생으로서 선택한 올바름은 윤리를 벗어난 신앙이었다. 자신의 내면이 토해 내고 있는 진심의 목소리에 귀를 기울이는 것. 그리고 그것이 정의라고 믿는 것. 동생의 주체적 결단은 이미 형에게 총을 건네고 있었다. 형이 하고 싶은 대로 하라고….

〈영웅본색〉에 한정할 수 없을 정도로, 이런 윤리적 갈등을 다루는 영화들은 많이 있다. 그러나 우리 삶의 도처에 보다 많이 널려 있는 현실이기도 하다. 약자는 모든 문제를 해결해 줄 것이라는 희망으로 법에 기대지만, 정의의 문헌이라는 법조차도 약자의 편이 아닌 경우가 적지 않다. 인류의 역사는 언제나 강자들에 의해 쓰여졌고, 법과 윤리가 그 역사의 한 표현일 때도 있다.

이삭을 제물로 바치라는 신의 명령 앞에서, 신앙의 기사 아브라함은 갈등한다. 자신이 미친 것이 아닐까? 자신의 아들을 죽이라는 저 음성이 과연 신의 것일까? 혹 악마의 유혹은 아닐까? 갈등과 함께 몰려온 '현기증'에 욕지기가 일어날 지경이다. 손에 쥔 칼을 이삭의 심장을 향해 내리꽂으려는 찰나, 멈추라는 신의 음성이 들려온다. 아브라함은 그렇게 시험에서 벗어난다. 이 사건에 대한 키에르케고르의 해석은 어떤 식으로든 이삭을 돌려받을 것이라는 신에 대한 믿음으로 나아간 결단이었다는 것이다. 합리적인 사고방식으로는 절대적으로 불가능한 일이다. 신앙은 그렇듯 '인간적 기준의 보호를 벗어난' 영역이다.

키에르케고르의 해석을 오늘날의 상식으로 '살해'와 '신'이란 단어에 천착할 필요는 없다. 교조주의에 찌들 대로 찌든 당대 기독교의 비상식을 감안한다면, 방점은 신의 시험이 아니라 우리가 보편이라고 믿고 있는 윤리체계에 대한 반문이다. 이를테면 중세의 마녀사냥은 당대 기독교적 관점에서는 지극히 도덕적인 처사였다. 키에르케고르는 과연 보편이란 덕목이 과연 언제나 절대적일 수 있느냐를 물었던 것이다. 그리고 그 대답을 반인륜적 성령에서 찾았다. 절대적일 수 없는 성격이라면, 보편을 부정한 것도 도덕을 부정한 것도 아니다. 그러나 또한 '올바름'이 무엇인가를 생각하지 않을 수 없다. 아브라함은 칼을 빼들었고, 곧 멈추었다. 장국영은 총을 빼들었고, 멈추지 않았다는 차이뿐이다. 그러나 그 모두가 자신들이 선택한 주체적 '올바름'이었다. 그 올바름은 자신이 관계하고 있는 도덕과 보편 너머에 존재하는, '단독자'로서의 각성이다.

성악에 기초하든, 성선에 기초하든, 도덕과 윤리가 지금까지 존속되고 있는 이유는 사회의 안녕과 질서를 위한다는 명분이다. 그러나 그것이 과연 절대적 올바름인가에 대한 갈등으로 '현기증'을 일으키는 순간들도 있다. 우리에게 보편으로 강요되는 모든 것들에 대해 한 번쯤 구토를 내뱉어야 한다. 정의라고 일컬어지는 법마저도 우리의 편이 아닐 때가 있다. 법이 모든 것을 해결해 줄 것이라는 약자들의 착각이 법의 그물망을 더욱 촘촘히 하고 있는 것이기도 하다. '법이 많아질수록 도둑이 늘어난다(法令滋彰 盜賊多有)'는 노자의 견해는, 법이 어떤 계층에 의해 만들어지는 것인가를 되새겨 보라는 함의이다. 서민들의 삶을 지켜줄 것이라고 믿는 최후의 안전장치가, 과연 서민들의 편에서 발의되는 경우가 얼마나 되는지를 돌아보라.

우리는 어떻게든 그 부조리함의 피해자가 되지 않기만을 바람으로써 이런 갈등의 서사를 피해 가려고 하거나, 혹은 부조리를 공유할 수 있는 위치에 올라서기를 갈망한다. 그도 할 수 있는 능력이 있으면 다행, 그렇지 못한 경우에는 피해 가지 못한 부조리의 책임을 엉뚱한 곳에 따져 묻는다. 이를테면 기득권의 부조리에서 비롯한 문제이거늘, 비기득권이 진영논리로 서로를 성토하는 것 같은…. 시민 개개인의 각성 그리고 현기증, 그로 인해 쏟아져 나오는 토사물을 뒤집어쓰지 않는 한, 부조리한 세계의 '보편'은 변하지 않는다. 이것이 자신이 살아가던 현대에 키에르케고르가 던졌던 질문이며, 지금을 현대로 살아가는 이들에게도 여전히 유효한 물음이다.


## 유물론적 신학

진보적 가치에 발을 걸치고 있는 철학자들과 사회학자들은 민주주의의 부정적인 증상의 하나로 '안정'을 꼽는다. 아무 일도 일어나지 않는 것, 그 무사안일이 누구의 기준인가를 묻는다면 물론 기득권의 입장에서이다. 비기득권 역시 안정을 원하지만, 기득권이 욕망하는 가치와 같은 좌표선상의 안정은 아니다. 삶, 그 생동의 시공간에서 역동성을 제거해 버리는 이데올로기를 유지하기 위해, 기득권은 끊임없이 '불안'을 만들어 내는 역설을 꾀한다. 그 '불안'을 매개로, 아직 아무 일도 일어나지 않은 지금이 얼마나 안정된 순간인지에 대한 환상을 비기득권에게 심어 준다. 이 부조리가 마르크스주의자들에게는 여전히 유효한 '투쟁'의 전제이다.

이런 기득권의 헤게모니는 자본사회 이후에 도래한 것이 아니다. 자본을 대체할 수 있는 지배담론은 인류의 역사 내내 존재했다. 자본사회가 도래하기 전, 자본의 위치를 점하고 있던 키워드는 바로 '신(神)'이었다. 신은 분명 개념화될 수 없는 초월적 존재이지만, 늘상 인간의 개념으로 설명되어 온 역사이다. 초월적 존재가 인간의 사유 속에 한계 지어지는 모순, 더 정확히 말하자면 전 인류의 보편적 관념이 아닌 기득권의 이데올로기였다. 신학의 역사가 딛고 있던 본질은 결국 정치이다. 정치신학은 대중에게 원죄의 불안을 던져 주었고, 속죄를 통한 안정이란 명분으로 저 자신의 지위를 유지했다.

키에르케고르의 '실존' 역시 관료주의적으로 변질된 교회와 계율의 준수를 세속화하는 종교에 대한 비판으로부터 출발한다. 키에르케고르의 소명은 기독교의 본질을 밝히는 것이었다. 제자들조차 그리스도를 부인했던 마지막 순간에, 도리어 그리스도에게 충실했던 자는 함께 십자가에 매달렸던 강도뿐이었다. 죄의식을 에워싼 경멸과 굴욕, 삶의 마지막 순간에 느끼는 불안과 공포, 그 부정적 감정 속으로 다가온 진리. 강도는 고통의 절정에 이르러서야 신을 영접하게 된 것이다. 키에르케고르는 고통의 정서를 내적갈등을 통해 도달하는 삶의 깊이로 이해했으며, 진리의 속성을 고통에 대한 성찰로 규정했다. 신앙은 그 고통을 이겨 내며 내면을 깨우치는 방법론이다. 따라서 신앙은 고통에서 유발되며, 그렇기에 기독교는 고통의 종교일 수밖에 없다는 키에르케고르의 결론이다.

신앙이 고통에서 비롯된다면, 세속적인 삶에서 도피하는 방법론보다는 차라리 고통의 실시간적 현장 속에 진정한 신앙이 자리할 수 있다. 키에르케고르 입장에서 현대 기독교의 긍정론적 감화를 평가한다면, 고통을 당하려 하지도 않고 희생을 치르려 하지도 않으면서, 긍정의 이념에 기대어 자신을 쇄신코자 하는 불성실함으로 점철된 '시대의 악'이다. 달리 표현하자면, 키에르케고르가 시대의 악으로 규정한 당대의 기독교를 현대인은 여전히 신앙으로 받들고 있는 셈이다.

니체에게 죽음을 선고받은 신의 무덤은 교회였다. 이는 교조주의에 젖어 있는 기독교에 대한 사형선고라는 상징이기도 하다. 키에르케고르 역시 목회자도 교회도 없는 기독교를 지향하며, 개인적인 성령체험을 강조했다. 이른바 '신 앞에 선 단독자'는, 주체의 자율에 맡기는 경건주의로서, 집단의 율법보다 더 엄격한 윤리라는 역설을 지닌다. 신앙은 더 이상 무시간적이고도 절대적 가치로 존재하는 보편적 관념이 아니다. 개인 각자에게로 회귀하는 신앙으로부터 '지금 여기'를 믿고 서 있는 주체에 대한 철학이 시작되었으니, 이른바 '실존'의 서막이었다.

우리가 알 수 있는 신이 더 절대적인 것일까? 우리가 알 수 없는 신이 더 절대적인 것일까? 신에 관한 진실을 누가 바로 보고 있는 것인지에 대한 판단조차도 우리가 할 것이 아니다. 데리다의 말마따나 유신론자와 무신론자나 그것이 무엇인지 모른다는 사실만을 공유할 수 있을 뿐이다. 안다고 말하는 행위 자체가, 도리어 무한의 존재를 유한에 가두는 불경이다. 알고 있다는 전제 하에 말하여지는 신에 대한 담론 모두가, 실상 인간의 인식 내에서의 이해일 뿐이다. '성령'의 논거로 '간증'되어지는 모든 사태들이, 신의 속성이라기보다는 인간의 속성으로 펼쳐지는 허상이다.

키에르케고르는 예술가들의 심미적 열정에서 진정한 신앙을 발견한다. 물론 신을 표현한 예술은 신의 무한성을 형상의 유한성에 가두는 작업이다. 그들이 펼쳐 내는 신의 형상은 신의 본질이 아닌 그저 인간의 상상일 뿐이다. 그러나 그들은 신에게 닿고자 하는 예술혼으로 각자의 방식을 따른다. 조각일 수도 있고, 회화일 수도 있고, 문학일 수도 있다. 각자가 선택한 유한의 방식 안에서 무한에 대한 각자의 열정을 표출한다. 그것은 종교가 규정한 신의 모습이 아닌 예술이 자신이 느끼고 있는 대로의 형상화이다. 그 과정 속에서 무한을 체험하는, 유한 속에서의 무한이라는 '아이러니'. 키에르케고르가 생각하는 신앙이란, 종교라는 보편적 종합으로의 귀결이 아닌, 각자가 경험하는 편차적 성령이다. 보편의 명분으로 율법과 교리를 강요하는 따위가 진정한 신앙일 수는 없었다.

신이 존재한다는 믿음만으로도 인류는 삶의 희망을 부여받을 수 있었다. 그것이 신이 내리는 구원이라면 구원일 것이다. 그러나 구체적으로 어떤 식으로 존재하며 강림한다는 믿음 속에, 많은 인생들이 자신의 삶을 죽음 이후의 시간에 저당 잡히고 만다. 저 가련한 '예수천국 불신지옥'들이 선봉을 자처하는 별동대이며, 죽음을 향한 저 과잉의 신념들을 지켜만 보고 있는 종교계이기도 하다. 니체는 그래서 과감하게 신에게 사형 선고를 내린 것이다. 신이 사라진 세상에서만이 인간은 신에게 기대지 않고 저 자신을 믿을 수 있다. 그리고 죽음 이후가 아닌 죽음 직전까지의 삶을 사랑할 수 있게 된다.


## 결론으로서의 비학문적 후서

사르트르는 키에르케고르와 야스퍼스를 유신론적 실존의 계보로 묶고, 니체와 하이데거 그리고 저 자신을 무신론적 실존의 계보로 묶는다. 니체를 과연 무신론자로 분류할 수 있는가 하는 애매한 문제는 차치하고서라도, 유의미한 시도는 키에르케고르와 니체를 실존주의의 기점으로 간주했다는 점이다. 일반교양의 철학사에서는 키에르케고르의 챕터가 빠져 있는 경우가 적지 않다. 저자의 개인적 취향이 가장 큰 원인이겠지만, 키에르케고르의 키워드가 지니고 있는 속성이 전반적으로 니체와 겹치는 이유도 있을 것이다. 차이라면 니체가 기독교의 신에게 죽음을 언도함으로써 운명의 주권을 인간에게 되돌려 준 반면, 키에르케고르는 당대 기독교를 철저히 비판하면서 신에게로 나아갔다는 점이다.

키에르케고르는 인간의 성숙도를 심미적, 윤리적, 종교적인 성향으로 나눈다. 심미적 단계는 선택과 책임에 대한 두려움을 회피하며 오로지 순간만을 즐기려 하는 인간상이다. 윤리적 단계의 인간은 관계 속에서 보편적 원칙과의 균형을 유지하며, 자신의 가능성을 실현시키기 위한 선택을 반복하다. 종교적 단계의 인간은 미지(未知)의 불안 앞에서도 신앙으로 굳건한 '신 앞에서 선 단독자'로서의 삶을 살아간다. 이는 사회학적 분류라기보단 키에르케고르 자신이 삶으로 겪어 낸 경험에 기반하는 것이다.

키에르케고르의 대표 초상이 입증하듯, 그가 철학사에서 점하고 있는 존재감은 '실존'이라는 키워드 이외에, 가장 잘생긴 철학자라는 사실이다. 하녀의 자식으로 태어나, 단명(短命)의 가족력을 불안으로 안고 살아가던 철학자의 젊은 시절은 지성을 겸비한 한량이었다. 그러나 '돌아온 탕자'로 비유하기엔 키에르케고르의 신앙심은 어린 시절부터 독실한 편이었다. 사창가를 전전하던 시절에도 신앙을 떠나 있었던 적은 없었다.

키에르케고르는 신을 이성으로 증명하겠다던 사변적 철학들의 오만에 대해서는 항상 비판적이었다. 신은 인간의 이성으로 증명하고 말고 할 성질이 아니다. 우리가 할 수 있는 것은 그저 신을 사랑하는 일뿐이다. 신앙이란 그렇듯 개인의 믿음으로 가닿아야 할 몰교섭적인 성격이다. 이런 이유에서 개인의 주체성을 강조했던 키에르케고르의 실존은, 절대보편의 진리를 말하던 철학과 교조주의에 빠진 기독교에 대한 성토로부터 시작된다.

… 하나의 세계를 구성할 수 있다고 하더라도, 내가 그 속에서 다시 살 수 없고, 내가 다만 남들에게 보이기 위해 움켜쥐고만 있는 것이라면, 그것이 내게 무슨 소용이 있겠는가? 내가 비록 그리스도의 의의를 해설할 수 있고, 허다한 낱낱의 현상을 설명할 수 있다고 하더라도, 만일 그것이 나 자신에게와 내 생애에 대하여 참으로 깊은 의의를 가지지 못한 것이라면 내게 무슨 소용이 있겠는가? … 그것은 생생하

게 내 안에서 체험되어야만 한다.

지금의 시절에도 유효한 지적이겠지만, 키에르케고르가 살았던 시대엔 도통 뭔 소리인지도 알아듣지 못하는 현학적 이론을 '심오'로 떠받드는 경향이 존재했었고, 그 대표 주자가 헤겔이었다. 그 난해한 언어에 대한 쇼펜하우어의 지칠 줄 모르는 시비에도 불구하고, 시대의 트렌드는 쇼펜하우어의 철학 수업을 폐강으로 이끌었다. 그러나 니체와 마찬가지로 키에르케고르는 쇼펜하우어의 철학에 감화되어 철학자의 길을 걷게 된 경우이다. 때문에 그의 캐치프레이즈는 쇼펜하우어를 잇는 생의 철학이었다.

"사변에서 떠나라! 체계에서 떠나서 현실로 돌아오라."

키에르케고르는《철학적 단편》의 속편인《결론적 비학문적 후서》를 마지막 작품으로 생각했고, 탈고 후에는 다소 염증을 느끼고 있었던 철학계를 떠날 작정이었다. 어느 정도 저술가로 명성을 쌓은 시점에 은퇴하여, 시골에서 작은 교구를 담당하는 목회자로서의 고결한 엔딩을 구상하고 있었다. 그러나 이즈음 언론과의 진흙탕 싸움에 발을 잘못 디디면서 은퇴 계획은 전면적으로 수정된다. 요즘으로 치면 미디어의 폭력에 대한 비평을 내놓았다가 미디어의 집중포화를 얻어맞은 것. 언론과 철학자 모두에게 상처만 남긴 싸움은 키에르케고르를 돌려세우는 전환점이 되어 버렸고, 이후 그는 무림에 계속 남아 저술에 몰두한다.

은퇴 계획을 앞두고 있던 시점의 저술에는, 자신이 어느 정도까지의 기독교도가 되어야 할 것인가에 대한 숙고가 담겨져 있다. 키에르케고르가 바라보는 당대 기독교의 문제점 중에 하나는 그리스도인으로서 자격 기준이 너무 낮았다는 점이었다. 교회를 다닌다고 해서 그것이 그리스도인의 자격일 수 있을까? 현실과 괴리된 교리만 들추어 보고 있는 신앙 속에 과연 신이 존재하는 것일까? 하여 키에르케고르는 이렇게 말했다.

그리스도인이 된다는 것은 이제 무용지물이 되고 말았다. 광대놀음이 되고 말았다. 누구나 저절로 될 수 있는 그런 존재, 가장 하찮은 재주를 배우기보다도 더 쉽게 배울 수 있는, 그런 존재가 되어 버렸다.

# 조지프 콘래드 — 《어둠의 심연》


## 검은 그림자

19세기 후반 유럽 열강들은 식민지 쟁탈전에 열을 올리고 있었다. 주인공 말로가 콩고행 상선에 오를 때만 해도, 그는 유럽의 문명이 아프리카를 야만으로부터 진일보시킬 것이라는 신념을 지니고 있었다. 그러나 아프리카에 도착해 말로가 확인한 것은, 문명의 허울을 뒤집어쓴 채 자행되고 있는 유럽의 야만이었다. 말로가 야만이라고 생각했던 아프리카는 차라리 지옥이었다.

그들은 천천히 죽어 갔다네. … 아주 분명한 사실이었지. 그들은 적도 아니었고, 범죄자들도 아니었네. 그들은 이제 이 세상 사람도 아닌데다, 단지 푸르스름한 어둠 속에 뒤섞여 누워 있는 질병과 기아의 검은 그림자들이었을 뿐이었네.

말로가 목도한 아프리카의 참상은, 저자 조지프 콘래드가 실제 겪은 경험에 기반하고 있어 더욱 사실적이다. 영화 〈지옥의 묵시록〉의 모티브로도 잘 알려진 소설은 제국주의의 광기와 위선을 강도 높게 비난하고 있다. 소설은 아프리카에서의 모험 자체에 대한 서사와 묘사보다는 그 모험이 가져다준 말로의 사색과 성찰이 주를 이룬다. 아프리카를 배경으로 하면서도, 아프리카 자체를 다루지는 않는다는 느낌이다. 시점 역시 말로를 비롯한 유럽인들의 시선으로만 직조되어 있다. 이는 이 소설이 비판을 받는 지점이기도 하다.

제국주의를 비난하는 작가의 시선에도 어느 정도는 인종에 대한 편견이 존재한다. 원주민을 그저 '검은 그림자들'이라고 표현하고 있는 경우처럼 말이다. 사실 이 시기에 쓰여진 많은 모험 소설들이 이런 식으로 혹인의 모습을 묘사하고 있긴 하지만, 수백 년이 지나서까지 이런 불편한 수사를 읽는 것 자체가 불편한 일이기도 하다. 저자는 소설 속에서 반복적으로 '시커먼 형체', '검은 무리', '뼈만 남은 시커먼 것' 등으로 묘사하며, '원주민'이라는 표현은 소설의 마지막에만 몇 번 언급되었을 뿐이다.

유럽에게 착취당하는 아프리카인의 절규를 읽어 내리다 보면, 현대의 시간에도 여전히 현재진행형인 그들의 절망을 잇대지 않을 수 없었다. 특히나 영화 〈블러드 다이아몬드〉의 실화이기도 했던, 내전의 틈바구니 속에 살아가는 아이들이 그랬다. 그들의 이야기는 영화가 개봉되기 전, 《집으로 가는 길》이라는 에세이로 먼저 세상에 알려졌다. 《집으로 가는 길》의 저자이자 그 자신이 착취의 대상이기도 했던 이스마엘 베아는, 다이아몬드를 얻기 위해 발발한 동족 간 전쟁 속에서, 마약까지 맞아 가며 반군교육을 받고 같은 마을 주민들을 살해해야만 했던 사연을 가감 없이 서술했다. 유럽의 제국주의가 아프리카의 대자연을 자본과 무력으로 집어삼킨 그 시점부터, 유럽이 지나간 자리에는 아프리카의 침묵만이 이어졌다.

그날 밤, 마을에 생명을 주는 것은 사람들의 육체적 존재와 기운이라는 사실을 태어나서 처음으로 절실히 깨달았다. 그렇게 많던 사람들이 썰물처럼 빠져나가고 나니 마을이 섬뜩하게 변했다. 밤은 더 어두웠고 견디기 어려울 정도로 무거운 침묵이 깔렸다. 평소 같았으면 해 떨어지기 전 이른 저녁부터 귀뚜라미와 새들이 울었을 텐데 그날만큼은 그마저 조용했고 삽시간에 어둠이 깔렸다. 자연조차 다가올 일을 두려워하는 듯, 하늘에는 달도 뜨지 않고 바람 한 점 없었다.

– 이스마엘 베아《집으로 가는 길》중

## 마음의 어둠

말로가 커츠라는 인물을 만나러 가기 위해 건넜던 콩고의 강은, 아프리카의 절망을 그대로 이미지화하고 있다고 볼 수 있다. 소설 속에서 원주민과 자연은 고요히 흘러가는 강처럼 말이 없다. 말을 하는 이들은 백인

뿐이다. 안개로 가득한 강은 말로에게 어느 풍경 하나도 제대로 보여 주지 않는다. 이는 보이지 않는 곳에서 조용히 죽어 갔을 원주민의 삶을 상징하는 것일 게다.

말로가 그토록 만나고 싶어 했던 커츠라는 인물은, 말로가 직접 그 진상을 확인하기 전까지는, 모범적인 지식인으로서 누구도 가길 꺼려 하는 오지에 안착하여 성공신화를 이루어 낸 입지전적인 인물로 묘사된다. 아프리카에 대한 유럽의 착취에 염증을 느끼고 있던 말로는, 내심 커츠에게서 문명의 양심으로 기대하고 있었다. 그러나 그의 신화는 보다 더 악랄한 착취로 쓰여진 것이었다. 심지어 원주민들 사이에서 신으로 군림하고 있었는데, 그 원동력은 원주민들의 자발적 믿음이 아닌 그들의 생사를 결정하는 커츠의 총이었다.

말로가 커츠에 대해 품었던 환상은 《어둠의 심연》의 한 축이 되는 서사이기도 하다. 소설은 시대가 앓고 있던 도착의 욕망을 조명하는 와중에, 인간 개개인의 선악 문제도 다루고 있다. 이 이야기를 아프리카에 대한 유럽의 제국주의에서 비롯된 비극으로만 결론짓기에는 커츠라는 인물 개인의 도덕성도 짚어 볼 필요가 있는 문제이다. 커츠에 의해 자행된 학살과 핍박은 문명의 증상이었을까? 아니면 커츠 개인의 본성이 지니고 있던 야만이었을까? 그 대척점으로서의 말로는 문명의 양심이었을까?

우리는 어둠의 심연으로 점점 더 깊이 들어갔네. … 그 땅은 이 세상의 모습이 아니었네. 우리는 정복당한 괴물이 족쇄를 찬 광경에는 익숙해 있네만, 그곳에는, 그곳에서는 어떤 흉악한 것이 자유롭게 설치는 것을 볼 수 있었네.

《어둠의 심연》이라는 제목에 쓰인 '어둠'이란 단어는 아프리카를 상징하기도 하지만, 궁극적으로는 커츠의 내면에 대한 상징이다. 문명이 지닌 야만과 백이 지닌 흑이라는…. 그런데 이런 반전의 상징 또한 이 소설이 비판을 받는 이유이다. 백인우월주의를 비판하면서도, 결국 아프리카가 흑이라는 전제에서는 벗어나지 못한 그 또한 백인우월주의의 흔적이라는…. 아프리카가 지닌 태초의 자연에 동화되었을지언정, 말로의 입장 역시 서구의 역사의식을 담지한 문명의 시선이다.

소설의 배경인 콩고는 벨기에의 식민지였으며, 제국주의의 후발 주자였던 벨기에의 횡포는 유럽 내에서도 빈축을 살 정도였다. 《슬픈 열대》를 통해 백인중심주의의 해체를 시도했던 레비스트로스는 우연찮게 이 벨기에 태생의 철학자이다. 그는 브라질 원주민들의 생활체계에 대한 구조주의적 고찰을 통해 지식의 기저에 자리한 서구중심적 사고를 비판한다. 원시 사회는 우리와 다른 종류의 사회일 뿐, 결코 문명의 입장에서 열등과 미개를 논하고 말고 할 대상이 아니다. 기술적으로는 낙후되었을지 모르나 그들 나름대로의 합리적 질서를 유지하고 있다. 레비스트로스에 따르면, 문명사회나 원시사회나 모든 인간의 문화는 별반 차이가 없는 구조이다. 아울러 문명의 역사가 더 좋은 시대로 인도할 것이라는 환상을 경계한다. 기술의 진보가 곧 인문의 진보인 것은 아니다.

# 프로이트 — 《꿈의 해석》


## 철학과 정신분석

심리학은 크게 행동주의와 인지이론, 정신분석학으로 나뉜다. 행동주의는 인간의 습성이 동물과 차이가 없다는 전제 하에서 관찰되는 행위 자체에 초점을 맞추는 입장으로, 파블로프의 실험이 대표적이다. 인지이론은 상황의 맥락을 이해하는 능동적 인식에 대한 고찰이다. 두 방법론의 문제점은 특정 이론이 모든 이에게 통용될 수 있는 것은 아님에도, 개인의 편차를 고려하지 않는다는 점이다. 인간의 삶이 공식으로 일반화시킬 수 있을 만큼 단순하기나 하던가.

보다 더 깊은 심층에 질문을 던지는 방법이 바로 정신분석이다. 프로이트는 우리의 의식 아래에 깊이 숨어 있는 무의식의 세계를 설명해 냄으로써, 인류가 그토록 찬양해 마지않던 '이성의 힘'이 얼마나 보잘것 없는 착각이었나를 증명했다. 오늘날에는 다방면에 걸쳐 활용되는 이 방법론은 인류가 쌓아 놓은 문명 전반을 소급의 근원지로 삼는 정신의 고고학이며 고증학이다. 이 또한 다른 심리학들과 마찬가지로 일반화의 오류를 포함하고 있지만, 그나마 표집의 범위가 인류의 역사라는 점으로 자기변호가 가능한 경우이다.

흔히들 프로이트를 정신분석의 창시자로 알고 있지만, 무의식은 이미 그 시절의 정신과 의사들 사이에서는 꽤나 유행하던 담론이었다고 한다. 인도철학에서 영감을 받은 쇼펜하우어와도 많은 유사성이 발견된다. 하여 프로이트의 공로는 발견이라기보단 발전이라고 해야 맞는 표현인지도 모르겠다. 불교의 유식론(唯識論)은 말 그대로 오로지 식(識)이 있을 뿐이라는 의미이다. 식을 여러 위계로 나눈 도식에서 신체의 감각(眼耳鼻舌身, 시각/청각/후각/미각/촉각)보다 높은 식이 우리가 흔히 일컫는 의식(意識)이며, 그보다 높은 위계가 '마나스식'과 '아라야식'이다. 오늘날의 정신분석적 용어로 치환하자면, 전의식과 무의식 정도에 해당한다. 인도철학의 윤회 담론은 이 아라야식, 즉 무의식이 순환을 한다는 논리이다.

일반인들에겐 진료로서의 성격이 더 강한 이미지이겠지만, 철학은 진단의 방법론으로서 정신분석을 자신의 한 분야로 간주한다. 현상과 정신의 상관을 따져 묻는 학문이라면 모두 저 자신의 범주로 활용했던 오지랖 넓은 철학의 역사인지라, 일반교양의 철학사에서도 프로이트와 융 그리고 라캉은 여간하면 페이지가 할애되는 정신과 전문의이다.

"아직도 정신분석인가?"

알랭 바디우가 자신의 저서에 소제목으로 적어 놓은 질문은, 현대

철학의 방향성에 대한 고민이다. '아직도'를 물어야 할 정도로, 현대철학은 '여전히' 정신분석의 문법을 공유하고 있다. 관념론에 비판적이었던 쇼펜하우어가 일정 부분 관념론을 딛고서 관념론을 비판할 수밖에 없었듯, 정신분석 이론에 회의적인 철학자들조차 이미 대세가 되어 버린 정신분석을 매개로 비판을 전개할 수밖에 없는 실정이다. 어쨌거나 철학은 정신분석의 수용과 반박을 통해 저 자신의 경향과 사조를 새로 구축한 셈이다.

때문에 현대철학을 심도 있게 공부하고 싶은 이들이라면, 정신분석은 필수적인 과정이다. 결코 이해가 쉽지만은 않지만, 일단 이해를 하고 나면 다른 철학보다는 재미있는 영역이기도 하다. 철학사 전체를 조망할 수 있는 시야와 텍스트를 다른 시각에서 해석할 수 있는 지평을 열어 주는 트레이닝으로서도 정신분석만 한 게 없다.

## 무의식과 환상

고래에 관한 꿈을 노래하고 그리는 예술가들이 많은 이유는, 고래가 그 자체로 꿈에 대한 상징이기 때문이기도 하다. 바다는 자신의 '세계'를 상징한다. 물은 여러 메타포를 지니고 있지만, 그중 하나가 태초의 원형이다. 바다를 딛고 선 파도들은 원초적 충동으로 일렁이고 있는 지향성이다. 바다에서 가장 큰 생물인 고래는, 내 안에 숨겨진 거대한 열망이다.

이 해석에 동의할 수 있겠는가? 반론을 제기하고 싶은 경우들이라면, 프로이트에게 가해졌던 비판들의 입장이기도 하다. 프로이트의 해석은 읽다 보면 꽤 그럴 듯하게 느껴진다. 그러나 정말로 이렇게 해석해도 되는 건가 싶은 의구심으로 읽어 내려가야 하는 대목들도 적지 않다. 프로이트가 그렇게 말했다고 해서, 프로이트의 이론을 다 사실로 받아들일 필요는 없다. 후학들의 숱한 저항 속에서 비판적으로 수용되고 개선되어 온 정신분석의 역사이며, 프로이트가 지닌 현대적 의의는 진단과 처방으로서의 절대적 권위는 아니다.

프로이트에 따르면, 의식과 무의식 사이에는 경계막이 되어 주는 전의식(前意識)이란 게 존재한다. 밤사이 의식이 휴식에 들어가게 되면, 무의식은 이 전의식을 통해서 의식에 접속을 시도한다. 비유하자면 에너지의 농도 차로 인한 삼투가 일어나는 것이다. 주지하다시피 꿈은 의식에 억압되었던 무의식이 펼쳐 내는 이미지이다. 전의식은 의식과 닿아 있는, 의식에 준하는 체계이기 때문에, 무의식이 전의식을 투과하려면 의식 체계의 거부 반응을 피해 가야 한다. 때문에 의식이 그다지 신경 쓰지 않을 만한 우회적이고도 상징적인 표현들로 침투를 하는 것이다. 그렇게 의식에 접속한 무의식은 의식의 체계를 이용해 꿈의 영사기를 가동한다. 이런 이유로 꿈의 전개양상이 그토록 엉뚱하고 낯선 모습들이면서도, 꿈속에서는 충분히 납득할 만한 것으로 인식하며, 그 허상에 가닿는 감각들이 그토록 사실적인 것이다.

다시 정리하자면, 꿈은 의식의 세계에 준하는 언어로 써내려 가는 플랫폼이다. 무의식은 억눌린 자신의 심정을 토로하기 위해서 의식의 언어를 빌려 의식에게 대화를 신청하는 것이다. 모든 꿈은 그 자체로 억눌려 있던 억압을 해소하는 과정이다. 흉몽과 악몽조차도 필요에 의해 이루어지는 긍정의 작용이다. 기능상으로만 규정한다면 그 모두가 길몽인 셈이다.

앞서 설명했듯 무의식이 의식에게 대화를 신청하려면 의식이 별로 신경 쓰지 않는 이미지들을 이용해야 한다. 가령 꿈속에서 처음 가본 곳 혹은 처음 만난 누군가는, 처음 가본 곳이 아니고 처음 만난 사람이 아니다. 지나친 적이 있고 마주친 적이 있지만, 그다지 신경을 쓰지 않았기에 의식이 기억하지 못하는 이미지들일 뿐이다. 기억으로 남지 않을 정도로 일상에서 쉽게 지나치는 이미지들을, 무의식은 자신의 표현 도구로 잡아 두고 있는 것이다.

꿈해몽 관련 저서들을 살펴보면, 똥에 관한 꿈은 근심이 해결된다는 의미이다. 우리가 꿈에서 그 얼마나 많은 똥을 싸고 밟는데, 꿈에서 깬 이후 근심이 해결되는 경우가 있기나 하던가? 해몽이 그렇게 설명하고 있다고 해서 우리의 삶도 그 설명대로 흘러가는 것은 아니다. 그런데 정신분석의 해석은 이런 식은 아니다. 우리나라에서는 꿈에 나타난 돼지가 행운의 상징이지만, 돼지고기를 먹지 않는 중동에서까지 돼지꿈이 행운의 상징일 리 없지 않겠는가. 그러나 우리나라 사람들에겐 행운의 상징으로서 의식과 무의식 사이를 순환하며, 중동사람들에겐 기피의 상징으로 순환한다. 이렇듯 꿈은 순수한 무의식의 세계가 아니라 의식과의 상호작용이다.

스피노자는 그리스 신화에 등장하는 '페가수스'를 예로 들어, 인간 지평의 한계를 지적한다. 신화적 상상력조차도 '말'과 '새'라는 기존 관념의 조합일 뿐이며 '중력'이라는 인간의 상식을 벗어나지 못한 허구이다. 그런데 이미 있는 개념을 분석해 내는 것보다 아직 없는 개념을 만들어 내는 것이 더 어려운 작업이다. 이를테면 프로이트는 이 조합의 이미지를 어떻게 상상해 낼 수 있었겠는가에 대해 묻고, 그 대답을 인류가 태초부터 꾸어 왔을 꿈에서 찾은 경우이다. 프로이트는 신화가 꿈에 기반하고 있는 판타지라고 생각했다. 아직 기록의 수단이 존재하지 않았던 고대의 인류는, 기억하기 쉽고도 흥미로운 스토리텔링으로 각색하기 위해 꿈의 상징들을 채워 넣었고, 이것이 하나의 문법으로 전해져 내려오게 된 것이다. 이런 이유로 정신분석은 인류의 문화유산을 분석하며 무의식의 매뉴얼들을 정리한 것이다.

프로이트가 꿈을 해석하게 된 연유는, 꿈의 이미지가 정신질환자들이 겪고 있는 환상과 본질적으로 다르지 않다고 믿었기 때문이다. 환자들은 깨어 있는 채로 꿈을 꾸고 있는 상태인 것이다. 현대철학이 이어나가고 있는 프로이트의 파편은 현실에 존재하는 '환상'에 관한 것이다. 현대철학은 프로이트의 이론에 기반해 자본의 시대를 살아가는 현대인들의 병리학적 증상을 진단한다. 그 의미를 따라잡을 수 없을 만큼 빠르게 흘러가는 시간 속에서, 현대인들은 그 공허함을 자본이 만들어 내는 환상으로 메우려 한다. 보드리야르 같은 경우는 현대인의 소비목적을 꿈에 비유하기도 한다.

어찌 됐건 프로이트에게 꿈의 해석은 만능 양념장이나 다름없었다. 프로이트에게 다소 비판적 입장이었던 들뢰즈 같은 철학자는 어디에다 뿌려도 제법 그럴듯한 요리로 변모시키는 '라면 스프'에 비유하고 있는 셈이다. 들뢰즈의 역설은 정신분석의 패러다임으로 정신분석을 비판했을 정도로 그 자신이 정신분석의 대가였다는 사실이다. 조선을 디자인한 정도전이 불교의 대가였다는 역설과 같은 경우라고나 할까? 비판의 대상에 대한 철저한 이해가 비판자로서 기본 자세라 할 수 있고,

비판 자체도 설득력을 갖추게 되는 것이다. 그 논리에 납득을 하든 그렇지 않든 간에, 현대철학이 아직도 정신분석을 필요로 하는 이유이기도 하다.

# 버나드 쇼 ─ 《인간과 초인》

## 버르장머리 앤

사건의 발단은 옥타비어스의 후견인이었던 화이트필드의 죽음이다. 화이트필드의 절친한 친구인 램즈던은 아직 그의 유언장을 접하지 않은 상태였으나, 분명 남은 가족들의 안위를 자신에게 부탁했을 것이라고 짐작하고 있다. 램즈던은 화이트필드가 친아들처럼 보살폈던 옥타비어스를 일찌감치 딸의 배필감으로 낙점했다는 사실을 잘 알고 있다. 어려서부터 친남매처럼 자란 옥타비어스 역시 앤을 사랑하고 있다. 이제 램즈던 자신이 앤을 보살펴야 하는 입장에서, 신사의 기품과 교양이 넘쳐흐르는 옥타비어스에게 단 하나의 불만이 있다. 옥타비어스와 절친한 친구라는 이유로, 어려서부터 화이트필드의 집을 무람없이 드나들던 태너에 대한 것이었다.

램즈던 스스로는 세상에 거침없이 바른 말을 쏟아 내는 진보적인 사상가로 자평하고 있지만, 실상 세간의 평에 민감한 전형적인 상류층이다. 램즈던의 눈에는 다소 급진적인 성향을 지닌 태너가 불순한 존재로 보인다. 태너에게도 램즈던이 체질에 맞는 어른일 리 없다. 태너는 자신을 그토록 고깝게 여기는 램즈던에게 화이트필드가 남긴 유언장의 사본을 들이민다. 유언장에는 태너 역시 램즈던과 더불어 앤의 후견인으로 지목되어 있었다. 램즈던은 도저히 친구의 결정이라고 믿을 수 없었지만, 도통 무슨 영문인지를 알 수 없는 건 태너 역시 마찬가지이다. 앤은 항상 이런저런 구실로 자신의 충동을 관철시키는 여자이다. 항상 '부모님의 뜻'에 따르지만, 실상 부모님의 뜻이란 것도 그녀의 고집이 투영된 결과에 지나지 않다. 더군다나 체질적으로 맞지 않는 램즈던과 함께 공동 후견인으로 지목되어 있는 상황 자체가 자못 불쾌할 지경이다.

《인간과 초인》이 담지하고 있는 버나드 쇼의 의도는, 당대 영국 사회가 고수하던 인습에 대한 풍자이다. 일반적으로 남성은 '신사'로서의 삶을 의무로 살아가고, 여성은 오로지 결혼을 잘 해야 할 의무로 살아가던…. 램즈던은 당대 상류층이 추구하던 신사의 전형이었다. 스스로를 '안일한 부유층의 한 사람'으로 비하하는 태너는 버나드 쇼의 페르소나이다. 마르크스 철학에 심취해 이미 사회주의자로 전향한 쇼 자신이 아일랜드의 지주계급 출신이었다.

제목에서 알 수 있듯《인간과 초인》은 니체의 철학을 기반으로 하는 희곡이다. '희곡과 철학'이라는 부제가 설명하고 있듯, 니체뿐만이 아닌 여러 철학이 한데 뒤섞여 있다. 태너는 '노동의 가치'를 인정하는 진보적 사상가이면서도, 그의 눈에 비친 마르크시즘은 자본주의만큼이나 모순적이다. 니체의 '초인' 개념은 '지배적인 가치의 공간을 비집고 들어가 균열을 내는', 어느 쪽에도 구속받지 않는 자유의 정신이다. '초인'의 주제에 관해서는 태너의 꿈으로 전개되는 3막에서 다소 혼란스러울 정도로 상세하다. 너무도 현학적인 탓에 《인간과 초인》이 연극으로 상연될 시에는 빠지는 부분이라고 한다.

연극연구단체에 의해 〈지옥의 돈 후안〉이라는 제목으로 따로 상연이 된다는 3막은 태너가 꾼 꿈에 관한 이야기이다. 여행 도중 사회주의자와 무정부주의자로 결성된 테러리스트 집단에 납치된 태너는, 집단의 수장인 멘도사와 이런저런 이야기를 주고받다가 잠이 든다. 꿈속에서 태너의 페르소나로 등장하는 인물은 전설의 난봉꾼 돈 후안이다. 이 장면에서 버나드 쇼는 프로이트의 정신분석을 끌어와 앤에 대한 태너의 진심을 드러내고 있다.

《인간과 초인》의 결말이 숨기고 있는 반전은, 어릴 적부터 함께 자란 태너와 옥타비어스 그리고 앤의 삼각관계이다. 결혼 제도 자체에 관심이 없었던, 더군다나 앤 같은 여성상에는 치를 떨다시피 한 태너였지만, 실상 태너의 무의식은 앤을 갈망하고 있었다. 앤은 마음속으로는 태너에게 끌리고 있으면서도, 자신을 향한 옥타비어스의 사랑을 은근히 즐긴다. 앤에게서 태너를 향한 마음을 확인한 옥타비어스는 놀란 마음을 진정시킬 수 없었다. 더 놀라운 사실은 태너 역시 앤을 사랑하고 있었다는 점이다.

## 지옥의 돈 후안

꿈의 배경은 지옥이다. 태너, 그러니까 꿈속에서의 돈 후안이 마주한 악마는 인류의 역사 속에 등장하는 모든 그 자신이다. 이브를 유혹했고, 파우스트를 유혹했던…. 그러나 돈 후안이 딛고 있는 지옥은 삶의 시간 동안 상상했던 것과는 다소 거리가 먼 풍경이다. 악마 역시 인간의 상상으로부터 저 스스로를 변호한다. 신과 악마에 대한 인간의 서술 모두가, 정작 신도 자신도 행하지 않은 것들에 대한 기록이라고…. 이 지점에서 악마는 니체의 도덕관을 대변하고 있는 듯하다.

기독교 질서 속에서 마녀로 지목당한 이들에게 죄악은 실상 누구의 입장에서 죄악이었을까? 질문을 바꾸어 악마가 지닌 종교는 무엇인가로 되물을 수 있는 문제이다. 루시퍼도 메피스토펠레스도 기독교 패러다임 안에서의 부도덕이다. 즉 그들 역시 신으로부터 분리된 신의 산물이다. 니체에 따르면 악마는 일곱째 날에 탄생했다. 신이 휴식에 들어갔던 마지막 날에 인간에 의해서…. 그리고 그 반대급부로 뒤늦게 인간의 상상으로 지어 올린 신이 창조되었고, 앞선 엿새의 스토리가 인간의 상상력으로 채워진 것이다. 니체가 사형을 언도한 신은 이 전도된 형식의 결과물이다. 라캉에 따르면 태초의 인간에게는 악의 개념부터 등장했다. 저 너머에 무엇을 숨기고 있는지 모를, 매일 밤마다 인류를 지켜보고 있는 듯한 어둠의 시선. 그 짙은 두려움 아래에서의 전율은 아침이 되기만을 기다릴 뿐이었다. 그리고 자신들의 시선을 허락하며 터오는 여명으로부터, 자신들을 지켜 줄 다른 시선을 발견했다. 그리고 그것을 신으로 믿어 버린 것이다.

니체에게 있어 '인간' 자체가 하나의 인습이다. 그 인습을 극으로 밀어붙인 도덕이 바로 신이다. 3막에서 악마가 말하고자 했던 바는, 인간들이 말하는 도덕이란 그저 인간의 입장에서 지어 올린 관성일 뿐이라는 것이다. 문명의 침입에 항거한 인디언이 어찌 악일 수 있으며, 왼손잡이가 어찌 그릇된 방향성이라 할 수 있겠는가. 이 연장선에서 버나드 쇼는 앤과 같은 자유분방한 여성의 연애관이 과연 돌에 맞아 죽을 죄악인가를, 당대 영국 사회에 따져 묻고 있는 것이다.

악마 저 자신은 그저 태초의 자연이었을 뿐인데, 어느 순간부터 인간들에 의해 악의 표상으로 전락해 있었다. 자신은 천국으로부터 추방당한 존재가 아니다. 천국이 지루해 이곳에 지옥을 만들었을 뿐이다. 돈 후안이 딛고 있는 지옥은 충동과 욕망에 충실했던 사람들이 가는 곳이었다. 천국은 살아생전 도덕 체계에 충실했던 이들에게 주어지는 명예의 전당이다. 하여 지옥은 즐겁고, 천국은 지루하다. 그러나 천국과 지옥 사이에 건널 수 없는 깊은 심연이 있는 것도 아니다. 얼마든지 자유롭게 왕래가 가능하며, 도리어 천국의 심심함을 참지 못한 많은 이들이 지옥을 넘겨다보고 있다. 악마의 해명대로라면 지옥은 돈 후안의 체질에는 안성맞춤인 세계이다. 그러나 돈 후안은 천국행을 원한다.

돈 후안의 입장을 들어 보자면, 자신의 난봉꾼 기질은 자연에 부합하는 본능이다. 천국에 있는 자들이 살아생전 그렇게 집착했던 신사로서의 도덕은, 여성을 보호받아야 할 약한 존재로 규정하고 있다. 그 보호가 지나쳐 남성의 권위 안에 가두려 한 인류사이기도 했다. 그러나 남성은 좋은 유전자를 잉태하기 위한 여성의 프로젝트에 지나지 않는다. 그것이 역사를 바꾼 남성들을 바꾼 여성의 역사이다. 여성들이 잉태의 목적을 위해 남자들의 기분을 맞춰 주다 보니, 다소 역전된 현상으로 흘러 버린 것뿐이다. 그러나 여전히 여자들이 지닌 '생명의 힘'은 남자들을 지배한다. 그 생명의 힘에 이끌려 자신이 그토록 바람을 피울 수밖에 없었다는 것. 악마가 듣기에도 궤변이다.

그런데 그렇게 본능에 충실한 돈 후안이 왜 굳이 천국행을 원하는 것일까? 초인은 모든 가치로부터 자유로운 존재이다. 충동과 욕망대로만 살 수 있는 지옥은 안락함으로 죽는 곳이다. 더 높은 곳을 욕망하는 초인에게 있어 안주하는 삶은 곧 죽음이다. 천국의 도덕적 체계를 욕망하는 것이 아니라, 이곳에 안주하지 않기 위한 진보적 단계로서의 천국을 원하는 것이다. 도덕적 시선에 얽매여 있는 천국의 질서가 차라리 돈 후안에게는 긴장감을 제고하는 도전이다.

꿈속에서 돈 후안이 주저리주저리 늘어놓는 초인의 철학은, 태너의 심리 변화에 대한 상징이다. 결혼이란 풍습과 제도에는 무관심했던, 자유로운 진보 사상을 표방했던 태너였지만, 그 또한 고착화된 관념의 굴레라는 사실을 자신의 무의식이 깨닫게 해준 것이었다. 나중에야 밝혀진 사실이지만, 아버지의 유언장에 태너를 공동의 후견인으로 기입하게 만든 사람이 앤이었다. 그 모든 게 아버지를 설득한 앤의 프로젝트였다. 태너는 그토록 앤을 사랑했던 친구 옥타비어스에게, 자신이 앤의 후견인으로 지목된 것이 결코 자신이 원하는 바가 아니었음을 분명히 한다. 그러나 이미 태너 자신이 앤을 사랑하고 있다. 철학의 키워드를 빌렸을지언정 다소 구차스럽게도 느껴지는 태너의 변명은, 여자가 지닌 '생명의 힘' 때문이라는 것이다. 태너가 그동안 견지했던 가치로부터 자유로워질 수 있었던 동력은, 의식으로는 부정했으면서도 무의식은 원하고 있었던 앤이다.

버나드 쇼는 작품의 마지막을 생명에 관한 철학적 대사들로 채워넣는다. 처음부터 널 사랑하고 있었다는 고백 한마디로 이해될 수 있는 삶의 현장성보단, 과도한 지성미를 택했다는 느낌이다. 버나드 쇼에게 제기되는 비판 중에 하나이기도 하다. 해석의 여지가 많은 열린 체계일지언정, 철학의 화법에 익숙한 이들에게는 다소 유치하게 느껴질 법한 각색. 그의 의도가 당대 상류층 지식인들의 허세를 풍자한 것이었다면 다소 이해의 여지가 있긴 하나, 그가 표방한 니체의 철학으로 되짚어 보자면 풍자의 일정 부분은 그 자신에게 돌아가야 한다.

# 니체 — 《선악의 저편》

## 늑대와 인간

한동안 인터넷에서 인디언식 이름 짓기가 유행한 적이 있었는데, 실상
한자문화권에서는 여전히 인디언식으로 이름을 짓고 있는 셈이다.  영
화 〈늑대와 춤을〉에서 인디언 세계에 동화된 미군 장교가 인디언들로
부터 부여받은 '늑대와 춤을'의 이름을 한자식으로 표현한다면 與狼舞
(여랑무)가 된다. 호칭의 역사를 거슬러 올라가 보면 서구 문명도 이런
이미지적 문법을 지니고 있었다. 오늘날의 우리도 '여랑무'라는 음절에
서 굳이 '늑대'와 '춤'을 연상하지 않듯, 시간이 지나면서 '표음'의 기능만
이 선택적으로 진화한 서구의 기호체계는 인디언식의 이름을 '오래된
미래'로 바라보는 경향이 있다.

    그 사회가 지닌 언어 체계는 그 사회가 지닌 구조적 속성을 대변하

기도 한다. 언어가 지닌 패러다임을 이해한다는 것은 곧 그 사회가 공유하고 있는 생활체계로의 동화를 의미한다. 〈늑대와 춤을〉에서는 미군 장교가 인디언에게 동화되는 매개물이 그의 인디언식 이름이기도 했던 '늑대'이다. 서구 문명에서 늑대는 동물적 충동을 제어하지 못하는 악의 상징이다. 종교와 철학, 신화와 동화를 막론하고 그 입지는 한결같다. 그런데 많고 많은 짐승 중에 왜 하필 늑대였을까? 그만큼 문명과 충돌이 잦았던 야생이었다는 반증이기도 하며, 매 충돌마다의 결론은 인간들이 입은 피해였을 것이다. 양을 잡아먹든가, 양치기의 거짓말을 낳든가, 어쨌거나 늑대가 나타났다는….

빈번한 마주침이 남긴 흔적은 문명의 범주로 들어온 반려동물이다. 어떤 종이냐에 대해서는 이견이 있지만 늑대의 아종(亞種)이 사육된 결과로 보는 것이 일반적이다. '차이'는 항상 유사성을 전제한다. 유사성이 존재하지 않는 아예 다른 성질엔, 구분과 비교의 잣대를 들이대지 않는다. 늑대는 문명화된 동물과 '차이'로서의 대척점이기도 하다. 문명은 가축을 지키고, 야생은 가축을 탐한다. '개 같은' 성질은 그나마의 문명도를 인정하는 욕설인 셈이다. 계통으로 유전된 집단무의식은 늑대를 악의 상징으로 기록한다. 그 기록물들을 읽는 후세들에게 늑대는 악의 이미지로 반복과 순환을 거듭한다. 이 이미지가 라이칸 전설로까지 이어진 인류사였다.

프런티어 정신의 입장에서는 야생의 존재인 인디언은 악이었다. 실제로 옛날 서부영화에 등장하는 인디언들의 역할은 오로지 백인들의 역마차를 습격하는 것뿐이다. 그렇듯 인디언은 늑대 같은 존재이다. 〈늑대와 춤을〉에서 인디언 사회에 동화되기 시작한 백인의 정서적 상황을 상징하는 장면은, 그에게 관심을 보이며 다가온 늑대와의 교감이다. 먼발치서 이 광경을 바라보고 있던 인디언들은 그에게 '늑대와 춤을'이란 이름을 지어 주며 마음을 연 것이다. 이는 서구문명의 시각에서 바라본 인디언의 세계를 상징하는 이름이기도 하다. 문명의 언어에 의해 악으로 규정되었던, 최소한의 문명만을 소유한 채 자연의 일부로서 살아가는 생활체계는, 실상 서구인들이 잃어버린 순수의 시대이기도 하다.

프로이트의 상담 기록 중에는 유명한 늑대인간 이야기가 등장한다. 죽기 직전까지 자신을 늑대라고 믿고 살았다는 내담자의 일화는, 라이칸의 기원이 정신질환이라는 설을 해명하는 경우이기도 하다. 신화 혹은 설화의 화법을 해석하는 작업은, 인류의 정신사를 들여다봄으로써 지금의 인류가 앓고 있는 정신의 병에 대한 해답을 찾으려는 목적이다. 설화의 화법이 통용되던 '옛날 옛적'에, 정신질환자에게서 발현되는 증상이 인간의 신체로 늑대의 습성을 연출하는 경우라면, 몇 사람의 입을 거쳐 각색된 스토리텔링은 인간의 신체를 가진 늑대에 관한 것이 아니었겠나?

정신질환은 충격적인 현실을 마주하기가 두려워서 마음이 입은 상처를 그대로 안고 환상으로 도피하는 증상이다. 너무 아픈 나머지 차라리 깨지 않는 꿈을 꾸고 있는 것이다. 그러나 '아픈' 증상으로 헤아린 것은 현대에 이르러서이다. 그전까지는 악마에게 영혼을 빼앗긴, '마(魔)가 낀' 증상으로 간주했다는 것이 푸코의 고증이기도 하다. 광기는 치유의 대상이 아닌 배제와 소외의 대상이었으며, 사회가 혼란한 시기에는 그 책임을 짊어져야 하는 심판의 대상이기도 했다.

늑대는 왜 보름달이 뜰 때 우는 것일까? 이는 선택적 지각의 결과란다. 그믐과 상현 아래에서 우는 늑대는 별로 임팩트가 없다. 가득한 달빛을 등에 진 실루엣이 가장 큰 각인 효과였던 것이다. 인간의 생리는 태양보다는 달의 영향이 크고, 인간에게 남아 있는 마지막 동물성이 여자의 월경이란다. 달마다 돌아오는 금기의 시간은 곧 위반의 욕망을 부추기는 반대급부이기도 하다. 달과 여자 그리고 늑대, 스토리가 직조될 수 있는 최소의 조건이 마련되었다. 인간이 지니고 있는 동물적 충동, 즉 성을 매개로 한 욕망은 인간의 도덕 범주에서 벗어나 있는 늑대의 모습으로 현전하고, 그 늑대가 지금까지도 여러 문화산업을 먹여 살리고 있다.

## 미학의 도덕

현대적 콜라보의 원조격이라 할 수 있는 영화 〈언더월드〉의 초반부에서는, 인류와 우호를 유지하며 살아가길 원하는 뱀파이어 집단은 상대적 선으로, 한시도 뱀파이어들을 가만 놔두지 않는 라이칸들은 절대적 악으로 묘사된다. 뱀파이어 태생인 여주인공이 라이칸들을 소탕하는 명분은 '정의'다. 그러나 나중에 밝혀진 반전은 주인공이 속한 뱀파이어의 커뮤니티가 도리어 '악'이었다는 사실이다. 역사의 어느 순간부터 자신들이 먼저 라이칸들을 억압했다는 기억이 잊혀지고, 뱀파이어 후손들에게선 선악의 구도가 뒤바뀐다.

관객들의 시선은 감독의 의도를 충실히 따른다. 창백한 피부와 푸른 눈동자를 지닌 귀족적 외모에 얹어진 도덕적 품격은 충분히 선의 자격에 부합한다. 그에 비해 동공과 공막의 경계를 무너뜨리며 검어지는 라이칸의 눈으로부터, 도덕에 대한 분별력을 갖추지 못한, 그저 충동에 따라 파괴를 일삼는 야생 그 자체라는 암시가 주어진다. 인간도 아니고 늑대도 아닌 괴기스러운 잡종의 형상, 뱀파이어들의 순혈주의는 그 천박한 뒤섞임을 '불결'로 간주했다. 늑대인간들의 복수극 역시 뱀파이어들의 순결관으로부터 불거진 서사이다. 서로를 사랑한 뱀파이어와 라이칸을 용납할 수 없었던 뱀파이어 원로의 부당한 처사가, 뱀파이어 후손들에게는 잊혀진 선악의 분수령이었다.

반전의 내막이 제시되기 전까지 관객들에게 선악의 기준은 오로지 미학이다. 니체가 따져 물은 도덕의 관점을 현대적으로 해석하자면, 과연 헐크의 외모가 선에 부합하는 미학일 수 있느냐에 관한 질문으로 대리할 수 있다. 우리에게 히어로의 필수 조건은 멋있는 실루엣을 뒤덮는 세련된 디자인의 슈트이다. 즉 미(美)의 지점에서 이미 어느 정도 선(善)이 결정되는 지향성이다. 히어로들이 무찌르는 악당들은 왜 하나같이 추한 외모를 지녔거나 후줄근한 디자인을 선택하는 것일까? 그들에겐 미학 개념이 없는 것일까? 아니면 악의 속성이 미학적 센스에 영향을 미치는 것일까?

할리우드의 수많은 영화에서 악으로 등장하는 '벌레들'은 누구의 입장에서 설정된 악일까? 벌레들에게 인류를 멸하고 이 지구를 독식하겠다는 욕망이 있는지 없는지에 대한 문제는, 파브르도 밝혀 내지 못한 사실이다. 우리가 벌레들에게 느끼는 공포 내지 혐오의 정서를, 종말론적 불안에 투영한 증상일 뿐이다.

그렇다면 우리는 왜 벌레들에게 공포를 느끼는 것일까? 스피노자의 철학에 따르자면 생존의 본능이다. 해가 될지 어떨지 모르는 형상에 일단 경계심을 품게 되는 정서가 '나쁜 기분'을 유발하는 것이다. 그 나쁜 기분이 해명되지 않았거나, 정말로 해를 입어 나쁜 기분을 기억으로 간직한 경우, 그 불쾌의 기억이 세대 유전을 거치게 된다. 그런데 벌레 입장에서도 위협을 느꼈기 때문에 인간으로부터 자신을 보호하고자 했던 것뿐이다. 그들을 가만 두었으면 될 일을, 먼저 도발을 했거나 우연찮게 그들의 경계를 침범한 인간이 되레 '나쁜 기분'을 독점한 것이다. 그 원인은 잊혀지고 '나쁜' 속성의 기억만이 집단의 무의식으로 유전된다.

니체에 따르면 진리란 미적 취향이다. 악의 기원도 결국엔 '나쁜 기분'을 유발시키는 불쾌자극이었다. 대표적인 사례가 에덴동산의 뱀이다. 뱀 저 스스로는 자신의 조상에게 그런 역사가 있다는 사실도 알지 못할뿐더러, 관심도 없을 것이다. 그들의 입장에선 자신의 터전을 파헤치는 일에 여념이 없는 인간들이 절대악이다. 그러나 인간들이 보기엔 자신의 몸집보다 큰 먹이를 집어삼키고, 몇 번이고 허물을 벗어 다시 태어나는 듯한 습성이 그 자체로 공포였다.

선악과 사건에 대한 철학의 해석으로는 선악과를 따기 전까지는 세상엔 선과 악이 따로 존재하는 것이 아니었다. 다시 말해 인간의 가치판단이 사라진 세상엔 선도 악도 존재하지 않는다. 오로지 인간만이 선과 악을 구분하고 선과 악을 행한다. 또한 선과 악으로 해석을 한다. 커다란 눈망울을 지닌 꽃사슴을 잡아먹는 늑대가 악을 행하는 것일 리 없지 않은가? 하루가 멀다 하고 농가로 내려와 농작물을 죄다 뽑아 먹는 아기 사슴은, 그 브랜드가 '밤비'여도 농부에겐 철저히 악이다. 그러나 사슴의 입장에서는 인간이 무너뜨린 생태계로 인해 먹이를 찾기 쉽지 않아 악에 받칠 지경이다.

성경을 인용하자면 신이 보기에는 자신이 창조한 모든 것들이 좋았다. 그러나 인간에게까지 모두 보기 좋았던 것은 아니다. 인간의 눈에는 차등한 세상의 미학이었다. 더 정확히는 유럽인들이 보기에 좋은 것들이 善을 선점한다. 하얀 피부를 순결성으로 규정하는 입장에서는 유색의 피부가 저열의 속성이었다. 유럽의 귀족 부인들은 흑인 남자 노예가 지키고 서 있는 가운데 나체로 목욕을 했다. 그것이 노예의 불경일 수 없었던 이유, 흑인 노예는 아직 인류가 아니었다. 그들에게 비유럽은 아직 자연이었다. 자연을 극복하는 위대한 '인류'의 역사는 비유럽에 대한 지배를 정당화한다. 그에 대한 반발은 모두 악이다. 이슬람도 악이었고, 인디언도 악이었다.

# STEP 6

# 트로이 전쟁 3부작

## 일리아드

바다의 요정 테티스의 아름다움에 반한 많은 신들이 그녀에게 구애를 했지만, 그녀의 선택은 인간 펠레우스였다. 신과 인간의 사랑을 축복하고자 각지의 왕과 모든 신들이 결혼식에 참석했지만, 불화의 여신 에리스만이 초대를 받지 못한다. 피로연장에 나타난 에리스는 자신을 소외시킨 대가로 황금사과를 던진 것이다. 가장 아름다운 여신에게 바쳐져야 할 사과를 두고 불거진 갈등은 제우스에게 공정한 심사를 의뢰하기에 이르지만, 제우스는 그 곤란함을 트로이의 왕자 파리스에게 떠넘긴다. 헤라와 아테나 그리고 아프로디테는 자신의 미모를 최고로 공중받기 위해 파리스에게 저마다의 조건을 내건다. 파리스가 황금사과를 바친 아프로디테가 약속한 조건은 세상에서 '가장 아름다운 여자'였다. 그녀가 바로 스파르타의 왕비 헬레네였다.

절세의 미인이었던 헬레네에게는 구혼자가 많았다. 구혼자 중에는 오디세우스도 끼어 있었다. 오디세우스의 제안에 따라 구혼자들은 누가 헬레네의 선택을 받든 간에 끝까지 그의 명예를 지켜 주기로 맹세한다. 한 여자를 사랑한 남자들의 연대감이라고 해야 할까? 어쨌든 간에 파리스는 아프로디테의 도움으로 그 맹약의 중심에 자리하고 있던 여인을 유혹한 것이었다. 그리고 잇대어진 결과가 바로 제우스도 감당하기 버거웠던 트로이 전쟁이다.

《일리아드》는 트로이 전쟁 기간 중 아킬레스와 아가멤논의 불화로부터 헥토르의 죽음까지를 다루고 있다. 그리스 연합군의 총사령관이었던 아가멤논의 목적은 트로이였다기보단 에게해의 지배권이었다. 파리스와 헬레네의 불륜은 명분에 불과했다. 그리스 연합군은 트로이를 함락하는 과정에서 트로이의 동맹국들을 차례차례 점령해 나간다. 갈등은 아가멤논이 아폴론을 모시는 신관의 딸을 전리품으로 삼은 일에서 비롯된다. 그리스 연합군 사이에서는 역병이 돌기 시작했고, 아킬레스는 그 원인으로 아폴론에 대한 아가멤논의 불경을 지적한다.

아가멤논은 신관의 딸을 포기하는 조건으로 아킬레스의 전리품이었던 브리세이스를 요구한다. 이 여인 역시 아킬레스가 트로이의 동맹국을 멸하는 과정에서 쟁취한 전리품이었지만, 브리세이스와 아킬레스는 이미 서로를 사랑하는 사이였다. 결코 아가멤논의 노욕에 동의해 줄 수는 없었지만, 역병에 시달리고 있는 그리스군을 가엾게 여긴 아킬레스는 결국 사랑을 포기한다. 《일리아드》의 서사를 지탱하고 있는 단 하나의 요소를 꼽으라 한다면, 아가멤논의 노욕이 초래한 아킬레스의 분노이다. 이 사건으로 인해 아킬레스는 그리스 연합에서 자신의 군대를 철수시킨다.

일단 자존심으로 버티기는 했지만, 아가멤논의 걱정은 그리스 연합군 내에서 아킬레스의 입지였다. 그저 그가 함께하고 있다는 사실만으로도 아군에게는 승기요 적에겐 공포인 존재감이 사라진 전장은, 김유신 없는 황산벌이요, 이순신 없는 명량을 의미했다. 더군다나 이 전쟁에서 제우스는 그리스의 편이 아니었다.

편을 나누어 인간의 전쟁에 관여하는 신들의 품위 없는 작태가 마음에 들지 않았던 제우스였지만, 헤라와의 계약으로 이미 트로이의 멸망은 예정되어 있었다. 그러나 아킬레스가 당한 모욕을 참을 수 없었던 모친 테티스가 제우스에게 청원을 한다. 테티스는 한때 제우스에 대항하여 신들이 일으킨 반란의 와중에서도 제우스의 편을 들어주었던 유일한 신이었다. 이미 트로이의 멸망으로 가닥이 잡힌 전쟁이지만, 테티스에 대한 보은의 차원에서 제우스는 그리스군의 시련을 극으로 밀어붙인다.

불리해져만 가는 전세는 아가멤논에게 아킬레스의 절실함을 새삼 깨닫게 한다. 분노를 쉽사리 가라앉히지 못하고 있었던 아킬레스도, 내심 위기에 내몰린 그리스의 병사들이 걱정이었다. 중재자로 나선 이는 어려서부터 아킬레스와 함께 자란 절친 파트로클로스였다. 그는 이제 우리도 전투에 참가해야 할 때라고 아킬레스를 설득한다. 그러나 끝내 결정을 미루어 버린 아킬레스에게, 자신이 대역을 맡는 일 정도는 허락해 줄 것을 요구한다. 아킬레스의 존재가 의미하는 바를 잘 알고 있었던, 그리고 아킬레스와 외모가 비슷했던 파트로클로스는 아킬레스의 갑옷을 입고서 아킬레스의 군대를 이끌며 다시 전투에 참여한다.

파트로클로스의 출사에 앞서 아킬레스는 그에게 절대로 퇴각하는 트로이군을 쫓지 말라고 당부했었다. 그러나 전장에서 아킬레스 효과를 체험하고 있던 대역은, 정말로 그 자신이 아킬레스가 된 듯한 망상에 빠져들었고, 결국 트로이의 진영에까지 가닿은 호기는 헥토르의 칼날에 꺾이고 만다. 《일리아드》에 실려 있는 또 다른 주제가 인간의 명예욕에 대한 경계이기도 하다. 멈추어야 할 곳에서도 멈추질 못하는 영웅들의 욕망은, 영화 〈황산벌〉에서의 계백의 아내가 계백에게 던진 명대사로 대리할 수 있다. '호랑이는 가죽 땜시 뒈지고, 사람은 이름 땜시 뒈지는 거'라는….

아가멤논에 대한 분노를 밀어낸, 헥토르에 대한 분노로 다시 전장에 뛰어들게 된 아킬레스는 헥토르의 가슴팍에 복수의 칼날을 꽂는다. 누가 죽든 간에 전사로서의 예우를 다하자는 헥토르의 제안은 아킬레스의 분노 앞에서 별 의미가 없었다. 헥토르의 시체는 아킬레스의 마차에 묶여 그리스 진영으로 끌려온다. 그 자신이 트로이의 프라이드이기도 했던 프리아모스 왕은 아들의 비참한 죽음 앞에서 모든 걸 내려놓는다. 왕은 한밤중에 몰래 적진으로 잠입해 아킬레스를 만나고 아들의 시체를 돌려줄 것을 간청한다. 차가운 심장으로 전쟁에 임하는 영웅이었지만, 인간에 대한 연민 정도는 느낄 줄 아는 아킬레스이기도 했다. 또한 노인 혼자서 삼엄한 경비를 뚫고 자신의 거처에 당도했다는 사실로부터, 이 모두가 헥토르를 가엽게 여긴 신의 가호임을 직감한다. 아킬레스는 헥토르의 장례가 끝날 때까지의 휴전을 약속하고 프리아모스 왕을 배웅한다.

# 오디세이아

헥토르가 죽은 이후에도 트로이는 쉽게 함락되지 않았다. 무력 진압의 한계를 느끼고 있던 차, 전쟁의 종지부를 찍을 아이디어는 오디세우스에게서 나온다. 그리스 연합군은 트로이에게서 아테나의 신상(神像)을 훔친 적이 있었다. 트로이 목마는 아테나 여신에 대한 속죄의 의미로 그리스군이 해변가에 남겨 놓고 간 제물이었다. 물론 이는 철군을 가장한 그리스군의 계략이었고, 목마 안에는 최정예 병사들이 숨어 있었다. 그리스 전함들이 철수하는 광경까지 직접 목격한 트로이군은 기꺼운 마음으로 성문을 열었고, 전쟁은 이 방심의 분위기를 기습한 그리스군의 승리로 끝이 난다.

어떤 전쟁이든 인간의 탐욕에서 비롯되는 결과이기에, 그 욕망이 신들을 모독하는 행위로까지 이어지는 경우가 비일비재했다. 비록 승리를 거머쥔 그리스군이었지만, 올림포스는 그들이 저지른 불경에 대한 혹독한 대가를 준비해 두고 있었다. 그 서막은 헬레네의 남편인 메넬라오스와 그의 형인 아가멤논 사이에서 불거진 갈등이다. 헬레네를 되찾은 메넬라오스는 당장에 그리스로 돌아가고 싶었지만, 아가멤논은 자신이 저지른 죄악에 대한 제사를 치른 후에 떠나고자 했다. 결국 아가멤논의 군대만을 남겨 두고 나머지 그리스 연합군은 고향으로 떠났고, 절친한 친구를 두고 올 수 없었던 오디세우스만이 배를 돌려 다시 트로이로 돌아온다.

그러나 오디세우스와 아가멤논은 함께 고향으로 돌아올 수 있는 운명이 아니었다. 속죄를 위한 제사를 마치고 트로이를 떠나려던 찰나, 갑

자기 들이닥친 사나운 폭풍우 속에서 오디세우스는 아가멤논과 헤어진다. 트로이를 떠나 그리스로 돌아가는 연합군의 여정에는 신들이 준비해 놓은 제 적량의 시련이 기다리고 있었다. 오디세우스는 시련을 통한 속죄의 와중에 다시 죄악을 저지르게 되니, 그 대상이 포세이돈이었다. 제우스도 이제 그만하면 됐다 싶었던 '트로이에 관한 건'이었지만, 오직 바다의 신만이 유독 오디세우스만을 용서하지 못하고 있었다. 《오디세이아》는 다른 영웅들의 귀향길보다 더 가혹한 시련을 감내해야 했던 오디세우스의 스핀 오프이다.

해류가 이끄는 대로 표류하다가 당도한 어느 섬에서, 오디세우스의 군대는 굳이 가지 않아도 됐을 운명에 발이 걸리고 만다. 외눈박이 괴물 키클롭스 중에서도 가장 힘이 세고 잔인한 폴리페모스와의 만남이 그것이다. 영웅의 모험심과 비범함이 가져온 결과는, 폴리페우스가 살고 있는 동굴로 들어갔다가 그 동굴에 갇혀 무력하게 죽을 날만을 기다리는 일이었다. 동굴의 입구를 막아 놓은 커다란 바위를 움직이는 것은 폴리페우스에게나 가능한 일이었기에, 그를 죽인다고 해도 평생을 동굴에 갇혀 지내야 할 판이었다. 오디세우스에게서 발휘된 기지는 폴리페우스의 하나밖에 없는 눈을 찌르는 것이었다. 맹시(盲視)의 순간 내내 난리법석을 떨던 폴리페우스가 바위문을 여는 순간을 놓치지 않고 탈출에 성공한다. 그냥 거기서 끝냈으면 좋았을 것을, 영웅의 주책없는 호연지기는 폴리페우스를 향한 조롱을 늘어놓고야 만다. 그런데 폴리페우스가 바로 포세이돈의 아들이다. 아버지에게 닿은 아들의 기도는 오디세우스를 한층 더 혹독해진 시련으로 몰아붙인다.

10년의 전쟁, 10년의 방랑, 이타카의 왕이었던 오디세우스가 자리를 비운 20년의 세월 동안, 페넬로페 왕비는 영주의 아들들의 청혼에 시달리고 있었다. 무뢰한들의 횡포를 막아 내기엔, 선왕은 이미 늙었고 오디세우스의 아들 텔레마코스는 아직 어렸다. 오디세우스의 은혜를 입었던 많은 이들이 변절해 버린 상황에서, 누군가를 선택할 때까지 멈추지 않겠다는 으름장을 늘어놓던 청혼자들은, 왕의 성을 제집 드나들 듯하며 국고를 탕진한다. 그러나 결국 왕의 귀환 앞에서 왕의 성은 그들의 무덤으로 변해 버린다.

20년 만에 오디세우스가 고국으로 돌아올 수 있었던 원동력은 그를 총애했던 아테나 여신의 가호였다. 아테나의 청원을 들은 제우스도 포세이돈에게 그쯤하면 되지 않았는가를 물었고, 그쯤에서도 탐탁지 않았던 포세이돈이었지만 어쩔 수 없이 오디세우스의 운명에서 한 발 물러서야 했다. 신이 부여한 시련의 와중에 오디세우스는 체념을 하기도 했다. 그러나 다시 일어설 수 있었던 이유 역시 이미 익숙해진 시련이라는 점이었다. 지금 여기에서 주저앉아 있으나, 계속해서 앞으로 나아가나, 어차피 똑같은 시련이라면, 사랑하는 아내와 아들이 있는 곳을 향해 가겠다는 의지가 결국 신의 마음을 움직인 것이다.

때가 되면 모든 것이 나의 의지대로 될 것이다. 그리고 물론 신의 의지대로도 될 것이다.

이 믿음 하나로 버텨 낸 시련의 끝자락에, 지혜의 여신이 함께하는 왕의 귀환이 준비되어 있었다.

# 아이네이스

《아이네이스》는《일리아드》와《오디세이아》와 더불어 트로이전쟁을 다룬 3부작으로 묶이는 작품이다. 과연 호메로스가《일리아드》와《오디세이아》의 저자가 확실한가는 여전히 논쟁이 지속되고 있는 문제인데 반해,《아이네이스》는 로마의 시인 베르길리우스가 지은 서사시로 알려져 있다.

이야기는 다시 파리스가 아프로디테에게 사과를 건네던 순간으로 돌아가 시작된다. 실상 전쟁의 빌미는 사과를 건네받은 아프로디테가 제공한 것이나 마찬가지이다. 아프로디테는 파리스에게 세상에서 가장 아름다운 여인을 약속했고, 그 여인이 스파르타 왕국의 헬레네였다. 공개적으로 아프로디테의 미모에 밀린 헤라의 열등감이 향한 전장이 파리스의 조국인 트로이였다. 아프로디테가 트로이 편에 선 것도 당연한 일이지만, 트로이 진영에는 자신의 아들이 속해 있기도 했다. 금기시 되었던 신과 인간의 사랑에 농간을 부려 대던 아프로디테, 여신의 버르장머리를 고쳐 주고자 했던 제우스는 아프로디테 역시 인간과의 사랑에 빠지게 하는 벌을 내린다. 그 천형의 결과로 트로이의 왕족이었던 안키세스와의 사이에서 태어난 아들이 바로 '아이네이아스'이다.

《일리아드》와《오디세이아》가 그리스 영웅들에 초점을 맞췄다면,《아이네이스》는 트로이 멸망 이후 새로운 트로이를 건설할 운명으로 점지된 트로이의 영웅에 관한 이야기이다. 이는 이탈리아의 건국 신화로 일컬어지기도 한다는데, 공화정을 무너뜨리고 로마 제국의 초대 황제가 된 아우구스투스의 가문을 정당화하기 위한 정치공학이었다고 한

시카고 플랜 : 위대한 고전

다. 트로이 멸망 이후 그 유민들이 찾아간 '라티움'이란 도시국가가 바로 '라틴족'이 살고 있던 이탈리아였다.

멸망한 트로이로부터 라티움을 찾아가는 아이네이아스의 여정은, 같은 에게해를 배경으로 한 이유에서인지는 몰라도, 몇몇 동선이 《오디세이아》와 겹친다. 《오디세이아》에서 오디세우스가 지옥으로 내려가 자신의 미래에 대한 조언을 듣는 플롯 역시 《아이네이스》에서도 반복된다. 아이네이아스가 지옥으로 찾아가 전해 들은 예언대로라면, 자신은 라티움의 공주 라비니아와 결혼할 운명이었다. 예언은 암늑대의 젖으로 자랐다는 로물루스를 그의 후손으로 거론하기도 한다. 로물루스 입장에서의 아이네이아스는 '육룡이 나르샤'인 셈이다.

스토리는 크레타로부터 유래한 줄 알았던 트로이 민족이 원래 이탈리아에서 유래한 민족이었다는 설정으로 아이네이아스의 입성을 정당화하지만, 이탈리아 입장에서는 어느 날 불쑥 찾아든 타민족에게 자신들의 공주를 내어 줄 수는 없는 일이었다. 그것이 아무리 신이 정해 놓은 운명이라고 해도 말이다. 라비니아 공주를 사랑하는, 또한 왕비로부터 사위로 내정되어 있던, 남부 이탈리아의 왕족 투르누스는 신탁에 저항하며 아이네이아스와 맞서 싸운다. 이 장면은 흡사 《일리아드》에서의 아킬레스와 헥토르를 연상시킨다. 사건의 전개 방식과 그에 대한 서술이 《일리아드》와 《오디세이아》와 비슷한 부분은 이뿐만이 아니다. 이런 이유로 집필 당시 호메로스의 표절이라는 비난이 일기도 했었다.

전투는 아이네이아스의 승리로 끝이 나고, 이탈리아에는 새로운 역사가 쓰여지기 시작한다. 그는 자신 때문에 전장이 되어 버린 라티움으로부터 그리스에게 멸망당한 트로이를 떠올린다. 그리고 이탈리아 민족의 피해를 최소화하기 위한 전략을 고심하기도 한다. 그러나 결국엔 승자의 역사가 미화된 사례가 아닌가 하는 의구심과 함께 밀려온 씁쓸함은, 그때나 지금이나 인간에게 있어 신은 마지막 희망인 동시에 편리한 명분이라는 사실이다.


## 신과 인간

유럽의 정신문화를 이루는 두 근간은 헤브라이즘과 헬레니즘이다. 이스라엘과 가장 변별되는 그리스의 특징은 인본주의이다. 그리스 신화에서 신들의 존재는, 인간의 지력으로 이해될 수 없는 현상에 투영된 인간의 지평이다. 즉 미지와 우연의 두려움을 가지(可知)의 필연으로 극복하기 위해 내놓은 인간 스스로의 대답을 인격화한 경우이다. 때문에 인간의 희노애락애오욕에 관한 대답으로서의 신들까지 존재하며, 신들 역시 사랑하고 질투하며 분노하고 좌절하는 존재이다. 그리스의 신은 인간의 운명을 쥐고 있는 조력자이기도 한 동시에 훼방꾼이기도 하다. 인간의 모든 영예가 신의 뜻이기도 하지만, 인간의 모든 과오 역시 신의 탓이다. 헤브라이즘이 원죄를 인간에게 짊어지게 했다면, 헬레니즘에서 인간은 근본적으로 무죄이다.

《일리아드》를 비롯해 그 속편이라 할 수 있는 《오디세이아》와 《아이네이스》까지, 트로이 전쟁은 신들의 전쟁으로 기록되어 있다. 이미 제우스에 의해 트로이의 멸망은 정해져 있었고, 전쟁에 참여한 영웅들은 신들의 장기말 혹은 바둑알에 불과하다. 그러나 영웅들은 신의 결정에 굴복하지 않는다. 운명이 실현되는 순간까지 그 운명에 맞서 싸운다. 이미 자신에게 주어진 운명이 비참한 최후일지언정, 마지막까지 주체적인 결단으로 나아간다. 그조차 이미 신에 의해 결정되어 있는 결말이었다고 해도 말이다. 신의 문법을 알 수 없는 인간의 입장에서는 이렇게 생각할 수밖에 없다. 내가 사력을 다해 가닿는 지점까지가 내게 정해진 운명이다. 네 운명을 사랑하라던 니체가 그리스 비극에 찬사를 아끼지 않았던 이유 역시 그런 인본주의적 성격 때문이었다.

# 헤로도토스 — 《역사》

## 리디아의 크로이소스

《오디세이아》에서는 트로이를 멸하고 헬레네를 되찾은 메넬라오스가 스파르타로 돌아가는 도중 잠시 이집트에서 머물게 된 사연이 언급된다. 파리스의 유혹에 넘어갔었던 아내와는 화해를 이루었지만, 트로이 편에 섰던 신들과는 아직 화해를 이루지 못한 상황, 신들의 방해로 그의 귀국길은 지중해 전역을 둘러 가야 하는 여정이 되었다. 헤로도토스의 《역사》에는 메넬라오스가 이집트로 가게 된 경위에 대해 신화적 요소들을 배제한 채 서술하고 있다.

　《일리아드》에는 파리스가 헬레네를 데리고 에게해를 건너는 도중에 풍랑을 만나 표류했다는 내용이 적혀 있는데, 헤로도토스의 《역사》는 파리스가 이때 나일강 하구까지 떠밀려 왔다는 사실을 고증하고 있다. 파리스 일행이 닿은 해변에는 헤라클레스에게 봉헌된 신전이 있었으며, 이집트의 관습상 어떤 노예가 이곳으로 도망쳐 신에게 귀의하고 신으로부터 어떤 신성의 표식을 받게 되면, 주인이 어떤 지위이더라도 더 이상 그 노예를 구속할 수 없었다. 이 이야기를 전해 들은 파리스의 하인들은 신전으로 도망쳐 비호를 청원하며 자기 주인의 죄를 이집트인들에게 고소하기에 이른다.

외지인들에게 관용적인 이집트의 풍습도 파리스와 헬레네의 부도덕에 대해서는 죄를 물었다. 이집트의 왕은 헬레네를 억류시켰고 파리스만이 트로이로 돌아올 수 있었다. 트로이에 도착한 그리스 연합군은 헬레네를 요구했지만, 헬레네는 실상 이집트에 있었던 것이다. 그리스는 트로이 측의 주장을 믿지 않았고, 트로이를 멸하고 난 뒤에서, 그들의 말이 사실임을 알았던 것이다. 때문에 메넬라오스는 스파르타로 돌아가는 길에 헬레네를 만나러 이집트에 들러야 했던 것이다.

이는 헤로도토스가 집적 발품을 팔며 채록한 이야기이다. 즉 이전 세대와 같은 신화적 각색이 아닌 철저한 고증의 방법론으로 역사가 쓰여지기 시작한 것이다. 그전까지의 역사서는 결정적 순간에 신들이 개입하는 드라마로서의 성격이 짙었고, 사실적인 속설들은 그저 민담으로 산재해 있는 형국이었다. 헤로도토스는 오랜 세월 동안 에게해 문명의 역사와 궤를 함께한 지역들을 두루 돌며 사료를 수집했고, 이를 페르시아 전쟁에 초점을 맞추어 편집한 것이《역사》이다. 페르시아 전쟁에 직접적으로 참여하지 않은 지역에 대한 역사까지 신고 있기에, 중간중간 삼천포로 빠지는 회상의 성격으로 서술된 페이지들도 적지 않다.

'이오니아 식'이라는 예술 용어가 낯설지 않듯, 아테네인들의 선조는 이오니아 지방에서 이주를 해온 사람들이라고 한다. 세계지도에서 살펴보면 이오니아는 지금의 터키 서남부이다. 또한 이 지역은 꽤 오래 도록 아테네의 식민지였던 폴리스들이 저 나름대로의 역사를 써내려 간 그리스 밖의 그리스였다. 왜 트로이의 파리스가 그리스 세계에 파문을 던진 것이지를 이해할 수 있는 대목, 당시에는 에게해를 둘러싼 전역이 그리스 신화의 문화권이었다.

서양철학사의 첫 페이지는 십중팔구 밀레투스학파의 탈레스이다. 밀레투스 역시 지금의 터키 서남부 지역이다. 헤로도토스는 밀레투스 에서 가까운 할리카르나소스에서 태어났다. 이 그리스 밖의 그리스는 페르시아의 영향권이기도 했다. 그리스 문명은 유럽의 관점에서나 첫 페이지이지, 그 시절의 메소포타미아와 이집트는 이미 그리스를 앞질 러 있는 문명이었다. 때문에 그들과 인접해 있는 식민지 폴리스에서 본 토보다도 합리적 사유의 역사가 먼저 시작될 수 있었던 것이다. 더군다 나 페르시아의 문명과 직접적으로 맞붙은 전쟁을 통해 합리의 저변은 더욱 확대된다.

《역사》1부에 등장하는 크로이소스는 페르시아 전쟁의 원인으로 지목되는 인물로, 이오니아 옆에 있었던 리디아 왕국의 마지막 왕이다. 주변 폴리스를 차례차례 정복하면서 리디아를 제국으로 성장시킨 크로 이소스에겐, 제국의 싹수가 엿보이는 페르시아의 국력이 걱정이었다. 더 강대해지기 전에 어떻게든 그 기세를 꺾어야 한다는 생각으로, 페르 시아에 대한 선제공격을 계획하고 있었다. 《일리아드》에서 그리스의 신들 중 일부가 트로이 편에 선 것에서 알 수 있듯, 에게해를 접하고 있 는 폴리스들은 그리스의 신앙을 공유하고 있었다. 크로이소스는 신탁을 얻기 위하여 델포이 신전에 사신을 보낸다.

　동양의 《주역》이란 텍스트도 마찬가지이지만, 고대 그리스의 신탁이란 해석하는 사람에 따라 그 뜻이 달라질 수 있는 은유적이고 중의적인 문장이었다. 때문에 맞게 해석하는 경우와 잘못 해석하는 경우로 나누어질지언정, 신탁은 언제나 맞을 수밖에 없다는 결론을 수반한다. 《역사》에 실려 있는 스파르타의 예를 들어 보기로 하겠다. 스파르타가 막 펠로폰네소스의 G1으로 부상하던 시기, 아르카디아 지역을 치고자 했던 스파르타에게 내려진 신탁은 '불가'였다. 그러나 문제는 다소 애매한 뒷구절에 대한 해석이었다.

　내 그대들이 테게아에서 춤을 추도록 허락할 것이나, 발을 쾅쾅 굴리면서 드넓은 평야를 줄로 측량하리라.

　이에 스파르타는 아르카디아의 다른 도시는 놓아 두고 테게아만을 공격한다. 그들은 테게아인을 포로로 잡을 때 사용하려고 포승줄을 가지고 진격해 들어갔는데, 도리어 포로로 잡힌 스파르타인들이 그 포승줄에 묶여 테게아의 들판을 측량하는 데 동원이 되었다.

　페르시아를 선공하고자 했던 크로이소스에게 내려진 신탁은, 제국이 멸망하니 그리스에서 가장 강한 나라와 동맹을 맺으라는 것이었다. 당시 아테네는 내전으로 몸살을 앓고 있던 중이었기에, 크로이소스의 선택은 스파르타였다. 그러나 스파르타로부터는 이렇다 할 원조를 받지 못한다. 더 큰 문제는 '제국'에 대한 해석이었다. 결과적으로 멸망하는 제국은 리디아 저 자신이었다.

아직 그리스의 폴리스들은 참전도 하지 않은 리디아와 페르시아 사이에서 일어난 전쟁이지만, 헤로도토스는 크로이소스를 페르시아 전쟁의 원인으로 지목하고 있다. 그전까지 페르시아는 척박한 자신들의 영토에서 근근이 살아가는 것에 만족하는 민족이었지만, 당시만 해도 최강의 부국이었던 리디아를 손에 넣은 이후 비옥한 유럽에 대한 욕망의 눈을 뜨게 되었다는 것이다.


## 300

주변국들을 차례차례 제압하며 제국으로 거듭난 페르시아는 이젠 유럽을 넘보기 시작한다. '소아시아의 아테네'였던 이오니아의 반란은, 페르시아 입장에선 때마침 발생해 준 사건이기도 했다. 이 반란을 지원했던 아테네를 정벌할 수 있는 명분이 생긴 것이다. 물론 실제 목적은 그리스 전체였다. 문제는 명분만 있었을 뿐, 실제적 능력이 없었다는 점. 아테네를 쳐들어간 다리우스 1세는 마라톤 전투에서 참패를 당하고 만다.

설욕을 위해 다시 원정을 준비하던 다리우스 1세가 도중에 사망하고, 그 권좌를 이어받은 이가 우리에겐 영화 〈300〉으로도 익숙한 크세르크세스이다. 헤로도토스의 추산으로는 크세르크세스가 그러모은 원정군 규모는 대략 500만 정도다. 이는 페르시아가 정복한 혹은 페르시아에 협력한 국가에서 보내온 지원군을 합산한 수치이다. 페르시아군은 해상과 육상에서의 양동작전으로 밀고 들어왔으며, 크세르크세스는 육상으로 움직였다. 그리고 '테르모필레 협곡'에서 맞닥뜨린 스파르타군과의 일전이 영화 〈300〉의 모티브이다.

당시 페르시아 제국은 오늘날 불가리아와 마케도니아 지역의 일부 영토까지 손에 넣었고, 그리스 북부에 위치한 폴리스들은 페르시아군의 규모에 눌려 협력을 약속할 수밖에 없는 입장이었다. 스파르타를 위시한 그리스 연합군은 테르모필레 협곡의 지형을 이용해 페르시아군의 남하를 지연하려고 했던 것이다. 원래부터 목적이 저지가 아닌 '지연'이라는 점을 주목할 필요가 있다. 출정 전에 내려진 신탁도 스파르타의 패배를 예언하고 있었다.

그대들의 영광스러운 도시는 페르세우스의 자식들에 의해 멸망당하든가, 아니면 위대한 헤라클레스의 후예인 왕의 죽음을 애도하게 되리라.

'페르시아'의 어원이 페르세우스와 안드로메다의 아들인 페르세스라는 설의 고증하는 예언이기도 하지만, 크세르크세스 자신이 직접 자신들의 시조가 페르세스라고 언급하는 부분도 있다. 헤라클레스의 후손은 스파르타의 왕 레오니다스를 가리킨다. 헤로도토스는 이전 세대와 달리 합리적인 방법으로 역사를 서술했지만, 서술 속의 인류는 여전히 신화를 매개한 역사의 현장을 살아가고 있었다.

당시 그리스는 전쟁의 와중에서도 올림픽과 같은 국가 행사는 거행했던 것 같다. 아직 신화에서 분리되지 않은 역사를 살고 있던 그리스인들에게 있어선, 그 행사들이 곧 신의 가호를 비는 신앙이었다는 점에서 이해할 일이다. 그러나 적군이 상황을 봐줘 가면서 쳐들어오지는 않는 법, 공교롭게도 신성한 시기에 전쟁을 치러야 했던 그리스 연합은 일단 선발대만 테르모필레 협곡에 집결시켰다.

그리스 세계의 G1으로서 연합군을 이끌고 있던 스파르타의 왕 레오니다스는 정예부대와 함께 출정했고, 항상 본진보다 앞선 지점에서 용맹을 떨친다. 헤로도토스의 설명에 따르면, 처음 겪어 보는 규모 앞에 선 그리스군의 사기를 떨어뜨리지 않기 위한 일종의 허슬플레이였다. 《역사》의 기록을 인용하자면 4천 대 300만의 싸움이었다.

협곡의 지형을 이용해 선전을 펼치고 있던 그리스 연합은, 그 지역의 지리를 잘 아는 에피알테스라는 이의 배신으로 궁지에 몰리게 된다. 협곡의 등성이에는 그 지역 사람들에게서도 오랫동안 잊혀져 있던 산길이 존재했던 것. 레오니다스는 이미 전의를 상실한 그리스 연합에게 철군을 허락했고, 자신은 자신을 따르는 스파르타의 전사들과 함께 명예로운 죽음을 택한다. 《역사》에 기록에 따르면, 스파르타군 이외에 테스피아인들도 자진해서 전장에 남았지만, 스파르타군의 면모를 비교할 수 없을 만큼 인상적으로 그리고 있다.

같은 시기 살라미스 인근에서는 그리스 해군이 페르시아 함대에 맞서고 있었다. 아테네는 이웃 폴리스인 에기나와 앙숙 관계였는데, 에기나를 견제하는 세월을 보내면서 그리스 최강의 해군력을 보유하게 되었다. 그 에기나와 연합해 외적을 상대하게 될지 누가 알았겠으며, 그 에기나와의 갈등이 아테네의 미래를 대비하고 있었던 운명이었는지를 누가 알았겠는가? 페르시아를 맞아 인상적인 해상전을 펼친 아테네는 이후 스파르타와 에게해의 G1을 다투는 위치로 급부상한다.

아테네를 필두로 한 그리스 해군은 살라미스 해협의 좁은 지형을 이용해 수적 열세를 극복한다. 육상의 페르시아군이 이미 아테네까지 밀고 들어온 상황, 아테네군 입장에선 배수의 진, 아니 입수의 진이었다. 또한 바다에서의 패배는 곧 펠로폰네소스 반도의 방어진이 무너지는 것을 의미하기도 했다. 아테네나, 스파르타나, 에기나나, 죽기 살기로 싸울 수밖에 없었다.

페르시아가 해상에서 예상치 못한 참패를 당하고 전세가 역전되기 시작하는 국면에서, 크세르크세스는 아직까지는 페르시아에 협력을 하고 있는 그리스 북부 폴리스들이 동요하지 않을까를 걱정해야 할 판이었다. 이미 그리스의 깊숙한 곳까지 들어와 있는 페르시아군이 자칫 고립될 수도 있는 상황, 크세르크세스는 결국 철군을 결심한다.

애초에는 해상에서의 작전권도 스파르타가 쥐고 있었다. 그러나 나중엔 그 역량을 한껏 과시한 아테네에게로 지휘 권한이 이양된다. 페르시아 전쟁을 통해 아테네는 그리스 내에서 스파르타와 동등한 위치에 올라섰고, 아테네를 견제하고자 했던 스파르타의 명분이 펠로폰네소스 전쟁으로 이어졌다는 아이러니. 이 역사의 전개는 세계대전 이후 도래한 냉전체제에 비유되기도 한다.

# 라신 ─《페드르》

## 테세우스 신화

17세기 프랑스 고전주의를 대표하는 비극 작가인 장 라신의 작품이지만, 원작은 고대 그리스의 비극 작가인 에우리피데스의《히폴리토스》이다. 미로 안으로 들어가 미노타우로스를 해치운 테세우스 신화, 테세우스가 미로에서 빠져나오도록 실타래를 건네준 아리아드네는 파이드라의 언니이다. 라신의《페드르》는 원작으로부터 스토리와 캐릭터들을 모두 가져온다. 다만 인명과 지명을 모두 프랑스어로 바꾸어 버린 결과, 테세우스는 '테제'가 되고, 파이드로는 '페드르'가 된다. 그리스 신화에 따르면 테세우스는 낙소스 섬에 아리아드네를 혼자 남겨 두고서 다시 영웅의 길을 떠난다. 언니를 버린 남자를 좋게 볼 리 없는 페드르는 훗날 정치적인 이유로 테세우스의 아내가 된다.

헤라가 내린 광기로 자식들을 죽인 헤라클레스의 죄, 그 죄를 씻는 대가로 부여받은 12개의 과업 중 하나가 아마존의 여전사 히폴리테의 황금 허리띠를 훔쳐 오는 일이었다. 이때 테세우스가 동행을 하고, 히폴리테를 사로잡아 자신의 아내로 맞이한다. 그 사이에서 태어난 자식이 히폴리토스로 라신의 작품 속에서는 '이폴리트'로 불린다. 아마존 여전사들은 여왕을 되찾기 위해 아테네를 공격했고, 히폴리테는 그 난리통에 죽는다. 히폴리테의 후처로 들어온 이가 바로 페드르였다.

## 정념의 죄

죽음의 충동까지 느끼고 있는 페드르의 불안은, 이성의 힘으로 도저히 제어할 수 없는 사랑의 감정에서 비롯된 것이다. 페드르는 의붓아들인 이폴리트를 사랑한다. 페드르는 누구에게도 이 정념의 죄를 털어놓을 수 없었다. 비록 혈육은 아니나, 가족의 연을 맺은 한에서 근친의 관계. 그녀는 이성과 감정 사이에서 혼란을 겪는다. 이폴리트를 박해하는 것으로 자신의 정념을 부정해 보기도 하지만, 정념의 파고는 이미 이성의 방파를 넘어서 있다.

어차피 정치적 이유에서 택한 애정 없는 결혼이었으나, 모친으로서의 도덕이 진정한 애정의 발목을 잡고 있었다. 그런 와중에 남편 테제(테세우스)가 죽었다는 소식을 전해 듣게 된다. 신화에 따르면 저승에서 또 한바탕 영웅적 작당을 펼치다, 하데스에게 사로잡혀 있는 중이었다. 페드르는 자신을 옭아매던 죄의식으로터 벗어날 희망을 보게 된다. 그리고 유모 외논에게 자신의 힘든 사랑을 고백한다.

한편 이폴리트는 반역자의 딸 아리시를 마음에 두고 있다. 아리시 역시 이폴리트에게 끌리고 있다. 이 사실을 모르고 있던 페드르는 외논의 조언대로 '마음의 정복자' 이폴리트에게 자신의 마음을 고백하기에 이른다. 그러나 이폴리트에게 페드르의 연정이 이해될 리 없었다. 더군다나 평소 자신을 그토록 학대하던 계모에게서 들은 고백이었던 터라….

상대에게 사랑을 갈구한다는 것은 자신의 모든 것을 내려놓는 행위다. 한때 자신의 마음을 외면하기 위해 이폴리트를 박해했던 그녀가 자신의 마음을 고백하기로 용기를 냈을 때, 그것은 쉽지 않은 결정이었을 것이다. 그렇기에 돌아온 상대의 냉담한 반응에 상심은 더욱 컸을 터, 더군다나 모친으로서의 지위를 포기하면서까지 고백한 마음은 이제 돌아갈 곳도 없다. 페드르는 이폴리트에게 차라리 자신을 죽이라 말한다.

페드르가 수치심에 허덕이고 있는 사이, 테제가 살아 돌아왔다. 페드르는 남편이 없는 사이 저질러진 정념의 죄를 덮기 위해 이폴리트를 모함하고야 만다. 이에 허망하게 속아 넘어가는 테제, 결국 아들 이폴리트에게 신의 저주를 퍼부으며 아테네에서 추방한다. 이폴리트는 모함으로부터 벗어나기 위해 자신이 사랑하는 여자가 아리시라는 사실을 고백하지만, 이미 테제의 귀에는 아무것도 들리지 않는다. 덕분에 페드르는 이폴리트가 연정을 품고 있는 여인이 따로 있다는 사실을 깨닫고, 분노와 질투에 휩싸인다.

아, 신이시여! 그 냉혹한 자가 내 고백을 들으며, 그리도 오만한 눈으로, 그리도 두려운 얼굴로 무장했을 때, 나는 생각했었지. 여전히 사랑에 대해 꼭 닫힌 마음이 어떤 여인에게든 똑같이 무장되어 있을 거라고. 그런데 다른 여인이 그의 오만함을 꺾었어. … 그런데도 내가 그를 지키자고 나서는 수고를 해야 할까?

사랑하는 남자의 마음에 들어갈 수 없었던 여자는 스스로를 합리화했다. 그는 나 아닌 다른 여자들에게도 쉽게 허하지 않는 남자라고…. 그러나 '누구도 길들일 수 없었던 야생의 적'이라고 생각했던 이가, 특정 여인에게는 유순해지고 길들여지게 된 사실을 확인하고 말았다. 아테네에서 추방당한 이폴리트는, 아테네를 떠나 미케네로 가던 중 바다에서 갑자기 튀어나온 괴물에게 목숨을 잃는다. 죄책감에 시달리던 페드르는 테제에게 모든 사실을 털어놓는다. 이때 그녀는 이미 독약을 마신 상태였다.

## 불완전한 이성

너무도 생생한 내 마음의 상처는 즉시 피를 흘리기 시작했어. 더 이상 나의 혈관 속에 감추어져 있는 열정이 아니라, 그건 혼신으로 자신의 먹이를 낚아채려는 비너스 자체였어. 난 나의 죄에 대해 응분의 전율을 느끼고 있었어. 난 삶이 증오스러웠고, 내 정념의 불길이 혐오스러웠지.

페드르는 자신의 안에서 불타오르는 사랑을 표현하고 싶었다. 비록 그것이 의붓아들을 향한 것이라도…. 그러나 주체할 수 없는 그 감정 옆에서 파국이 자라나고 있었다. 타부로 전락하기에는, 남편 테제에게처럼 정치적 이유로서가 아닌, 그저 한 여자로서 느낀 순수의 열망이기도 했다. 페드르의 사랑을 부도덕으로만 치부할 수 없는 이유는, 친구의 친구에게 끌려 본 경험으로나마 공명할 수 있는 연민의 정서 때문일 것이다. 때로 사랑은 그렇듯 엉뚱한 곳에서 치고 들어와, 가뜩이나 무력한 이성의 저항을 조롱하다가, 무책임하게 떠나가곤 한다.

인간은 정념의 노예이고, 그 정념에 사로잡힌 인간은 스스로를 구할 의지도 능력도 없다.

라신의 주제의식을, 감정의 무분별함을 질타했던 플라톤의 철학으로 해석할 것인가? 아니면 그 정념이 어쩔 수 없는 인간의 조건이라던 쇼펜하우어의 철학으로 해석할 것인가? 쇼펜하우어는 사랑이란 '화려한 절망'을 내장기관의 운동에 빗댄다. 그것이 우리의 의지대로 작동하는 근육이 아니듯, 사랑 또한 전혀 다른 의지의 방식으로 작동한다. 사랑은 사람을 비합리적으로 만든다. 사랑 그 자체가 비합리이기 때문이다.

# 발자크 – 《고리오 영감》

## 욕망의 paris

물은 탁하다. 예서부터 옳게 금강이다. … 이렇게 에두르고 휘돌아 멀리 흘러온 물이, 마침내 황해 바다에다가 깨어진 꿈이고 무엇이고 탁류 째 얼러 좌르르 쏟아져 버리면서 강은 다하고, 강이 다하는 남쪽 언덕으로 대처 하나가 올라앉았다. 이것이 군산이라는 항구요, 이야기는 예서부터 실마리가 풀린다.

– 채만식 소설 《탁류》 중

군산 앞 바다로 흘러 내려오는 물은 단순 강줄기가 아니다. 인간의 삶이 녹아서 흐르는 물이다. 굽이굽이 흘러오는 동안 닿았던 많은 민초들의 애환 어린 삶을 채만식은 '탁류'로 표현했다. 그는 미두장(米豆場)을 배경으로 일제강점기 시절의 고달픈 생활상을 사실적으로 표현했다.

소설 《고리오 영감》에서는 파리가 그런 곳이다. 그중에서도 주인공 고리오 영감이 살고 있는 하숙집 '보케르 관'이 바로 탁류의 삶들이 모여드는 장소라고 할 수 있다. 저자 오노레 드 발자크는 하숙집에 사는 인물들을 통해 파리의 민낯을 표현하고자 했다. 참고로 《고리오 영감》은 2천여 명의 인물들이 등장하는 소설 《인간희극》 중 하나에 속한다.

보케르 여인이 운영하는 '보케르 관' 하숙집은 발자크가 소설에서 'all is true'라고 직접 언급한 것처럼 매우 사실적으로 묘사가 되어 있다. 마치 스테디캠으로 집 구석구석을 돌아다니며 촬영하고 있는 듯한 느낌까지 줄 정도로 하숙집의 구조나 모양새는 구체적이다. 하숙집이 위치한 지리적 특징부터 대문, 마당, 벽, 유리창, 가구까지 발자크는 매우 상세히, 어쩌면 장황하리만큼 자세히 풀어내고 있는데, 이는 사람의 삶과 공간이 맞닿아 있음을 강조하는 서술일 테다. 예컨대 각자의 방을 들여다보면 그 사람의 성격과 취향이 짐작된다. 단순히 잠을 자고 일상생활을 하는 공간의 의미를 넘어서, 그 사람의 숨과 정신이 깃든 곳이기 때문이다.

하숙집 주인 보케르 부인과 더불어 7명의 하숙인들은 그 모두가 화려한 파리의 이면을 상징하는 군상이다. 그들은 고통스럽거나, 무력하거나, 불행하다. 주인공인 고리오 영감도 마찬가지였다. 제면업자로써 성공하여 부를 축적했지만, 사랑하는 두 딸에게 모든 재산을 바치면서 가난한 노인으로 전락했다. 귀족과 부르주아와 결혼한 두 딸은 이러한 아버지의 희생은 거들떠보지 않은 채, 오로지 자신을 치장하는 데만 혈안이 되어 있을 뿐이다. 비극적인 아버지의 삶은 같은 하숙집에 사는 청년 라스티냐크의 시선으로 좀 더 유심히 관찰되는데, 그 역시 고리오 영감의 두 딸들처럼 신분 상승의 욕망을 지닌 청년이다.

발자크는 당시 권력 계급의 부조리한 현실과 가난한 서민층의 민낯들을 소설을 통해 적나라하게 드러내고 싶어 했다. 그 역시 부르주아를 꿈꾸며 돈에 목을 매던 청년시절을 겪었기에, 자기 안의 속물스러움으로 세상의 속물스러움을 깊이 꿰뚫고 있었는지 모른다. 소설에는 당대 파리의 군상을 대변하는 다양한 캐릭터가 등장하는데, 그중에서도 고리오 영감만큼 주축인 인물이 바로 라스티냐크다. 그는 고리오 영감과 딸들의 관계를 자신의 욕망을 위해 이용하려 든다.

외젠 드 라스티냐크라는 이름의 이 젊은이는 부모들이 그들에게 거는 희망을 어린 시절부터 이해하는 청년들, 진작부터 그들의 학업의 가치를 계산하고, 사회를 쥐어짤 제1인자가 되기 위해 사회의 미래의 움직임에 미리부터 그 학업을 적응시키면서 자신의 멋진 운명을 준비해 가는, 불행 때문에 공부에 단련된 그런 청년들 가운데 하나였다.

당시의 파리는 모든 영역에서 유럽의 수도였다. 많은 이들이 성공과 부를 위해 이곳으로 모여 들었다. 라스티냐크 역시 프랑스 남부 시골 마을에 살다가 법대 진학으로 인해 파리에 오게 된, 말하자면 상경한 시골청년이다. 그런 그에게 화려한 도시 파리는 동경의 상징이었다. 그는 공부에 정진하는 대신 사교계의 울타리로 넘어 들어가 욕망에 충실한 삶을 살아 보기로 결심한다.


## 인간 희극

하숙집 '보케르 관'에 머무는 사람들은 각자 처한 불행과 가난으로부터 벗어나고자 하는 욕망을 지니고 있었다. 특히 고리오 영감의 두 딸들과 법대생 라스티냐크는 파리의 사교계에서 호사를 누리고자 한다. 이들의 욕망을 유지하는 원동력은 타인의 삶과의 비교이다. 르네 지라르가 말한 '모방 욕망'과 연관이 있다. 자기보다 우월하다고 여겨지는 타인의 위치에 가닿고자 하는, 타인이 되고자 하는 욕망이다.

시골청년 라스티냐크가 부모님과 동생의 돈을 몽땅 가지고 좋은 옷과 마차를 구해 사교파티에 여인을 만나러 간 것은, 그들처럼 그들과 어울려 살고 싶다는 일종의 '모방 욕망'이었다. 고리오 영감 역시 자신의 사랑하는 두 딸을 파리사회에서 상류층의 시민으로 살게 하기 위해 자신의 모든 것을 바쳤으나, 딸들은 자신들이 누리게 된 화려한 일상을 더욱 화려하게 만들고 싶어 하는 욕망에 취해 아버지를 외면하기에 이른다.

《고리오 영감》에 등장하는 인물들은 모두 자기 자신에 관한 것보다는 타인을 의식하고 살아간다. 다 같이 식사를 할 때도 자신 앞에 놓인 음식에 집중하기보단, 다른 하숙인들이 어떤 행동과 생각을 하는지 관찰하는 것이 소설 속 하숙인들의 생활체계이다. 그들 중에 조금 다른 인물이 있다면 탈옥수 보트랭이다. 그는 호탕하지만, 매우 현실적인 인물로 작가 발자크의 목소리를 대변하고 있다고 볼 수 있다. 그러나 유일하게 '돈'이라는 것에 휘둘리지 않을 것 같던 그도, 결국엔 현상금을 노린 다른 하숙인의 신고로 다시 잡혀 들어가게 된다.

그는 더없이 비통하고 절망적인 생각을 하면서 옷을 갈아입으러 갔다. 그는 이 세상을 사람이 한 발만 담그면 목까지 빠져 버리는 진흙의 바다라고 생각했다. '이 세상에서는 비속한 범죄들만 저질러진다! 차라리 보트랭이 더 위대하다!' 하고 그는 생각했다. 그는 사회의 3대 표현인 순종, 투쟁, 반항, 즉 가족과 세상과 보트랭을 보아 왔다. 그런데 그는 감히 어느 편에도 서지 못했다. 순종은 권태롭고, 반항은 불가능하며, 투쟁은 불확실했던 것이다.

《고리오 영감》이 그리고 있는 파리는 시종일관 속되고 치사하다. 속세를 딛고 살아가는 존재들에게 속물근성은 어쩌면 본연의 모습인지도 모른다. 그 추잡한 본연에 대한 고민으로 쌓아 온 인문의 역사는 실상 그 본연을 겉돌고 있는 공허한 치장은 아닐까? 발자크의 소설을 아우르고 있는 '인간 희극'이라는 제목이 의미하고 있는 바가 그러할 것이다. 참으로 웃긴 세상에 우스꽝스러운 인간들의 우스운 이야기, 차라리 그런 민낯이 보다 진정성 있는 인문인지도….

# 마르크스 —《자본론》

## 분업과 화폐

교환이 이루어지는 이유는, 굳이 지금 당장 내게 필요하지 않은 물건들이 남아돌기 때문이다. 자급자족의 패러다임 안에서 이런 잉여의 가치들이 가져다주는 깨달음은, 차라리 내가 손쉽게 잘 만들 수 있는 물건들로, 다른 물건을 나보다 더 손쉽게 잘 만드는 사람들과 거래를 하는 효율성이다. 공동체 내에 일종의 분업 개념이 생겨난 것이다. 경쟁력이 확인된 제품을 조금 더 효율적으로 만들기 위해서라도, 기술과 도구는 진보를 거듭할 수밖에 없다.

 자급자족 사회에서는 공동체 내에서 공급과 교환이 가능했기 때문에, 굳이 화폐의 필요성이 제기되지 않았다. 그러나 도구의 발달로 인한 생산력의 증대가 가져온 문제는 잉여의 생산물에 대한 처리방법이었다. 그냥 썩히고 앉았느니 외부와의 거래로 공동체 내에서 생산되지 않는 물건들을 바꾸는 행위는 누가 봐도 합당한 처사였다. 마르크스의 의하면, 자생적 공동체의 품이 아닌 그것이 멈추는 경계에서 화폐의 개념이 생겨난다.

다양한 상품의 교환되는 현장에서는, 교환 가치의 척도를 가늠할 수 있는 기준이 필요하다. 대표적인 경우가 샐러리(Salary)의 어원인 소금이었다. 그러나 자녀의 생일상을 한 번 차릴라 쳐도 시장에 가지고 가야 할 소금이 몇 가마이겠는가? 이런 불편함을 해소하기 위해 화폐는 점점 소지가 간편하고 훼손의 위험성이 낮은 금속물질로 바뀌어 간다.

교환의 편이를 위해 생겨난 화폐는 그 자신이 지니고 있는 가치로 모든 생산품에 가격을 매기는 바로미터가 되고, 예전에는 처치곤란이었던 잉여의 생산물들이 화폐로 상환되면서 부가 쌓이기 시작한다. 교환되고 소비되던 가치가 저장이 되기 시작한 것이다. 이제 필요한 만큼만을 생산하는 것이 아니라 부의 축적을 위해 일단 생산을 하고 본다. 더 많은 부를 위해 전문화와 분업화가 이루어지는 산업으로 변모한다. 그 결과 수요와 공급에 따라 가격이 책정되고, 어제 산 물품과 오늘 산 물품의 가격이 달라진다. 경제가 발생한 것이다.

마르크스는 교환가치의 인식으로부터 인간이 금단의 열매를 딴 것이나 다름없다고 생각했다. 점심으로 1000원짜리 컵라면을 먹을지언정, 100만 원 짜리 명품백에서 명품지갑을 꺼내어 지불할 수 있는 만족감. 사용가치조차 교환가치에 준해 결정되는 현대사회이다. 교환의 편의를 위한 매개물이었던 화폐가 도리어 인간의 필요를 좌지우지하는 목적이 되어 버린 것. 화폐로써 사용가치를 구매하는 것이 아니라, 화폐

그 자체를 사용가치로 인식하는 왜곡으로 인해 화폐의 축적을 욕망한다. 이제 소유의 만족도는 가격이 대리한다. 좋기 때문에 비싼 것이 아니라, 비싸기 때문에 좋은 것이다.

## 잉여가치

사용가치란 상품의 질적 가치로, 그 상품의 실질적 유용도를 의미한다. 교환가치는 한 상품을 다른 상품으로 얼마만큼 교환할 수 있는가를 따지는 것으로, 상품이 시장과 맺고 있는 관계적 가치이다. 마르크스는 교환가치가 노동자들의 노동시간으로 환산된다고 본다. 그리고 이 노동시간에서 잉여가치의 개념이 발생한다.

상품의 이윤이란 원가에서 재료비, 인건비, 설비비, 유통비 등 자본주가 부담하는 모든 비용을 뺀 가격이다. 문제는 생산자 역시 그 사회의 소비자라는 사실, 자본주 자신도 다른 자본가들이 시장에 내놓는 상품을 소비해야 생활을 할 수가 있다. 상품의 가격에서 자신의 생활비까지 뺀다면 실질적 이윤은 더 낮아지는 셈이다. 따라서 자본주들은 이윤을 더 높일 수 있는 방법을 고심하기 마련이다. 그런데 재료비나 설비비는 융통성을 발휘할 수 있는 사안이 아니다. 제품의 완성도와 직결되는 문제이기 때문이다. 융통성이 발휘될 수 있는 사안은 오직 인건비이다.

마르크스가 파헤친 자본주의의 비밀은, 교환가치의 단위 화폐라고도 할 수 있는 노동시간이다. 고용주는 적정 노동량만큼의 가치밖에 생산하지 못하는 노동자를 고용할 필요가 없다. 같은 임금을 주고 쓴다면 그 이상을 해내는 노동자들이 필요하다. 노동자들 역시 구비하고 있는 생산력이 곧 경쟁력이기에, 자신의 효율성을 어필하기 마련이다. 즉 적정 임금보다 더 높은 생산력이 고용주에게 모여 드는 것이다. 여기서 잉여가치가 발생한다.

잉여가치의 관건은 똑같은 임금조건에서 얼마나 더 많은 노동량을 뽑아낼 수 있는가이다. 방법은 같은 노동 시간 동안 더 많은 상품을 생산하거나, 같은 임금으로 노동 시간을 늘리는 것이다. 자본가는 높은 생산력의 노동자를 소유하고 있더라도 후자의 방법을 택한다. 노동 시간이 늘어나니 상품의 생산량은 더 늘어난다. 노동 시간을 기준해서 표현한다면 시급이 줄어드는 것이다. 불합리한 노동조건이지만 고용주 입장에서는 아쉬울 게 없다. 일자리를 구하려고 모여 드는 사람은 얼마든지 있기 때문이다.

이런 이유로 한국의 경제성장기에는 각 공장마다 작업등이 꺼질 줄 몰랐으며, 빨간 꽃 노란 꽃 꽃밭 가득 피어도 미싱은 잘도 돌아갔던 것이다. '생산'보다는 '소비'에 초점이 맞춰지는 오늘날의 경제학이지만, 마르크스가 지적한 생산 단계에서의 부조리는 아직도 자본주의 내에서의 현재진행형인 문제점들이기도 하다.

현대 경제학은 '소비'에 초점을 둔다. 어떻게든 소비가 이루어져 시장에 돈이 돌며, 경제가 활성화된다는 논리이다. 그 소비가 제대로 이루어지려면 노동자들에게 여가를 즐길 수 있는 적량의 시간과 돈이 주어져야 한다. 게다가 삶의 질과 관련한 제반조건들은 다시 생산력으로 순환되는 문제이기도 하다. 자본주들이 노동자들의 권익에 관심을 기울여야 하는 이유는, 비단 도덕의 문제 때문만은 아니다. 애덤 스미스가 제기한 '이기심'에 가까운 경제원칙이다. 즉 보다 효율적으로 벌기 위해서라도 경영에는 윤리가 필요한 것이다. 그런데 여전히 '생산'에만 초점을 맞추고 있는 자본 사회가 도통 합의할 생각을 하지 않고 있다. 우리는 이래저래 마르크스의 시절을 살아가고 있다.


## 맑스의 유령들

"모든 시대의 지배적 사상은 지배계급의 사상이다."라고 했던 마르크스의 주장처럼, 정치는 언제나 기득권의 목소리를 대변한다. 그리고 아직은 가지지 못한, 조만간에 가지게 될 거라는 기대에 부푼 비기득권들이 그들에게 동조한다. 자신들의 토대를 미리 닦아 놓는다는 심산인지는 모르겠지만, 이미 마음만큼은 기득권과 동등한 자격이다. 그래서 보수는 항상 다수의 형태를 띠게 된다.

　그러나 항상 적정의 희소성이 보장되어야 기득권일 수도 있다. 그렇다면 기득권들이 비기득권들을 포용하는 것일까? 이용하는 것일까? 기저에 흐르고 있는 맥을 짚지 못하기에 당신이 평생 비기득권인 것이다. 그렇게 당했으면서도 다시 지지하고 또 찍는다. 여간해선 넘어졌다 다시 일어설 기회가 주어지지 않는 서민들은, 스캔들에 발이 걸린 기득권에게는 너무도 쉬이 기회를 다시 부여한다. 마르크스가 잘못 짚었던 점은, 비기득권을 어르고 달랠 줄 아는 자본주의의 구조가 혁명의 열기 정도는 가뿐히 견뎌 낼 수 있는 내구성이었다는 사실이다.

　공산주의가 거의 다 몰락한 시절에 인문학적으로나마 아직도 마르크스가 현재진행형인 이유는, 마르크스가 지적한 문제점들을 어느 것 하나 해결하지 못한 자본주의이기 때문이다. 《자본론》을 여전히 금서로 인식하는 입장에서는 여전히 '빨갱이들의 이론'이라고 치부할지 모르나, 실상 마르크스는 자본가들의 이기심으로 돌아가는 자본주의를 비판했던 것뿐이지, 자본주의 자체를 부정하지는 않았다.

"나에게 연구의 소명은 있으나 돈이 없다면, 나에게 연구의 소명도 없는 것이다."

그의 한 어록에 묻어나듯, 자본에 대해서도 비관적이지는 않았다. 부르주아의 지위였던 엥겔스의 지원으로 근근이 살아가던 마르크스가 부르주아들의 존재 자체를 부정한 것도 아니다. 마르크스의 시나리오대로라면 군주제와 귀족사회를 무너뜨릴 수 있는 역량은 부르주아들에게 있다. 본격적인 자본의 시대가 도래한 이후, 자본주의의 구조적 모순이 곪아 터지면서 필연적으로 사회주의 혁명이 뒤따른다. 그리고 부르주아들에게 저항하는 프롤레타리아 계급이 혁명을 주도한다는 서사.

그러나 마르크스 이론에 충실했던 국가는 지구상에 존재하지 않았다. 러시아와 중국과 같은 경우엔 프롤레타리아가 봉건적 질서를 무너뜨린 경우이다. 마르크스와는 다른 시대적 조건을 살았던 레닌과 모택동이었기에, 그들의 적용 또한 다를 수 있는 문제였겠지만, 결과적으로는 공산당원들이 부르주아나 다름없는 특권층이 되어 버렸다. 북한은 다시 군주제로 회귀한 것이나 마찬가지이고….

물론 지금의 시대에 마르크스 이론이 맞네 틀리네를 논하는 것은 다소 무의미한 일이다. 그 이후 많은 발전을 거듭해 온 경제학이기에 굳이 마르크스 시절까지 소급할 이유도 없다. 케인스는 《자본론》이 읽어 볼 필요가 있는 인문서라는 사실을 인정하면서 경제학서로는 인정하지 않는다. 오늘날의 위상을 감안한다면 케인스의 평가가 적절하지 않나 싶다. 그저 경제에 관한 고전으로 읽으면 그만인 텍스트를 여전히 '빨갱이의 금서'로 몰아가는 쪽이나, 그 이론을 여전히 진리로 믿어 의심치 않는 급진적 진보나, 시대착오적이긴 마찬가지이다. 마르크스도 자신은 마르크스주의자가 아니란 말로써, 융통성 없는 혹은 과도한 융통성의 오독과 오역들에 대해서는 경계를 했다.

마르크스의 인문학사적 의의는 역사를 경제로 해석했다는 점이다. 헤겔의 키워드를 빌려 표현하자면, 역사는 경제의 자기발전 과정이었는지도 모른다. 그러나 또한 케인스의 지적대로《자본론》은 경제서가 아닌지도 모르겠다. 경제학으로 분류하기엔 마르크스가 발을 걸고 있는 영역은 정치경제와 법철학, 유물론과 관념론, 철학과 사회학을 아우른다. 그래서 그토록 '맑스'를 연호하던 시절이 있었던 것이지만, 아시다시피 지금은 그런 시대분위기도 아니다. 그렇다고 그를 대신할 수 있는 존재감이 등장한 것도 아니지만….

# 입센 — 《들오리》


**거짓된 평화**

이야기는 거상 베를레의 집에서 열린 연회로부터 시작된다. 오랫동안 집을 떠나 있었던 그의 아들 그레거스는, 이곳에서 오랜 친구 얄마르와 16년 만에 다시 만났다. 얄마르의 아버지 엑달은 그레거스 아버지 베를레와 사업을 함께했던 사이지만, 엑달은 파산의 책무를 혼자 뒤집어쓰고 감옥에 다녀온다. 엑달이 옥살이를 겪고 있는 동안, 베를레는 그의 아들 얄마르를 손수 챙긴다. 사진 기술을 익히게 하고, 사진관도 차려 주었으며, 결혼을 주선하기까지 한다. 때문에 얄마르는 베를레에게 늘 감사한 마음을 지니고 있었다.

그러나 그레거스 입장에서는 기가 찰 노릇이다. 얄마르의 아내 지나는 한때 그레거스네 집에서 일하던 하녀로서, 자신의 아버지와 부적절한 관계를 맺고 있었기 때문이다. 그레거스는 이런 아버지의 위선을 성토하며 집을 떠났던 것이다.

얄마르는 아내 지나 그리고 외동딸 헤드비와 행복한 가정을 잘 꾸려 가고 있는 중이었다. 불행이 있다면, 사랑하는 딸 헤드비가 곧 시력을 잃게 될 병을 앓고 있다는 사실이다. 이들은 집에 있는 커다란 창고에서 여러 마리의 새와 토끼 그리고 들오리를 키우고 있었다. 들오리는 베를레 씨에게서 얻어 온 것으로, 헤드비가 무척 아끼는 반려동물이었다.

그레거스는 얄마르의 집으로 찾아간다. 그는 '이상의 요구'에 맞춰 살아야 한다는 신념을 지닌 정의주의자이다. 그레거스는 얄마르에게 자신의 아버지와 지나 사이에 있었던 부적절한 관계를 폭로한다. 얄마르는 여지껏 과거를 숨긴 채 자신과 함께 살아온 지나에게 배신감을 느낀다. 헤드비도 친딸이 아닐 거라는 의심을 떨쳐 버릴 수가 없다. 한 가정의 평화는 순식간에 깨져 버렸다.

이 사태를 지켜보고 있던 얄마르의 이웃 렐링은 그레거스에게 '성가신 정의감'에 도취한 자라는 비난을 쏟아 낸다. 인생에는 진실보다 '거짓의 주사'가 필요할 때도 있다고 역설하는 렐링. 그러나 그레거스의 신념에서는 모두가 진실을 알 권리가 있다. 아니 어쩌면 의무인지 모른다. 한 가정의 거짓된 평화, 그 원인 제공자였던 베를레, 그레거스는 헤드비에게 베를레에게서 얻어 온 들오리를 죽이라 조언한다. 이후 들려온 총성, 그레거스는 자신이 추구하는 진실이 승리했다는 사실에 내심 기뻐한다. 그러나 총알은 들오리가 아닌 헤드비의 가슴을 관통했다. 얄마르는 딸의 이름을 애타게 불러 보지만, 더 이상 그녀의 숨소리는 들리지 않는다.

## 거짓된 진실

어떤 의미에서, 이 신작은 제 작품들 가운데 독특한 위치를 차지합니다. 지금까지 써온 것들과는 다른 방식으로 쓰였다고 할 수 있습니다.

입센이 《들오리》의 완성본과 함께 헤겔에게 보낸 편지의 내용이다. 극작가로서의 입지를 공고히 하게 한 운문극 《브랑》, 《페르 귄트》 이후 산문 성격의 사회극 《민중의 적》까지, 그는 다양한 작품으로 새로운 도전을 시도했다. 그에게 《들오리》는 또 다른 도전이었다. 개인과 사회 사이에서 일어나는 환상과 거짓의 경계를 탐구하던 입센은, 《들오리》를 통해 평범한 인간이 감내할 수 있는 '진실'의 범주에 대해 이야기하고 있다.

얄마르의 가족은 가난하지만 행복한 집안이었다. 거짓의 환상으로 유지되고 있을지언정, 진실을 겉도는 믿음 속에서 그 모두가 행복했다. '진실의 사도', 그레거스가 끼어들기 전까지는…. 그레거스는 얄마르에게 진실을 폭로함으로써 거짓된 행복으로부터 그의 가족들을 구원하고자 하였다. 그러나 얄마르는 냉혹한 진실을 마주하기에는 다소 나약한 인간이다. 진실이 곧 정의라는 신념으로 살아가는 그레거스는, 자신의 행동이 야기한 뜻밖의 결과로부터 교훈을 얻는다. 어떤 경우엔 평범한 사람에게서 거짓을 앗아 가는 것은 곧 행복을 앗아 가는 것과 같다는 것을….

렐링 : 베를레 도련님. 그 '이상'인지 뭔지 하는 잘난 말은 쓰지 않기로
합시다. '거짓'이라는 편리한 말이 있으니까 그걸로 충분하지 않소?
… 평범한 사람에게서 인생의 거짓을 빼앗는 건 그 사람에게서 행복
을 빼앗는 것과 같은 거요.

비록 환상일라도 그것이 삶을 지탱하는 원동력이라면, 때로 거짓
이 되레 '진실'의 가치일 수도 있지 않을까? 애초에 얄마르 가족들 중 어
느 누구도 굳이 먼저 진실에 다가가고자 했던 이는 없었다. 모르면 모르
는 대로 그것을 진실이라 믿으며 살아갔을 것이다. 그렇듯 때론 인생에
거짓이 필요한 경우도 있다. '이상'만을 고집하는 그레거스에게 '거짓'의
필요성을 역설하는 현실주의자 렐링, 그의 입을 빌어 입센이 말하고 싶
었던 메시지란 이것이 아니었을까? 모든 진실이 반드시 정의인 것만은
아니다.

# 보들레르 — 《악의 꽃》

## 선택받은 자에게

'레스보스의 여인들', 1845년 처음 시집 계획을 공개할 당시의 책제목이다. 이후 '지옥의 변경'을 거쳐 1855년 지금의 '악의 꽃'으로 낙점되었다. 《파리의 우울》에 담긴 산문시들을 제외한다면, 《악의 꽃》은 보들레르가 남긴 단 하나의 시집으로, 프랑스어로 표현된 가장 아름다운 시집이란 평을 받고 있다.

이해받지 못하는 데에 영광이 있다.

스스로 적어 놓았듯, 보들레르는 대중성과의 결별을 선언한 시인이다. 작가라면 가능한 한 많은 이들에게 자신의 감성과 생각을 이해받고 싶은 욕망이 있을 터, 그러나 그는 이해를 구걸하지 않는다. 심지어 누구에게 설명한다는 행위를 '지독하게 무익한 것'이라고까지 말한다. 이해할 수 없는 사람이나, 이해하려 들지 않는 사람에게 설명이란 쓸모없는 짓이라는 것이다.

그는 자신을 이해하는 '소수의 선택받은 행복한 자'들에게 이 책을 바친다. 그와 동일한 감수성을 지닌, 권태의 고통을 공감한 이들 중에 한 사람이, 바로 파리를 사랑한 철학자 발터 벤야민이었다. '시민으로서 읽고는 군중 속에 섞여 든다. 보들레르는 영웅으로서 거기에서 떨어져 나온다'라고 평했던….

제일 흉하고 악랄하고 추잡한 놈 있으니!
놈은 야단스러운 몸짓도 큰 소리도 없지만
지구를 거뜬히 박살 내고
하품 한 번으로 온 세계인들 집어삼키리!
그놈은 바로 '권태'! - 눈에는 무심코 흘린 눈물 고인 채
담뱃대 빨아 대며 단두대를 꿈꾼다.
그대는 안다, 독자여, 이 까다로운 괴물을,
-위선적인 독자여, -내 닮은 꼴이여, -내 형제여!

– 〈독자에게〉

서문에 해당하는 〈독자에게〉를 통해 그가 전하고자 했던 메시지는 '권태'에 관한 것이다. 자연은 부패했으며 인간은 타락했다. 인간을 꼭

두각시처럼 조정하는 끈을 쥐고 있는 것은 악마이기에, 인간은 악으로부터 벗어날 수 없다. 인간은 그저 어리석음, 과오, 죄악, 인색 속에서 몸과 마음을 시달리며 처절한 권태를 느낄 뿐이다. 그는 작품 곳곳에서 시간의 노예가 된 인간의 고뇌를 다루고 있다. 한평생을 삶이 던지는 난제 속에서 허덕이던 인간은 죽음에 이르러서야 비로소 해방을 맛보게 된다. 하지만 죽음은 때로 교통사고처럼 예기치 못한 순간에 찾아오기에, 언제 끝날지 모르는 '시한부 인생'을 불안해하는 한편 또 그저 지루하게 연장하고 있을 뿐이다.

## 우울과 이상

6부로 구성된 《악의 꽃》, 그 첫 번째 문은 〈우울과 이상〉이라는 제목이다. 초판 당시 100편 중 77편이 여기에 해당했으나, 1861년 재판될 때엔 126편 중 85편이 실리는 것으로 조정되었다. 전체 중 과반을 차지하는 시편이기에 시인의 주된 메시지가 담겨 있으리라 보인다. '우울'은 낭만주의의 표상으로 당시 낭만주의 시인들이 즐겨 사용하던 소재였다. 보들레르의 눈에 담긴 프랑스의 1830년대는 권태와 무기력이 만연한 시대였다.

그렇다면 시인이 바라던 '이상'은 무엇일까? 이상은 우울과는 정반대되는 성격으로, 불행한 현실을 탈피하고자 하는 순수 열망이다. 그러나 그저 꿈으로밖에 가닿을 수 없는 환상이기도 하다. 〈우울과 이상〉에는 시인의 꿈과 희망을 노래하는 시가 있는가 하면, 그러한 시도를 통해 겪는 좌절과 절망이 함께 표현되어 있다.

갑판 위에 일단 잡아 놓기만 하면,
이 창공의 왕자도 서툴고 수줍어
가엾게도 그 크고 흰 날개를
노처럼 옆구리에 질질 끄는구나.
…
'시인'도 이 구름의 왕자를 닮아,
폭풍 속을 넘나들고 사수를 비웃건만,
땅 위 야유 속에 내몰리니,
그 거창한 날개도 걷는 데 방해가 될 뿐.


– 〈알바트로스〉


'구름의 왕자' 알바트로스는 뱃사람들에게 '재미 삼아' 잡혀 지상의 치욕을 겪는다. 시인은 자신의 좌절을 지상으로 끌어내려진 알바트로스에게 이입한다. 이어지는 시 〈상승〉에서 시인의 좌절은 다시 이상으로 승화한다.


안개 낀 삶을 무겁게 짓누르는
권태와 끝없는 슬픔에 등을 돌리고,
고요한 빛의 들판을 향해 힘찬 날개로
날아갈 수 있는 자 행복하여라.


– 〈상승〉

알바트로스는 무겁게 짓누르던 권태와 끝없는 슬픔을 이겨 내고 힘찬 날갯짓으로 날아오른다. 고통으로 가득 찬 지상을 떠나 창공으로 날아오르듯 보들레르는 이상을 향한 희망을 노래한다.

그대 하늘에서 왔건, 지옥에서 왔건 무슨 상관이랴?
오 아름다움이여! 끔찍하되 숫된 거대한 괴물이여!
그대의 눈, 미소, 그리고 그대의 발이
내가 갈망하나 만나 보지 못한 '무한'을 열어 줄 수 있다면.

- 〈아름다움에 바치는 찬가〉

이 시를 집필한 즈음은, 보들레르에게 남은 생이 얼마 남지 않을 때였다. 그는 자신이 마주한 비극의 원인을 거슬러 올라가다 한 가지 사실을 깨닫는다. 끊임없이 갈망했던 '무한'으로부터 이 비극이 초래된 것이라는 사실을….

## 악의 미학

보들레르에게 현실은 정신적 욕구를 충족시킬 수 없는 빈곤의 구렁텅이였으나, '美'가 더해진다면 그가 꿈꾸는 풍요의 영역에 도달할 수 있다고 믿었다. 보들레르는 미적 감흥에 대해 '그것은 뭔가 강렬하고 서글픈 것이며, 추측의 여지를 남겨 두는 막연한 어떤 것'이라 표현한다. 또한 시인에겐 정신의 '무한의 문'을 열어 줄 열쇠와도 같은 것이다. 때문에 퇴폐와 타락, 절망과 권태 속에서도 아름다움을 추출하고자 했고, 그 결과물이 《악의 꽃》이기도 했다.

이것이 여행에서 얻어 낸 씁쓸한 깨우침
단조롭고 작은 이 세계는 오늘도, 어제도, 내일도,
그리고 언제나 우리 모습을 비춰 보인다.
권태의 사막 속의 공포의 오아시스를

…

오 죽음이여! 늙은 선장이여! 때가 되었다. 닻을 올리자!
우리는 이 고장이 지겹다, 오 죽음이여! 떠날 차비를 하자!
하늘과 바다는 비록 먹물처럼 검다 해도
네가 아는 우리 마음은 빛으로 가득 차 있다!

네 독을 우리에게 쏟아 기운을 북돋워 주렴
이토록 그 불꽃이 우리 머리를 불태우니,
지옥이건 천국이건 아무려면 어떠랴?
심연 깊숙이 미지의 바닥에 잠기리라. 새로운 것을 찾기 위해!

-〈여행〉

보들레르는 〈여행〉을 끝으로 《악의 꽃》을 마친다. 그는 인간을 신을 향한 비상과 사탄을 향한 추락의 욕망을 지닌 이중적인 존재로 규정했다. 인간에게 내재된 선과 악, 아름다움과 추함에 대한 본능 사이에서 끊임없이 방황했던 시인은 46세의 일기로 생을 마쳤다. 두 욕망의 조응 지점에서 써내려 간 《악의 꽃》은, 프랑스 현대시의 복음서라고 일컬어지기도 한다.

# 위대한 고전, 현재진행형의 텍스트

어느 날 반나절 가까이 실시간 검색어에 올라 있던 〈악마가 너의 이름을 부를 때〉라는 드라마 제목. 보자마자 《파우스트》의 모티브가 아닌가 싶었는데, 클립 영상 몇 개를 시청해 보니 모티브를 넘어선 재해석에 가깝다. 고전은 그 후손들에게 저작권이 있는 것도 아닌, 인류의 유산이다. 때문에 고전의 포맷을 들어다 쓸 시에는, 표절이 아닌 재해석이란 평가가 뒤따른다. 되레 이 경우는 '차용'의 형식이 작가의 소양을 증명한다.

　고전은 시간의 마모를 견디고 어느 시대에나 유효한 현재진행형의 텍스트이다. 때문에 정신분석 같은 영역에서도 지나간 시대의 스토리텔링들을 돌아보는 것이기도 하다. 그때나 지금이나, 저기나 여기나, 인간이 살아가는 모습들은 크게 다르지 않다는 전제 안에서의 문화인류학적 방법론으로의 고찰이다. 시대와 세대를 막론하고, 로미오와 줄리엣 같은 사랑은 늘 있으며, 햄릿과 돈키호테 같은 성향들도 언제나 존재하기 마련이다. 다르지 않은 맥락에서, 미래를 점치기 위해서라도 역사를 읽어 봐야 하는 것이기도 하다. 식자들은 그 통분적 요소들을 인문학적 보편성이라고 부른다. 고전의 재해석들이 대박까지는 아니더라도 외면을 받지 않는 이유 역시, 인문학적 보편성으로 증명된 사례들이기 때문이지 않을까?

그러나 소설가 이탈로 칼비노의 정의처럼, '너무도 유명하지만 아무도 읽지 않는' 고전인 터, 오늘날의 독자들 중에 시간을 들여 괴테의 문학을 읽고 칸트의 철학을 읽는 이들이 얼마나 될까? 요즘 대중들의 성향을 고려해 본다면, 고전의 문장들은 결코 무난한 가독성만은 아닌 당대의 화법일 것이다. 그러나 누구나 선뜻 집어 들게 되는 책이 아니라는 점에서, 되레 그것을 읽는 이들의 지평이 차별화되는 것이기도 하지 않을까? 남다른 스토리텔링을 필요로 하는 콘텐츠의 시대이지만, 또한 진득하니 어느 문인과 철학자의 글을 탐독하는 작가지망생들도 드문 시절, 기꺼이 그런 수고를 감내할 수 있는 이들에게서나 가능한 경쟁력으로서의 고전인지도 모르겠다.

길을 잃었다면, 어떻게든 그곳에서 길을 찾으려 우왕좌왕하기보단, 길을 잃기 전의 지점으로 돌아가 다시 길을 가는 것도 한 방법이다. 문제가 해결되지 않는 이유는, 문제의 단계에서 고민을 하기 때문이다. 보다 이전 단계로 내려간, 조금 더 과거의 시점에서 미래를 고민하는 것도 한 방법이다. 오늘날 고전의 존재 의미도 그렇지 않을까? 방대한 양의 콘텐츠가 쏟아지는 시대를 살아가는 크리에이터 지망생들에게, 구원의 한 수가 현재에 남아 있을 확률도 적다. 이미 누가 먼저 했어도 했을 테니….

창조는 새로운 것들에 대한 의지이지만, 그것을 가능케 하는 지평이 상상과 공상만으로 세련되는 것도 아니다. 언제고 〈반지의 제왕〉 같은 판타지 소설을 쓰겠노라는 다짐으로, 조셉 캠벨에 신화학 한 번 들춰 보지 않는다는 것도 어딘가 모순되지 않나? 기존의 창조물, 앞서 살았던 사람들이 남겨 놓은 것들에 대한 관심과 고찰이 차라리 가장 효율적이고 실용적인 방법론일 수 있다. 그래서 많은 크리에이터들이 일찍부터 고전에서 해답을 찾았던 것이고….

일본에서 노벨상 수상자가 나올 때마다, 한국의 인문학 인프라를 비교하며 순수학문의 필요성을 지적하기도 하지만, 또 그때뿐이다. 경제적으로는 선진국 반열에 올라섰는지 몰라도, 한국은 여전히 생각의 입체감을 길러 주는 인문적 토대가 다소 부실한 국가이다. 늘 문제로 지적되는 다양성이 부재한 풍토 역시 이런 원인에서 비롯되는 바가 없진 않을 것이다. 그렇다고 이 '시카고 플랜'을 그에 대한 대안으로 말하고 싶은 건 아니다. 그러나 또 취업사관학교로 전락한 오늘날 한국 대학의 현실, 그렇게 되도록 또 뭐가 나아지는 것 같지는 않은 사회의 현실에 비춰 본다면, 하나의 '오래된 미래'로서의 모델일 수 있지는 않을까? 단지 '선정 도서'에 머무는 것이 아닌, 우리의 실정에 맞는 구성으로 변주된 여러 '플랜'들이 더 많아지길 바라는 마음으로….

2019년 여름 끝에서 디오니소스

# 〈시카고 플랜〉전체 목록

## STEP 4

## STEP 5

## STEP 6

## STEP 7

## STEP 8

# 시카고 플랜 : 위대한 고전
**삼류를 일류로 만든 인문학 프로젝트**

**글** 디오니소스
**발행일** 2019년 9월 30일 초판 1쇄
　　　　2019년 11월 20일 초판 2쇄

**발행처** 다반
**발행인** 노승현
**출판등록** 제2011-08호(2011년 1월 20일)
**주소** 서울특별시 금천구 가산디지털1로 24 503호
　　　(가산동, 대륭테크노타운13차)
**전화** 02) 868-4979　　**팩스** 02) 868-4978

**이메일** davanbook@naver.com
**홈페이지** davanbook.modoo.at
**블로그** blog.naver.com/davanbook
**페이스북** www.facebook.com/davanbook
**인스타그램** www.imstagram.com/davanbook

**ISBN** 979-11-85264-38-7 03100

다반-일상의 책